W0105492

Lutz Müller
Lebe Dein Bestes

Lutz Müller

Lebe dein Bestes

Individuation und Lebenskunst

WALTER VERLAG

Die Deutsche Bibliothek – CIP-Einheitsaufnahme

Müller, Lutz:
Lebe dein Bestes : Individuation und Lebenskunst / Lutz Müller. –
Düsseldorf ; Zürich: Walter, 2001
ISBN 3-530-42158-8

© 2001 Patmos Verlag GmbH & Co. KG
Walter Verlag, Düsseldorf und Zürich
Alle Rechte, einschließlich derjenigen des auszugsweisen Abdrucks sowie
der fotomechanischen und elektronischen Wiedergabe, vorbehalten
Satz: Josefine Urban KompetenzCenter, Düsseldorf
Druck und Bindung: Wiener Verlag, Himberg
ISBN 3-530-42158-8

Inhalt

Danksagung

Dank möchte ich all denen sagen, die zu diesem Buch beigetragen haben: meinen Freunden, Klienten und Seminarteilnehmern, mit denen ich mich austausche und deren Gedanken und Träume ich verwenden durfte, meiner Frau Anette für ihre Geduld, liebevolle Fürsorge und Mitarbeit und meiner Lektorin Frau Mathilde Fischer für ihre wohlwollende, hilfreiche Unterstützung.

Einleitung

Lebe Dein Bestes – ganz. Dieses Lebensmotto von Hermann Graf Keyserling faßt in prägnanter Weise die Zielrichtung dieses Buches zusammen. Es soll der Versuch gewagt werden, die wesentlichen Erkenntnisse und die besten Lebensprinzipien darzustellen, die wir bis heute über den Prozeß der Individuation – der Selbst-Verwirklichung – und der Kunst, ein gutes Leben zu führen, gewonnen haben.

Individuation ist ein Begriff, den C. G. Jung für den Prozeß der Auseinandersetzung mit den eigenen bewußten und unbewußten Persönlichkeitsanteilen eingeführt hat, mit dem Ziel, der zu werden, der man vom Wesen her ist. Da dieses Wesen immer mit dem Ganzen der Innen- und der Außenwelt verbunden ist, ist seine bestmögliche Verwirklichung zugleich auch immer ein Beitrag für andere Menschen, die Gesellschaft, für die Kultur und für die Evolution. Individuation und Lebenskunst sind unauflösbar zusammengehörende Aspekte. C. G. Jung bezeichnete die Lebenskunst einmal als die vornehmste und seltenste aller Künste. Individuation bezieht sich ein wenig mehr auf den inneren Prozeß der Selbsterkenntnis und Sinnfindung, während Lebenskunst die schöpferische Anwendung, Umsetzung und Gestaltung der Einsichten und Erkenntnisse in das Leben hinein bedeutet. Auch für die antiken Philosophen war Philosophie nicht nur eine geistige Disziplin und Wesensschau, sondern sie sollte auch antworten auf die Frage nach der alltäglichen Praxis und ermutigen, aus den gewonnenen Einsichten heraus konsequent zu leben.

Der Versuch, die wesentlichen Aspekte der Individuation und Lebenskunst zusammenzufassen, könnte angesichts der unübersehbaren Fülle an Detailinformationen, die über den Menschen und sein Leben inzwischen vorliegen, unmöglich und aussichtslos erscheinen, wenn es nicht eine relativ begrenzte Zahl von universalen Grundkategorien gäbe, die sich über viele Jahrtausende Menschheitsgeschichte hinweg als sinn- und orientierungstiftend herausgestellt hätten. In den philosophischen, wissenschaftlichen, religiösen Systemen und hermetischen Traditionen wurden immer wieder ähnliche Faktoren beschrieben, nach denen sich das menschliche Leben, seine Entwicklung und Vollendung, sein Ursprung und Ziel einordnen ließen.

Um welche universalen Aspekte des Lebens und der Persönlichkeitsentwicklung handelt es sich? Sie lassen sich auf fünf (vier plus eins) Prinzipien oder Faktoren verdichten, die in diesem Buch mit den aus dem Griechischen abgeleiteten Begriffen BIOS, HEROS, LOGOS, EROS und MYSTOS bezeichnet werden sollen. Diese Begriffe wirken zunächst vielleicht etwas ungewohnt, werden aber schnell vertraut und sind aufgrund ihrer kultur- und geistesgeschichtlichen Zusammenhänge am besten geeignet, die gemeinten Sachverhalte darzustellen.

Wieso es gerade diese vier Prinzipien (dazu das umfassende integrierende fünfte MYSTOS-Prinzip) sind, ist nicht einfach zu erklären. Sie sind in der Natur des Lebens enthalten, und man findet sie einfach vor, so wie man auch die Naturgesetze vorfindet. Wenn man die großen Themen der Menschheit analysiert, stößt man jedenfalls immer wieder auf diese fünf Faktoren. Sehr wahrscheinlich hängt dies auch damit zusammen, daß sie das natürliche Familiensystem Mutter, Vater, Sohn und Tochter abbilden und auf der Ur-Polarität Weiblich-Männlich beruhen, von der wir alle tief geprägt sind. Mutter und Vater repräsentieren hierbei eher die älteren, stabilen und konservativen Aspekte, Sohn und Tochter mehr die jüngeren, dynamischen und progressiven Tendenzen der weiblich-männlichen Urpolarität. Die Familie als Ganzes wäre dann das verbindende fünfte Prinzip.

Das Bios-Prinzip oder der Bios-Faktor (im weiteren kurz BIOS genannt) umfaßt die materiell-biologischen Grundlagen unserer Existenz. Dazu gehören also beispielsweise: Ursprung, Energie-Materie, Leben und Natur, des weiteren unsere vitalen Bedürfnisse, Instinkte und Triebe, das Sinnliche und Körperliche. Das ihm zuge-ordnete zentrale Symbol ist die Erde. In den traditionellen Symbol-systemen wird BIOS häufig mit dem weiblichen Ur-Prinzip, der »Großen Göttin« oder »Großen Mutter« verbunden.

Diesem Prinzip gegenüber polar angeordnet – aber niemals als ausschließender Gegensatz gemeint – steht das Logos-Prinzip, das die geistige Dimension bezeichnet. Zum LOGOS gehört alles, was sich auf die Weisheit und Intelligenz, die in aller Schöpfung waltet, auf Ordnungsstrukturen, Gesetzmäßigkeiten, auf Bewußtsein, Erkenntnis und auf Wahrheits- und Sinnfindung bezieht. Das zuge-ordnete Hauptsymbol ist das Licht, dargestellt durch die Sonne. Die traditionellen Symbolsysteme sehen in ihm das oft männliche Ur-Prinzip, den männlichen Schöpfer-Gott oder den »Großen Vater«.

Der nächste universale Faktor ist der HEROS. Er bezeichnet sol-che Aspekte wie Tatkraft, zielgerichtetes Handeln, Autonomie, Stär-ke, Mut, Bereitschaft zu Konflikt, Auseinandersetzung und Kampf. Sein Hauptsymbol ist der nach rechts oben gerichtete phallische Pfeil. HEROS ist jene vorwärtsdrängende Energie, die uns den har-ten Kampf ums Dasein ermöglicht und uns die Kraft zur Selbstver-wirklichung verleiht. Helden und Heldinnen sind die Hauptakteure in allen Erzählungen, Geschichten und Filmen.

Das polare Gegen- und Ergänzungsprinzip hierzu ist der EROS. Er verbindet und vereinigt, während HEROS eher abgrenzt und trennt. EROS ist der Faktor der Beziehung, Liebe, Schönheit, der Freude und der Harmonie. Sein Hauptsymbol ist das Herz. Die Erotik und die Liebe machen uns zu den höchsten und tiefsten Gefühlen fähig, sie geben dem Leben Zauber, Glanz und Wärme und wecken in Ver-bindung mit LOGOS die edelsten Tugenden des Menschen.

Die vier Prinzipien sind verschiedene Aspekte eines umfassenden Ganzen. Dieses Ganze wird als fünfter Faktor mit MYSTOS (schöpfe-risches Mysterium) bezeichnet, denn das Ganze ist uns aus verschie-denen Gründen niemals vollständig erkennbar. MYSTOS weist auf den verborgenen Mittelpunkt und den Umfang des Menschen wie auch des Lebens hin. Er ist das Mysterium der sich selbst organisie-renden, schöpferischen Einheit und Ganzheit des Seins, aus der sich die beschriebenen anderen Faktoren in einem andauernden Wachstums- und Veränderungsprozeß heraus differenzieren und hinein integrieren. Die Orientierung auf diese Ganzheit hin ist das Ziel aller religiösen Systeme und des Individuationsprozesses.

Diese fünf Faktoren werden im »Pentalon-Modell« zusammen gefaßt. Der Name »Pentalon« ist zusammengezogen aus der griechischen Vorsilbe »pent« für die Zahl Fünf, dem Sanskrit-Wort »Mandala« (heiliger Kreis; zusammengesetzt aus: »Manda« = Essenz oder Mitte und »la« = Vollendung) und dem griechischen »Holon«, welches sich als modernes Wort für Ganzheit eingebürgert hat. Die Bezeichnung soll also darauf hinweisen, daß es ein ganzheitliches Modell ist, das auf fünf (vier plus eins) zentralen Elementen in der Gestalt eines Mandalas beruht. Weitere Einzelheiten zum Modell finden sich im siebten Kapitel.

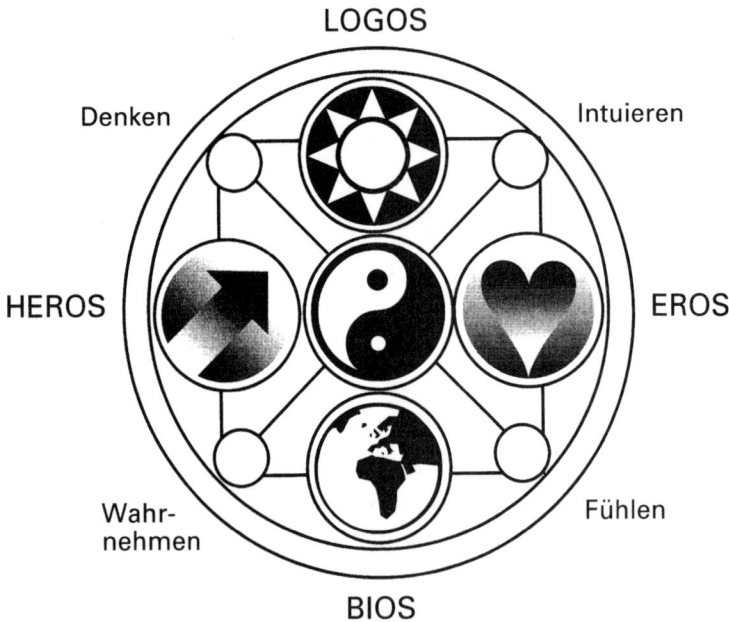

Anhand des Pentalon-Modells können wir uns mit den zentralen Aspekten der Individuation und der Lebenskunst vertraut machen. Allerdings ist es in diesem Buch nur möglich, einen allerersten, einführenden Überblick über die vielfältigen Dimensionen dieser Prinzipien zu geben. Zu jedem einzelnen von ihnen sind über die Jahrtausende hinweg so viele künstlerische Werke, religiöse Symbole und Texte, philosophische Abhandlungen und wissenschaftliche Untersuchungen erschienen, daß sie kein Mensch mehr erfassen, geschweige denn zusammenfassen könnte. Die Darstellungen in diesem Buch sollen aber ermutigen, sich mit diesen Bereichen weiter und tiefer zu beschäftigen. Das Pentalon-Modell läßt uns die Fülle und das Wunder des Lebens, von dem wir ein Teil sind und an dem wir für eine kurze Zeitspanne teilnehmen dürfen, besser erahnen und feiern.

Darüber hinaus können wir das Pentalon-Modell als eine Art Kompaß für unsere Selbstverwirklichung verwenden. Es kann uns zeigen, wo wir uns möglicherweise zu sehr von unserer natürlichen Ganzheit entfernt haben, in die Sackgasse geraten sind und in welcher Richtung es weitergehen könnte. Es kann unser Bewußtsein erweitern, indem es uns auf Bereiche der Seele und des Lebens aufmerksam macht, die wir vielleicht verdrängt haben oder aus anderen Gründen nicht genügend würdigen. Wir können uns also praktisch in allen Lebenssituationen zur Orientierung fragen: Welche Prinzipien sind hier in welcher Weise vorhanden und welche fehlen? Je mehr Prinzipien fehlen, desto einseitiger und gefährdeter ist die Situation. Diese Fragen können wir auf alles beziehen: Auf unsere Werte, Einstellungen, Glaubenssysteme, auf unsere Träume, auf unseren bevorzugten Persönlichkeits- und Lebensstil, auf unsere Partnerschaft, auf unseren Beruf, auf größere Gemeinschaften, auf religiöse, philosophische und psychologische Richtungen, auf unsere Gesellschaft, die ganze Erde. So läßt sich zum Beispiel mit seiner Hilfe leicht erkennen, daß in unserer modernen Gesellschaft die Werte des HEROS und des LOGOS immer noch stark dominieren und sich teilweise ins Negative verkehrt haben, weil die gesunde, konstruktive Beziehung zum BIOS, zur Natur und zum Leben, zum

EROS, zur Liebe und Schönheit und auch zum MYSTOS, der die Welt als eine lebendige, göttliche Ganzheit auffaßt, tief gestört ist. Das Pentalon-Modell ist ein einfaches und gleichzeitig erstaunlich umfassendes Diagnoseinstrument im Kleinen wie im Großen.

Schließlich können wir das Pentalon-Modell als Quintessenz und Kompendium des psychologischen Lebenswissens der Welt verstehen. Es ist eine verdichtete Form all dessen, was die Menschheit an praktischen Ratschlägen zur guten Lebensbewältigung zusammengetragen hat und was sich in unzähligen Sprichwörtern, Redensarten und Lebensweisheiten findet.

Der Aufbau der weiteren Kapitel des Buches versucht, den beschriebenen Möglichkeiten des Pentalon-Modells Rechnung zu tragen. Wir werden die einzelnen Faktoren jeweils in ihrer allgemeinen symbolischen Bedeutung umkreisen und dann etwas spezieller in ihrer Bedeutung für unsere Persönlichkeit und den Individuationsprozeß betrachten.

Daß dabei auch Bezüge zur Selbsterfahrung und Therapie hergestellt werden, liegt darin begründet, daß sich der bewußt gegangene Individuationsprozeß beim westlichen Menschen sehr häufig im Rahmen einer Therapie oder Selbsterfahrung abspielt. Psychische Erkrankungen und Symptome sind für viele Menschen oft ein erster Anlaß, sich mit sich selbst, ihrer Identität und mit Sinnfragen auseinanderzusetzen. Außerdem hat die moderne Psychotherapie eine Vielzahl von Erkenntnissen gewonnen und Methoden entwickelt, die nicht nur für die Krankenbehandlung, sondern auch für andere Formen der Selbsterkenntnis und Selbstfindung nützlich sind. Weil unterschiedliche Menschen mit unterschiedlichen Persönlichkeiten, Lebensweisen, Konflikten und Störungen unterschiedliche Therapieformen brauchen, war es für mich ein interessanter Gedanke zu überprüfen, welche Faktoren des Pentalon-Modells in den unterschiedlichen Therapierichtungen und Selbsterfahrungsmethoden Berücksichtigung finden. Dies kann dem interessierten Leser helfen, die für ihn geeignete und seinen bisherigen Lebensstil ergänzende Form der Selbsterfahrung zu finden.

Im letzten Teil jedes Kapitels werden unter der Überschrift »Quintessenz« die wichtigsten Konsequenzen und praktischen Ratschläge, die sich aus den Faktoren ergeben, thesenartig zusammengefaßt. Eine tabellarische Übersicht der Aspekte der Faktoren befindet sich außerdem im Anhang.

1 HEROS: Im Anfang war die Tat

»Suchst du das Höchste, das Größte?
Die Pflanze kann es dich lehren.
Was sie willenlos ist, sei du es wollend – das ist's!«
Friedrich Schiller[1]

Die Ganzheit unseres Selbst möchte sich in und durch uns verwirklichen. Damit sich unsere besten Möglichkeiten entfalten können, braucht es unsere Bereitschaft, uns mit Leidenschaft, Freude und Mut für dieses individuelle, einzigartige Wesen, das wir sind, einzusetzen. Ziel der Individuation und Lebenskunst unter dem Aspekt des HEROS ist es, zu lernen, uns selbst treu zu sein, das zu tun und zu wagen, was wir im Innersten wirklich wollen und mit Geduld, Beharrlichkeit und Integrität unser Ziel zu verfolgen. Als einzige Einschränkung gilt hierbei, uns selbst und anderen Lebewesen nicht zu schaden, die Freiheit und das Wohlergehen aller Beteiligten zu achten und wenn möglich zu fördern.

- Bist du dir bewußt, daß es nur einen Menschen auf dieser Erde gibt, der genau das tun kann, was du zu tun vermagst?
- Weißt du, das deine Einmaligkeit und Besonderheit gerade das Wertvolle an dir ist?
- Bist du dir bewußt, daß es vor allem von dir abhängt, was aus deinem Leben wird?
- Bist du bereit, die volle Verantwortung für dein Leben zu übernehmen?
- Bist du bereit, für deine Wahrheit und Wirklichkeit zu kämpfen?

Aspekte und Symbole des HEROS-Prinzips

In dem obigen Text von Friedrich Schiller ist die Essenz des Heroischen auf einfachste Weise ausgedrückt. Was jede Pflanze und jeder kleinste Grashalm tun, wenn sie sich mit großer Geduld und Hartnäckigkeit durch die Erde ans Licht brechen, wenn sie mit allen zur

Verfügung stehenden Mitteln ihre individuelle Eigen- und Einzigartigkeit zum Ausdruck und zur Verwirklichung bringen, darum geht es hier. Das Heroische ist die vorantreibende, schöpferische Lebensenergie in uns, die sich verwirklichen will, diejenige Kraft, die bereit ist, den »Kampf ums Dasein« aufzunehmen. Diese Kraft finden wir überall im Universum und in der Natur, schon im »Urknall«, der Explosion und Expansion des Universums, im Such- und Neugierverhalten, Rivalitäts-, Imponier- und Paarungsverhalten der Tiere und Menschen, in unserem Körper, der in einem dauernden Kampf mit Krankheitserregern und schädlichen Stoffen liegt und sein Lebendigsein bewahren möchte.

Unsere erste heroische Tat, unser erster größter und alles entscheidender Heldenkampf ist der Wettlauf gegen Millionen anderer Spermien gewesen. Eine hat vor all diesen vielen anderen Spermien das Ziel erreicht, eine wurde von der weiblichen Eizelle (die selbst eine von vielen Auserwählten aus der ursprünglichen Vielzahl vieler konkurrierender Eizellen ist) »auserkoren«, wir konnten mit ihr das Mysterium coniunctionis, das Geheimnis der Vereinigung der Gegensätze feiern. Alle, die wir dies geschafft haben, sind in gewissem Sinne Helden und Heldinnen, wir haben bewiesen, daß wir uns gegen eine übermächtige Konkurrenz durchsetzen konnten. Wir alle sind »winner«. Auch die Geburt selbst war eine geradezu klassische heroische Stirb-und-Werde-Situation, ein Heldenkampf aus dem umhüllenden Gefängnis in die Freiheit, durch die Dunkelheit zum Licht.

Wir sind von allem Anfang an Wesen, die sich selbst nicht kennen und in eine unbekannte Welt hineingeboren werden. In unseren Genen tragen wir zwar die Essenz des ganzen Universums und des ganzen evolutionären Prozesses, aber wir wissen nichts von unserer kosmischen Herkunft und Vergangenheit. Wir sind wie »Aliens«, Fremde aus dem Universum, die irgendwie auf dieser Erde gestrandet sind. Auch nach unserer Geburt müssen wir unzählige weitere heroische Leistungen vollbringen, unzählige Drachenkämpfe durchstehen. Wir müssen uns bewegen, stehen, laufen lernen, trotzen, rivalisieren, kämpfen, aggressiv sein, erforschen, erobern, lernen, leisten, Rückschläge und Niederlagen erleiden, Schmerz aushalten, Prüfungen bestehen, erfolgreich sein, uns selbst behaupten. Wir fühlen uns dabei oft einsam, unverstanden und fremden Mächten hilflos ausgeliefert. Überall müssen wir die Unsicherheit und das Risiko des Lebens alleine tragen, und dabei haben wir immer unseren Tod vor Augen. Wie könnten wir das alles, wenn es nicht die Kraft des Helden und der Heldin in uns gäbe, die uns Zuversicht und Trost vermitteln?

Das ganze Leben ist im Grunde eine kontinuierliche Heldenreise. Von daher ist es verständlich, daß der HEROS die Menschen aller Kulturen und aller Zeiten immer aufs höchste fasziniert hat. Ob in den alten Mythen, Sagen und Märchen, ob in der Literatur und den Filmen der Gegenwart, in der Religion, der bildenden Kunst, der Geschichte, der Politik, der Wissenschaft, der Wirtschaft, dem Sport: immer steht der Mensch im Mittelpunkt, der »es wagt«, der das Neue, Außergewöhnliche tut und es dabei riskiert, bis an die äußersten Grenzen zu gehen.

Der positive Held und die positive Heldin repräsentieren den vorbildlichen schöpferischen Menschen. Sie symbolisieren den Menschen, der den Mut hat, sich selbst, seinen Wünschen, Phantasien und eigenen Wertvorstellungen treu zu sein, der das Leben leidenschaftlich lebt, anstatt vor ihm zu fliehen, der Wege einschlägt, die wir einerseits fürchten, andererseits insgeheim aber auch gerne gehen würden: Wege in verborgene, verbotene, schwer zugängliche Seinsbereiche, handele es sich dabei um neue Lebensformen, fremde Länder oder ferne Galaxien oder um die Unbekanntheit unserer Seele. Indem der heroische Mensch sich weder von den Warnungen anderer, noch von seinen eigenen Ängsten und Schuldgefühlen von seinem Vorhaben abbringen läßt, offen und lernbereit ist, Konflikte, Frustrationen, Einsamkeit und Ablehnung auszuhalten vermag, gewinnt er neue Einsichten und vollzieht Handlungen, die nicht nur für ihn, sondern auch für die Gesellschaft von verändernder Kraft sein können.

Der Weg des Helden und die mit ihm verbundenen Ereignisse und Symbole sind uns so vertraut, weil sie das instinktiv von uns gewußte oder erahnte Muster des »richtigen und guten« Lebensweges darstellen. Wir spüren es sehr deutlich und empfinden es als unbefriedigend, wenn uns eine Erzählung oder ein Film wesentliche Elemente des Heldenweges vorenthält. Beispielsweise haben wir meist große Schwierigkeiten damit, wenn die Hauptperson eines Stückes ein »Looser«, ein Verlierer, ist, der seine Aufgabe nicht erfüllt und scheitert. Noch schlimmer wird es, wenn der Held nicht das Wahre, Gute und Schöne vertritt, sondern die Täuschung, das Böse und Häßliche, oder wenn er sich am Ende als ein Übeltäter entpuppt. Unzufrieden sind wir auch, wenn der Held am Ende nicht auch seine Heldin bekommt oder nicht zumindest eine gewisse Hoffnung bleibt, daß sie sich finden werden.

Natürlich hat der HEROS – das sei hier schon vorwegnehmend betont – auch sehr destruktive Seiten, wie wir es aus der Menschheitsgeschichte zum Übermaß kennen, nämlich dann, wenn sich der Schatten des Heroisch-Übermenschlichen als blinder Größenwahn und missionarischer Eifer, als Unterdrückungs- und Machtgier und als Egoismus, Intoleranz, Grausamkeit, Gewalttätigkeit und kriegerische Zerstörung über Völker und Kulturen legt.

Umgekehrt hat aber das Fehlen positiver heroischer Vorbilder auch sehr negative Wirkungen. Wenn motivierende konstruktive Leitbilder abhanden kommen, machen sich Orientierungslosigkeit, Sinnlosigkeit und Anarchismus breit. Langweile, Sucht, Lust an Brutalität und Untergangsphantasien drücken das verzweifelte Lebensgefühl von Menschen aus, die nicht mehr mit ihrem schöpferischen Entwicklungspotential und ihrer aktiven Gestaltungsfreude in Verbindung stehen. Gerade auch in Zeiten der Krise und Not, in denen eine Neuorientierung nötig ist, braucht es den HEROS, der Trägheit und Resignation überwindet und bereit ist, für ein höheres Ziel zu kämpfen.

Der aufwärts gerichtete Pfeil: Aufbruch in die Zukunft

Wenn man Menschen bittet, sie sollten eine Geste machen, die sie typisch für das Heldenhafte finden, dann stoßen sie oft ihren Arm mit geballter Faust nach vorne. Diese phallisch-aggressive Bewegung, die sich auch im Pfeilsymbol ausdrückt, weist auf die typische heroische Dynamik von der Vergangenheit in die Zukunft, von hinten nach vorn, vom Unteren, »Niederen« zum Oberen, »Höheren« auf ein bestimmtes Ziel zu. Als »zielstrebige, kämpferische, zukunftsorientierte Handlung und Tatkraft« könnte man diese Dynamik zusammenfassen. Immer geht es beim Helden darum, sich aus der Bindung und Gefangenschaft von etwas Altem, Vergangenem, Überholtem zu befreien und sich mit Lust und Leidenschaft auf etwas Neues hinzubewegen.

> *Wer vom Ziel nicht weiß,*
> *kann den Weg nicht haben,*
> *wird im selben Kreis*
> *all sein Leben traben,*
> *kommt am Ende hin,*
> *wo er hergerückt,*
> *hat der Menge Sinn*
> *nur noch mehr zerstückt.*
> Christian Morgenstern[2]

Der Phallus: Die Ekstase der Eigenständigkeit

Der aufwärts gerichtete Pfeil ist natürlich auch ein Phallus, und das Neue ist natürlich auch ein Sexualpartner, den es zu »erobern« gilt. Die sexuelle Symbolik in ihren elementaren und differenzierten, ihren biologischen wie geistigen Aspekten ist, wie wir auch beim EROS sehen werden, vermutlich die urtümlichste und umfassendste, die wir kennen, denn in ihr spiegelt sich der ganze Schöpfungsprozeß. So ist es nur natürlich, daß alle wesentlichen Bereiche des Lebens in irgendeiner Weise auch mit sexueller Symbolik verbunden sind. Allerdings darf diese nicht auf die biologische Seite der Sexualität reduziert werden, denn hinter ihr steht etwas Allgemeineres, Grundsätzlicheres – eben das Schöpferische –, das sich auch, aber keineswegs nur in der Sexualität offenbart.

So geht auch der Phallus in seiner symbolischen Bedeutung weit über den bekannten biologischen Fruchtbarkeitsaspekt hinaus. Erst seine anderen Bedeutungen machen verständlich, wieso er auf Männer wie auf Frauen eine solche Faszination ausüben kann. In seinen Eigenschaften und seinem Eigen-Sinn scheint der Phallus das Heroische direkt abzubilden: sehnige Kraft, Stärke, Härte, Entschlossenheit, Autonomie, Selbständigkeit, Standfestigkeit, Eindringungsvermögen, pulsierende Lebenskraft, Intensität, Explosivität, ekstatische Leidenschaft.

Die Faszination am Phallus ist eine Faszination an diesem intensiven Lebensausdruck, den wir nicht nur gelegentlich in der Sexualität, sondern überhaupt im Leben erfahren möchten.

Seine Fähigkeit, sich aufzurichten und offensichtlich hinzustellen, läßt darüber hinaus das ganze symbolische Umfeld des »Sich-Aufrichtens« anklingen. Die aufrechte Haltung des Menschen hat sehr viel mit seinem Ich-Bewußtsein (vgl. LOGOS, bei dem die Richtung nach oben und das Obere als der Himmel, das Licht und das erkennende Bewußtsein auch eine zentrale Rolle spielen), seinem Selbstvertrauen, seiner Identität und seiner Fähigkeit zu Willenshandlungen zu tun. Indem sich das kleine Kind aufzurichten beginnt, vollzieht es für sich in wenigen Monaten eine welt- und bewußtseinsschöpferische Tat, für die der evolutionäre Prozeß Hunderttausende von Jahren benötigt hat. Das Sich-Aufrichten vermittelt ein euphorisches, triumphales Gefühl von Übersicht, Potenz, Beweglichkeit und Macht. Wenn ein Mensch in späteren Jahren als Sieger auf einem Podest steht und seine Arme weit nach oben ausbreitet, dann zeigt er diese elementare Ekstase des Aufrichtens und des Stolzes »Seht her, wie großartig ich bin! Bin ich nicht der Größte?«

Der Phallus vermittelt uns die fundamentale Formel des HEROS: »Ich bin, der ich bin«. Er ermutigt uns zu dem Wagnis, »aufrichtig« zu uns selbst, unseren Gefühlen, Wünschen und Gedanken »zu stehen« und sich leidenschaftlich für ihre Realisierung einzusetzen.

Aber sich so zu verhalten ist ein ständiges Wagnis und Risiko. Unvermeidlich ist damit verbunden, daß wir in Widerspruch geraten zu den Vorstellungen unserer Mitmenschen über uns, zu unseren eigenen Vorstellungen darüber, wie wir eigentlich sein sollten, und zu unseren Bedürfnissen nach Geborgenheit und Aufgehobensein in mitmenschlichen Beziehungen. Die Angst vor diesen Konflikten läßt viele Menschen schon vor den ersten Etappen des Heldenweges zurückschrecken und in einer unfruchtbaren Anpassung verharren. Damit aber werden sie nie jenes beglückende Gefühl des »Ich bin, der ich bin« erleben, das unser Geburtsrecht ist.

Die Heldenreise: Das Leben ist ein Abenteuer

Die mit dem Leben und der seelischen Reifung verbundenen Herausforderungen, Konflikte und Erfahrungen sind für alle Menschen weitgehend ähnlich. Deswegen weisen auch die Heldengeschichten in den verschiedenen Kulturen durch die Jahrtausende der Menschheitsgeschichte viele Gemeinsamkeiten auf, die von verschiedenen Forschern erkannt und herausgearbeitet wurden.[3]

Das heroische Kind in uns

Der Held/die Heldin haben meist göttliche oder königliche und normal-menschliche Eltern zugleich. Zeugung, Schwangerschaft, Geburt und frühe Kindheit stehen unter großer Belastung. Manchmal sind die Eltern zunächst unfruchtbar, manchmal sind die Kinder von Anfang an unerwünscht, ihre Geburt muß an heimlichem Ort stattfinden, sie sollen getötet werden und werden ausgesetzt, von Adoptiveltern oder Tieren aufgezogen. Einerseits sind sie königlich-göttlicher Herkunft, andererseits erleben sie das Leid des ausgestoßenen, verlassenen Kindes. Sie sind mächtig und hilflos zugleich.

Jeder, der das Heroische in sich wieder finden will, wird sich auch mit seinem »inneren Kind« auseinandersetzen müssen, denn oft haben wir die heroische Kraft in unserer Kindheit am intensivsten gefühlt. Wir müssen in uns diese Fähigkeit des leidenschaftlichen Wünschens und Wollens erst wieder erwecken. Am Anfang unseres Lebens sind wir noch voller Kraft, voller Lebensfreude, voller Begeisterungsfähigkeit. In uns brennt das ekstatische Lebensfeuer des

Universums noch in hoher Intensität. Wir sind erfüllt von Lebenslust, Neugier und von unbändigem Drang zur Selbstverwirklichung. Nichts befriedigt uns mehr, als die Welt, unsere Mitmenschen und uns selbst zu erkunden und immer mehr zu lernen, unsere angeborenen Fähigkeiten anzuwenden. Oft hatten wir aber keine Eltern, keine Großeltern, keine Erzieher und Lehrer, die uns halfen, das Staunen über das Mysterium des Lebens, das wir in uns tragen, zu vertiefen. Statt dessen wurden wir überwiegend auf das Fehlerhafte aufmerksam gemacht. So vieles, was wir taten, wurde belastet von Schuld- und Schamgefühlen und immer wieder verglichen mit Fremd- und Ideal-Vorstellungen, die keiner erfüllen konnte. Schließlich verloren viele von uns ihren Mut und ihre ungehemmte Freude an ihrer schöpferischen Kraft.

Die Begegnung mit unserem inneren Kind ist nicht einfach für uns, weil wir dabei mit intensiven Gefühlen konfrontiert werden: mit heißen Sehnsüchten, mit großer Angst, mit Schmerz und Trauer und vor allem mit Scham. Die Scham, die wir empfinden, wenn wir in Berührung mit den Gefühlen und Wünschen unseres inneren Kindes kommen, macht es uns oft sehr schwer, unsere heroische Begeisterungsfähigkeit und Tatkraft zu erwecken. Wir wehren uns verzweifelt, nichts von unseren vermeintlich »schwachen« Gefühlen zu zeigen. Wir wollen unsere Sehnsucht nach liebevoller Bestätigung und Bewunderung, unsere Verletzlichkeit und unsere Empfindlichkeit nicht offenbaren. Wir haben Angst vor den innigen, weichen, warmen Gefühlen, die uns überkommen könnten, vor den Tränen, die vielleicht fließen würden, vor unserer Rührung und Trauer, aber auch vor den ekstatischen Reaktionen, vor all den »sentimentalen« Gefühlen, der »Gefühlsduselei «. Wir verbergen sie statt dessen hinter Ernsthaftigkeit, Verantwortlichkeit und Pflicht, hinter Neid, Verbitterung, Rachegefühlen, Aggressionen, Vorwürfen, Streitereien, Rivalitäten. Aber wenn wir gelernt haben, das innere Kind in uns und in anderen Menschen zu sehen, dann wissen wir, daß hinter all diesen »erwachsenen« Haltungen und hinter all den negativen, zerstörerischen Impulsen häufig der tiefe Wunsch steht, sich in freier Weise ganz entfalten zu können und in unserer persönlichen Eigenart ganz angenommen zu werden.

Es besteht aber andererseits auch die Gefahr, daß wir in der Begegnung mit dem Kind in uns in einer bestimmten Haltung stekkenbleiben. Unser inneres Kind, das uns einerseits so viel Neugier und Experimentierfreude vermitteln kann, hat auch einige Schattenseiten, die es uns sehr schwer machen können, uns und unsrer Vision treu zu sein: z. B. übermäßige Ängstlichkeit, Bequemlichkeit und Verharren in magischen Größenphantasien. Wenn es in seinen Bemühungen frustriert wird, zieht es sich manchmal enttäuscht zurück und will alle Schwierigkeiten des Lebens seinen Eltern überlassen. Es liebt seine Größenphantasien und Wunschträume, will aber nichts dafür tun, sondern hofft auf deren einfache, magische Erfüllung. Viele Menschen, die ein unbefriedigtes Leben führen, verharren in einer vorwurfsvollen Einstellung gegenüber den Eltern oder dem Schicksal. Manche wiederholen jahre- und jahrzehntelang ihre ewig gleichen kindlichen Vorwürfe und Klagen, ohne daß sie beginnen, für ihr Leben selbst leidenschaftlich die Verantwortung zu übernehmen. Dafür ist es nämlich nötig, über die passiven Erwartungshaltungen und Enttäuschungen des Kindes hinauszugehen und zum »göttlichen Kind« zu finden, jener Lebenskraft, die trotz aller Schwierigkeiten dem Leben ein großes »Ja« entgegenruft. Für dieses »göttliche Kind« haben wir selbst eine fürsorgliche Elternschaft zu übernehmen.

Darüber hinaus erinnern uns die Heldenmythen daran, daß wir neben unseren persönlichen Eltern auch noch göttliche Eltern haben, nämlich jene evolutionären Energien und Kräfte, die durch unsere leiblichen Eltern, Großeltern und die ganze menschliche Ahnenreihe hindurch wirken und uns auch jetzt noch auf unserem Lebensweg begleiten als die »Große Mutter« und der »Große Vater« in der Tiefe unserer Seele. An diese Kräfte – unsere eigentlichen Eltern – können wir uns immer vertrauensvoll wenden, wenn wir einmal nicht weiterwissen.

Früh übt sich, was ein Meister werden will

In ihrer Jugend offenbaren die Helden schon bald besondere Kräfte, Fähigkeiten und Talente. Hervorragende Lehrmeister/innen helfen ihnen, ihre Fertigkeiten und Kenntnisse zu vervollkommnen. Auch wir besitzen ganz besondere Fähigkeiten und Begabungen, die nur wir in dieser Weise, zu diesem Zeitpunkt und an diesem Ort haben. Diese natürlichen Gaben (wieder-)zuentdecken und zu fördern ist eine der wichtigsten Aufgaben jeder Selbsterfahrung und Therapie. Immer wieder müssen wir uns dort mit der Frage auseinandersetzen: »Was will ich eigentlich wirklich?«, »Was kann ich ganz besonders gut und auf welche Weise bringe ich dies zum Ausdruck?« »Welche Tätigkeiten fallen mir leicht und machen mir spontan Freude?«

Viele Helden haben eine ausgeprägte Bereitschaft, ausdauernd zu üben und zu lernen. Damit zeigen sie eine unserer besten menschlichen Fähigkeiten, die Fähigkeit, Interesse zu zeigen, sich Neues anzueignen, Zusammenhänge zu verstehen. Wir können sie uns zum Vorbild nehmen, immer wieder mit offenen Augen und Ohren, mit all unseren Sinnen und mit unserem ganzen Herzen an neue Situationen heranzugehen und uns immer wieder zu fragen: »Was ist denn das?«, »Wie kann ich das verstehen?«, »Wozu kann man es verwenden?«.

Viele von uns schämen sich, sich so offen und neugierig zu zeigen. Wir fürchten, die anderen könnten uns für naiv, dumm und unwissend halten. Deshalb ist es wichtig, sich klarzumachen, daß wir alle nur sehr, sehr wenig wissen, daß das Leben sehr kurz ist und daß wir niemals sicher sein können, ob wir noch einmal in unserem Leben die Chance haben werden, das zu erfahren, was wir jetzt erfahren können. Auch wenn wir nicht morgen sterben: Morgen kann alles anders sein, und es kann zu spät sein, die Dinge zu tun, die wir eigentlich erleben, sagen und tun wollten.

Die Waffen des Helden

Die Helden erwerben dann ihre persönlichen Waffen, die meist von besonderer Qualität und Herkunft sind. Dies symbolisiert, daß die Helden neben ihren natürlichen Begabungen bereit sind, bestimmte psychische Eigenschaften, wie z. B. Ausdauer, Willensstärke, Zielstrebigkeit, Entscheidungsfähigkeit, konstruktive Aggressivität (aggredi – heranschreiten) zu trainieren.

Die typischen Waffen der Helden, wie Keule, Messer, Schwert, Pfeil und Bogen, Lanze, Speer, aber auch Pistole und Gewehr, nehmen an der bereits besprochenen Symbolik des Phallischen teil und verändern sie in der einen oder anderen Richtung. Pfeil und Bogen zum Beispiel – eine sehr einfache und äußerlich unscheinbare Konstruktion – ergeben zusammen eine magisch-unheimliche Waffe. Die Spann-Kraft des Bogens verbindet sich mit der leichten Beweglichkeit des Pfeils zu einer machtvollen Einheit. Aus sicherer Entfernung das Wild zu erlegen oder den bedrohlichen Feind töten zu können, das ist für den Menschen seit alters eine faszinierende Vorstellung und hat ihren vorläufigen Höhepunkt in Pistole, Gewehr und ferngelenkten Raketen gefunden. Daß solche phallischen Geräte wie Raketen sowohl der globalen Zerstörung als auch der weltumspannenden Kommunikation (indem sie Satelliten in den Weltraum bringen) oder auch der Erforschung fremder Bereiche dienen können, zeigt noch einmal die immense ambivalente, schöpferisch-destruktive Kraft, die im heroischen Prinzip enthalten ist. Dieser Doppelcharakter wird auch besonders in asiatischen Kulturen deutlich, wo verschiedene Kampfsportarten wie Aikido, Jiu-Jitsu, Karate, Kendo, Tai-Chi, das Bogenschießen oder der Schwerterkampf zur Übung kämpferischer Fähigkeiten wie auch als Mittel der Zentrierung auf die eigene Mitte genutzt werden. »Dem klugen Schützen gleicht der höhere Mensch. Verfehlt dieser sein Ziel, so wendet er sich ab und sucht die Ursache seines Fehlschusses in sich selbst.« (Konfuzius)

Das Schwert: Die Kraft der Entscheidung

Das Schwert besitzt in den verschiedenen Heldenerzählungen meist eine ganz herausragende Bedeutung. Oft ist es golden, mit einer Inschrift versehen und am Griff mit magischen Edelsteinen verziert. Wie eine schwer erreichbare Kostbarkeit wird es manchmal erst nach langer Suche an verborgenem Ort gefunden. Es besitzt übernatürliche Kräfte und Weisheit; hat einen eigenen Namen, kennt seinen rechtmäßigen Besitzer und macht ihn unbesiegbar. Der besondere Wert des Schwertes liegt wohl darin, daß es die wesentlichen »magischen« Qualitäten von Stab, Keule und Lanze in sich vereint, noch um die Kraft des Schneidens, Teilens und Trennens erweitert. Es ist so etwas wie die »Quintessenz« dieser Waffen. Seine symbolische Bedeutung reicht von elementarer heroischer Kampfeslust bis hinein in den Bereich des LOGOS, wo es Gerechtigkeit, Klarheit, Objektivität und Erkenntnis darstellen kann.

Die menschliche Bewußtseins- und Identitätsentwicklung ist, wie wir schon beim Kind deutlich beobachten können, auf »aggressive« Handlungen wie Abgrenzung, Loslösung, Trennung, Durchsetzung eigenen Willens und Widerstand (Trotz) angewiesen. Das Kind übt seine Ich-Kräfte lange Zeit mit recht primitiven Mitteln. Es hat Jähzorns-Anfälle, kann in seiner Wut alles um sich zerstören und kennt wenig Skrupel, Vater und Mutter kurzfristig »sterben« zu lassen. Wenn es gute Lehrmeister hat, dann wird es im Laufe seiner Kindheit und Jugend lernen, seine aggressive Durchsetzungsfähigkeit immer geschickter zu handhaben, und es wird sich schließlich auf diese Weise sein eigenes Schwert schmieden. Es wird damit immer besser unterscheiden können, was innen und außen, was mein und dein und was gut und böse ist. Sein Bewußtsein von sich selbst und der Welt wird durch diese Fähigkeiten vertrauensvoll, optimistisch und realistisch sein.

Aufgrund der Tatsache, daß menschliches Bewußtsein auf der Unterscheidung und der Teilung in polare Positionen verbunden ist (vgl. auch LOGOS), läßt sich das Schwert auch als ein Symbol des klaren Denkens und des gerechten Bewußtseins auffassen. Ohne eine gut ausgebildete Fähigkeit zur denkerischen Unterscheidung bestünde unser Leben aus einem hoffnungslos verworrenen Knäuel verschwommener Wahrnehmungen, widersprüchlicher Gefühle und Bedürfnisse, unrealistischer Ideen und zerfahrener Gedanken. Unser Dasein gliche einem Labyrinth, durch das wir ziellos umherirrten, oder einem dunklen Chaos, dem das Licht der ordnenden Erkenntnis fehlte.

Mit dieser Fähigkeit zur Unter-Scheidung ist sehr eng auch die Fähigkeit zur tatkräftigen Ent-Scheidung verbunden. Entscheiden kann sich nur, wer verschiedene Alternativen unterscheiden und

bewerten kann. Das Schwert ist somit auch ein Symbol für tatkräf-
tige Entscheidungsfähigkeit, Entschlossenheit, Mut und Initiative.

Ein Mann hat folgenden Traum:

»Ich habe ein Schwert in der Hand und beobachte zwei andere
Männer, die miteinander mit Schwertern kämpfen. Ich stehe mit
dem Schwert daneben, halte es einfach in der Hand. Ein Mann sagt
zu mir: So mit dem Schwert nur dazustehen, das bringt nichts. Man
muß auch damit umgehen. Er zeigt mir die ersten Bewegungen.«

Der Träumer ist ein Mann von ruhigem, zurückhaltendem Wesen.
Als Kind wollte er immer anständig und sauber sein, er glaubte: Gott
sieht alles. Er habe schon immer Schwierigkeiten gehabt, aggressiv
zu sein, was durch sein Theologiestudium noch weiter erschwert
wurde. Er leidet daran, daß er nicht recht weiß, was er eigentlich für
sich wirklich will und wie er seine Ziele ausdauernd verfolgen kann.
Oft ist er unsicher, ob seine Entscheidungen richtig sind. Er hat das
Gefühl, nur aus 30 Prozent seiner Kraft heraus zu leben, »nicht aus
dem Vollen zu schöpfen«.

Was ihm seine innere Weisheit im Traum vermittelte, ist für viele
Menschen ebenso wichtig: sich im Umgang mit dem Schwert der
Wehrhaftigkeit und Selbstbehauptung, der schöpferischen Aggressivität und Autonomie und der Konzentration und Entschlußkraft zu
üben, damit wir unsere wahren Lebensziele und unsere Identität finden und zu sichern vermögen.

Die treuen Tierbegleiter des Helden

Häufig finden die Helden auch ein treues Begleittier – meist Pferd,
Hund oder Vogel –, das sich durch besondere Klugheit, Instinkt-
sicherheit, Treue und Kraft auszeichnet. Diese besonderen Tiere
der Helden symbolisieren nicht nur deren eigene körperliche Gesundheit, Vitalität, Stärke und Gewandtheit, sondern überhaupt ein
gutes, vertrauensvolles Verhältnis zu den körperlichen Bedürfnissen, Instinkten und Reaktionen. Indem die Helden diese Tiere zäh-
men, lernen sie, auf die instinktive Weisheit ihres Körpers und ihrer
biologischen Natur zu hören. Sie lernen, ihre wilden, archaischen,
animalischen Seiten – z. B. starke, ungebändigte Gier, Aggressionen,

Sexualität, Affekte so zu lenken, daß sie nicht destruktiv werden, sondern sich dem Ziel der Helden unterordnen und mit ihnen kooperieren.

Der Auftrag

Nachdem sich die Helden ausreichend gut vorbereitet haben, erhalten sie ihren höheren Auftrag, bei dem es sich um das Besiegen einer kollektiven Not handeln kann oder um eine innere Berufung oder Vision. Nach anfänglichen Widerständen, die sich in eigener Angst, Unlust oder in der Warnung durch andere Menschen zeigen, machen sie sich auf den Weg. Bis sie zum eigentlichen Ziel kommen, müssen sie eine Reihe von Nebenabenteuern bestehen. Zum Beispiel begegnen sie anderen, zunächst feindlichen Helden, mit denen sie sich auseinandersetzen müssen und die sich als ebenbürtig herausstellen. Manchmal verbinden sie sich mit diesen in Freundschaft. Es geht hierbei unter anderem darum, Rivalität und Wettbewerb auszuhalten und ein Gefühl für Gemeinschaft und Solidarität zu entwickeln.

Häufig handelt es sich bei diesen anderen Gestalten um eigene Schattenaspekte, die die Helden zunächst integrieren müssen, z. B. Neigung zu Arroganz, Überheblichkeit, Machtstreben, unangemessenen Größenwahn oder Gewalttätigkeit.

Der Abstieg in die Unterwelt

Die eigentliche Aufgabe führt sie über eine Schwelle in unbekannte, fremde Bereiche. Es handelt sich meist um einen verborgenen, schwer zugänglichen Ort, wo eine unheimliche, bedrohliche Macht wirkt. Sehr oft ist dieser Ort »unten« angesiedelt. Unter psychologischem Aspekt meint dies die unbekannte unbewußte Tiefendimension unserer Seele. Vor dem Abstieg in die Unterwelt der eigenen Persönlichkeit haben wir oft große Angst. Dort stößt man nämlich zuerst auf das Dunkle, auf den Schatten, auf das Menschlich-Allzumenschliche und die Natur und Triebseiten unseres Wesens. In der Begegnung mit unserer Unterwelt drohen Schmerzen und Leiden, die Erfahrung eigener Sinnlosigkeit und Leere, infantiler Abhängigkeit und Hilflosigkeit, aber auch das Erleben von kaum beherrschbarer Aggression und Destruktion. In unseren Träumen und Phantasien fließt das Blut, wird zerstückelt und zerhackt, verführt und vergewaltigt, werden Inzeste vollzogen, tauchen unerträglich blamable Erinnerungen auf, man schämt sich wegen seiner Überheblichkeiten und Eitelkeiten, wegen seiner Kleinheit und Schwächlichkeit. Schließlich befürchten wir auch die Auflösung der Persönlichkeit und den »Ich-Tod«. Diese dunklen, ängstigenden Erfahrungen schrecken die meisten Menschen auf dem Wege zu sich selbst ab. Sie möchten sich statt dessen am liebsten mit Hilfe transpersonaler Verfahren sogleich nach »oben« gen Himmel schwingen und verleugnen dabei doch nur einen wesentlichen Aspekt von sich selbst.

Der Drachenkampf: Vorstoßen ins Zentrum der existentiellen Angst

In Mythen und Märchen wird unsere Angst vor dem bedrohlichen Unbekannten häufig durch eine drachenähnliche Figur dargestellt. Der Drache ist ein äußerst vieldeutiges, archaisches Symbol. Deshalb läßt er sich auf die unterschiedlichsten Mächte, die dem Menschen als gefährliches und lebenshemmendes Problem erscheinen, beziehen: beispielsweise auf die Naturgewalten, ein schweres Lebensschicksal, gefangensetzenden Bann der Eltern, auf das Unbekannte, Dunkle und Böse in der Menschheit oder in der eigenen Seele oder auf den Tod.

Wenn wir uns vor Augen führen, was in den Bildern der Vergangenheit und Gegenwart assoziativ alles mit dem Drachen verbunden wird: Leere, Abgrund, Tiefe, Chaos, Dunkelheit, Katastrophen, Weltuntergang, tödliche, verschlingende Bedrohung, ekel- und schreckenerregende Gestalt, Gift, Feuer und Lava, dann sehen wir, daß er eine Projektionsgestalt der Menschheit für ihr Grundgefühl der dauernden Gefährdung sowohl in der Außenwelt als auch in der psychophysischen Innenwelt ist. Im Drachen hat sich alles in einer Gestalt verbildlicht und verdichtet, was der Mensch sich als Ausdruck seiner existentiellen Ängste vorstellen konnte. Deshalb weisen auch andere schreckenerregende Gestalten der menschlichen Phantasie, die Dämonen, Teufel, Hexen, böse Gottheiten, die Horrorfiguren und Ungeheuer, die Aliens aus dem Weltall, meist enge Parallelen zum Drachenbild auf.

Diese Ängste und Gefährdungen des Lebens, die sich in allen Zeiten und in allen Kulturen in ähnlichen bildhaften Gestalten dargestellt haben, sind allgemein-menschliche Grunderfahrungen. Leicht läßt sich zeigen, daß auch unsere Phantasie ganz ähnliche drachenartige Bilder spontan hervorbringt, wenn wir uns in entsprechenden archetypischen Konfliktsituationen befinden. Dabei greift sie manchmal auf richtige archaische Drachengestalten zurück, manchmal paßt sie sich aber auch den Entwicklungen des technischen Zeitalters an. Panzer, die durch das Dickicht brechen, Dampflokomotiven, die rauchend und schnaufend aus der Höhle des Tunnels hervorkommen, Tiefflieger, die mit mörderischem Lärm über unsere Köpfe hinwegfauchen, können in unseren Träumen bedrohlich erscheinende Energien symbolisieren. In modernen Action- und Katastrophenfilmen erscheint der Drache oft als Drohung einer globalen Vernichtung, die durch den Helden in letzter Sekunde verhindert wird. Die »Drachenhöhle« ist dann manchmal ein gigantischer, futuristischer, geheimer Ort unter der Erde, unter dem Wasser oder auch im Weltall, wo das Zentrum der bösen Macht wohnt. Die Bedrohung kann aber auch von Meteoren, Vulkanen, Flutwellen, Wirbelstürmen, Erdbeben und nicht zuletzt von dem Ungeheuer Godzilla, einem Symbol der sich rächenden, entfesselnden Naturmacht, ausgehen.

Aber auch das »gewöhnliche« Leben führt den Menschen in den verschiedenen Altersstufen immer wieder vor neue, unbekannte Situationen, die ihm Angst machen und in denen er sein Scheitern befürchtet: Schule, Prüfungen, Beziehungen zu andern Menschen und zum anderen, fremden Geschlecht, Sexualität, Beruf, Geburt eigener Kinder, Älterwerden, Trennungen, Krankheiten, Unfälle, Tod. Hinter diesen bedrohlichen Situationen scheint der große Drache zu lauern, der uns zu verschlingen droht, der das orientierende Licht unseres Bewußtseins verdunkelt, unsere Handlungsfähigkeit hemmt und unseren Lebenssinn zerstört.

Glücklicherweise ist der Drache aber manchmal nur deshalb so gefährlich, weil wir vor ihm fliehen. Hinter dem, was wir als Chaos, Unbekanntes und Fremdes fürchten, können häufig auch neue Entwicklungsmöglichkeiten stehen, latente, unbewußte Aspekte unseres Selbst, die wir uns noch nicht vertraut gemacht haben. Früher malte man auf den Landkarten an den Grenzen, wo das noch unerforschte Gebiet begann, einen Drachen. Man sagte gewissermaßen: Das ist gefährliches, fremdes Gebiet, hier hausen Drachen, deshalb wird es nicht weiter erkundet. Aber die Heldenerzählungen ermutigen dazu, uns der Angst vor dem Neuen und Unbekannten zu stellen und den Drachenkampf immer wieder zu wagen, damit das Hemmende überwunden, das Neue gefunden werden und das Leben weitergehen kann.

Drachenkampf heißt vor allem Angstüberwindung. Angstüberwindung vor dem Leben draußen, Angstüberwindung vor dem Leben innen, dem unbekannten Leben in unserer unbewußten Seele. Allerdings legt uns das Wort »Kampf« nahe, mehr an Besiegen und Töten zu denken als an Überwinden und Integrieren. Ängste aber sind natürliche, menschliche Reaktionen, die wir zur gesunden Lebensorientierung brauchen. Der beste Umgang mit ihnen ist deshalb nicht ihre Unterdrückung oder Abtötung, sondern ihr Zulassen, die aktive Auseinandersetzung mit ihnen.

Die Psychologie hat viele Methoden dafür entwickelt, was wir tun können, wenn wir vor etwas Angst haben. Vor allem hilft uns natürlich das offene und ehrliche Gespräch mit einem anderen Menschen, dem wir unsere Ängste anvertrauen und der bereit ist, ihnen mit uns gemeinsam »ins Auge zu schauen«. Allein die Erfahrung des An- und Aussprechens der Angst ist meist schon sehr hilfreich. Außerdem erleben wir dann meist auch, daß der andere Mensch die Situation nicht ganz so bedrohlich empfindet wie wir selbst. Das beruhigt uns und hilft uns, Abstand zu gewinnen.

Wenn wir keinen Menschen haben, mit dem wir sprechen können, können wir allein versuchen, uns der Angst zu stellen: Wir setzen uns in einen ruhigen Raum, in dem wir nicht gestört werden, entspannen uns – vielleicht mit der Unterstützung leiser Musik – und nähern uns unserer Angst, »dem Drachen«, ganz vorsichtig. Wir erkunden sie. Wir bewegen uns um die Angst herum, bis wir immer deutlicher spüren, was in ihrem Zentrum ist. Wir fragen uns, wovor wir eigentlich wirklich Angst haben, geben dieser vielleicht »namenlosen« Angst einen Namen und phantasieren uns aus, was denn schlimmstenfalls passieren könnte. Indem wir gerade das Schlimmste in unserer Vorstellung zulassen und immer wieder von allen Seiten ruhig betrachten, darüber nachdenken, es niederschreiben, malen oder künstlerisch gestalten, gewöhnen wir uns an die befürchtete Situation. Durch die entspannte, distanzierte Betrachtung wird die Angst allmählich geringer, so daß wir es wagen, uns andere Verhaltensweisen als Flucht oder Erstarrung auszudenken und auszuprobieren.

Natürlich muß man dabei in kleinen, bewältigbaren Schritten vorgehen, also sich nur mit solchen Ängsten beschäftigen, die man noch aushalten kann. Beim klassischen Desensibilisieren, einem Standardverfahren der Verhaltenstherapie, das insbesondere gegen Ängste eingesetzt wird, stellt man zuerst eine Angsthierarchie auf. Man stellt die wichtigsten Situationen zusammen, in denen die Angst auftritt, und ordnet sie dann in eine Rangfolge. Die Situationen, die am wenigsten Angst bereiten, kommen an erster Stelle, die schwierigsten zuletzt. Dann beginnt man mit der ersten, einfachsten Situation. Man konfrontiert sich mit der Angst so lange, bis man sie bewältigt, d. h. bis man der Situation einigermaßen entspannt entgegentreten und adäquate Verhaltensweisen zeigen kann. Dann geht man zur nächstschwierigen Situation. Dieses Vorgehen wird sowohl in der Phantasie als auch in der Realität durchgeführt.

Das wiederholte Hineinwagen in unsere Angst gleicht dem Baden im Drachenblut, wie wir es aus der Siegfriedsage kennen, wodurch Siegfried (bis auf eine kleine Stelle am Rücken) unverwundbar wird. Indem wir das Essentielle dessen integrieren, was uns zuvor fürchten gemacht hat – handele es sich dabei um noch nicht bewußte und ungelebte Seiten unseres Selbst oder um ungewohnte äußere Erfahrungen –, wird uns die Überwindung des Angst-Drachens zum Schatz des erweiterten Bewußtseins und neuer Lebensmöglichkeiten führen.

Die hier im Drachen latent vorhandene positive, schöpferische Kraft kommt außer in einigen uns bekannten westlichen Drachen-tötergeschichten besonders in den Drachenvorstellungen Indiens, Chinas und Japans vor. Dort ist der Drache ein Symbol der Fruchtbarkeit und schöpferischen Kraft, des langen Lebens, des Glücks und der Weisheit.

Der Sieg

Nach hartem, oft fast tödlich verlaufendem Kampf gelingt es den Helden diese feindliche Drachen-Macht zu überwinden, oft mehr mit Hilfe einer glücklichen Fügung als durch eigene Kraft. Danach gewinnen sie einen Schatz (Gold, Königreich, Erkenntnis, Berühmtheit) und einen Partner, mit dem sie sich in Liebe verbinden und ein Kind zeugen. Unter psychologischem Gesichtspunkt bedeutet dieser Schatz die Entwicklung und Erweiterung unserer Persönlichkeit, z. B. die Integration der gegengeschlechtlichen Anteile, der Zugang zu unserem schöpferischen Potential oder die Bewußtwerdung der Ganzheit des Selbst.

Was für die »großen« Dachenkämpfe gilt, gilt auch für die kleineren Konflikte und Auseinandersetzungen im Alltag: Wenn wir es wagen, in einem positiven Sinne konfliktfreudiger zu werden, uns mutig in neue, noch unvertraute Situationen hineinzubegeben und immer wieder einen kleinen »Heldenkampf« zu riskieren, dann werden wir auch immer wieder einen Schatz finden: eine neue Erfahrung und Einsicht, wachsendes Selbstvertrauen und festere Identität, mehr Beziehungs- und Liebesfähigkeit und vor allem: das Gefühl, intensiv am Leben teilzuhaben.

Interessanterweise hat sich in der Glücksforschung herausgestellt, daß wir die intensivsten Glückserfahrungen dann haben können, wenn wir uns in einer Situation befinden, die in vielerlei Hinsicht Aspekte der Heldenfahrt und des HEROS-Faktors aufweist.

Der Begriff »Flow« (engl. Fließen) von dem amerikanischen Psychologen Mihaly Csikszentmihalyi ist eine Bezeichnung für das Gefühl scheinbar mühelos fließender Bewegung, das man haben kann, wenn man ganz in einer schöpferischen Handlung aufgeht. Unter bestimmten günstigen Bedingungen werden Handeln und Bewußtsein eins. Das eigene Ich-Bewußtsein verschwindet, man ist nur noch mit allen Sinnen und allen Gedanken auf die Handlung und das Ziel ausgerichtet. Man ist so in die Tätigkeit vertieft, daß sie spontan und fast wie von selbst verläuft. Es ist eine glückselige Versunkenheit in das eigene Tun, obwohl es mit hohem Energieeinsatz und hoher Leistung verbunden sein kann. Die Energie fließt frei, und man hat eine veränderte Zeitwahrnehmung: ein Gefühl von Zeitlosigkeit, Ewigkeit, Gegenwärtigkeit oder auch ein Gefühl des sehr schnellen Verstreichens der Zeit mit dem Bedauern hinterher, daß es schon wieder vorbei ist. Die üblichen Grenzen des Selbsterlebens können dabei erweitert und ausgedehnt sein bis zu einem Erleben von Einheit und Verschmelzung mit der Situation, der Umwelt, den Mitmenschen zu einem großen, gemeinsamen Organismus. Ein Bergsteiger berichtet:

> *Kein Ort, welcher in höherem Maße das Beste aus dem Menschen herausholt... als eine Klettersituation. Niemand hetzt dich, unter größten geistigen und körperlichen Anstrengungen den Gipfel zu erreichen... Deine Kameraden sind da, aber ihr fühlt ja alle dasselbe, ihr seid alle drin. Wem kann man im zwanzigsten Jahrhundert mehr vertrauen als diesen Leuten? Leute, welche dieselbe Selbstdisziplin anstreben wie du...welche die wahrhaft tiefe Beteiligung suchen... Ein solches Band zu anderen Menschen ist allein schon eine Ekstase.*[4]

Solche Aktivitäten, die Csikszentmihalyi »autotelisch« nennt – das meint eine sich selbst genügende Aktivität, die ihr eigenes Ziel ist, die in sich selbst befriedigend, lohnend, motivierend ist –, hat er besonders bei Sportlern (z.B. Bergsteigern, Tänzern, Schachspielern), Wissenschaftlern und Künstlern untersucht. Sie können aber aber auch bei ganz alltäglichen Handlungen auftreten (z.B. beim Lesen, beim Kochen, beim geselligen Zusammensein mit Freunden, bei Hobbys etc.), wenn bestimmte Bedingungen erfüllt sind.

Damit eine Handlung in einen solchen Flowzustand übergehen kann, muß sie eine gewisse Herausforderung an uns stellen, sie muß ein Ziel haben und in festerem Rahmen überschaubar und geordnet sein. Die Tiefe der konzentrierten Erfahrung hängt mit der Klarheit der Ziele und der unmittelbaren Rückmeldung zusammen, ob wir uns auf dem richtigen Weg befinden und ob das Ziel erreicht werden kann. Wenn die Aufgabe zu leicht ist, dann langweilen wir uns, wenn sie zu schwer ist, blockiert uns die Versagensangst. Sie muß von uns bestimmte Fähigkeiten fordern, über die wir verfügen und die wir im Laufe der Erfahrung weiterentwickeln. Wir müssen lernen und wachsen, fähiger und geschickter werden können.

Wenn sich diese Aspekte miteinander verbinden, dann erleben wir die schönsten Augenblicke unseres Lebens. Wir erleben die tiefe Befriedigung, schöpferisch, wirksam und fähig zu sein. Hohe Konzentration, Sammlung und Selbstversunkenheit verbinden sich mit Engagement, Freude und beglückendem Erfolgserleben. Wir genießen es, in einer solchen Situation unsere Fähigkeiten und unsere Lebendigkeit spüren zu können. Wir erleben dann, daß das Leben und unser inneres Selbst, wenn sie sich frei zu entfalten vermögen, im Innersten Freude und Ekstase sind.

Schattenaspekte des HEROS

Der HEROS ist – neben dem LOGOS – in unserer leistungs- und erfolgsorientierten Gesellschaft ein sehr zentraler Faktor. Durch seine Dominanz und die Vernachlässigung der anderen Faktoren wie EROS, BIOS und MYSTOS hat er sich in vielerlei Hinsicht sehr problematisch ausgewirkt.

Eine typische mit dem HEROS verbundene Schwierigkeit ist, daß er uns glauben läßt, alles sei machbar und manipulierbar, alles sei nur die Frage einer bestimmten Technik. Ein solcher unrealistischer Veränderungsoptimismus wird z. B. gerne von neuen Technologien und neuen wissenschaftlichen Erkenntnissen, aber auch von neuen psychotherapeutischen Richtungen oder von Motivations- und

Erfolgstrainern ausgestrahlt. Mit Hilfe neuer »hochwirksamer«, »machtvoller« und »äußerst effektiver« Methoden sollen in kürzester Zeit erstaunliche Erfolge und Veränderungen erzielt werden.

Aber nicht alles läßt sich üben, so wie man Autofahren lernt oder Vokabeln paukt, schon gar nicht essentielle und fundamentale menschliche Qualitäten, die Ausdruck langer Erfahrung und Reifung sind. So besteht beispielsweise in vielen Persönlichkeitstrainings die Gefahr, daß man sich eine Fassade der Souveränität, der Kompetenz oder der Selbstsicherheit antrainiert, ohne sich wirklich so zu fühlen. Das kann in einen Teufelskreis zunehmender Entfremdung von sich und anderen Menschen führen. Man versucht immer mehr den großen strahlenden, erfolgreichen Helden nach außen zu spielen, fühlt sich innerlich aber immer elender und immer isolierter, denn andere Menschen spüren nach einiger Zeit das Unechte, Aufgeblasene, Angeberische hinter der Maske, sie spüren die fehlende Substanz und Essenz und wenden sich ab.

Selbst-Sicherheit ist ein ganzheitlicher, überaus vielschichtiger Zustand, der sich nur in ganz geringem Ausmaße einüben, suggerieren oder antrainieren läßt. Selbst-Sicherheit ist in den meisten Fällen das Ergebnis eines intensiv erfahrenen und auch durchlittenen Lebens. Sie hängt beispielsweise davon ab, ob ich mich selbst, meinen Körper und meine männliche oder weibliche Identität akzeptieren und wertschätzen kann, ob ich mich als geistig klar und orientiert empfinde, ob ich mich in meinen Beruf als kompetent und wirksam erfahre, ob mir soziale Beziehungen ausreichend gut gelingen, ob ich einen tragenden Sinn in meinem Leben finde und schließlich: ob ich einen Zugang zu meinem inneren Selbst habe. Und Selbstsicherheit hängt – paradoxerweise – ganz entscheidend auch gerade davon ab, ob ich mich in meinen unsicheren Seiten, meinen Hemmungen, meinen Schattenseiten und Schwächen annehmen kann. Daß dies alles nur in einem längeren Lebensprozeß gelingen kann, ist offensichtlich.

Ein Mann träumt, er sitzt in einem roten Ferrari hinter dem Lenkrad und bewegt es ein paarmal hin und her. Neben ihm sitzt sein Vater, der ihm befiehlt: »Nun fahr doch!« In diesem Augenblick entdeckt der Träumer verwundert, daß er ein kleiner Junge ist und mit seinen Füßen gar nicht an die Pedale kommt. Er fühlt sich unter Angst und Druck, weil er gar nicht tun kann, was sein Vater – und eigentlich auch er – erwartet.

Dieser Mann ist in seiner Lebensmitte angelangt, relativ erfolgreich und muß nun zu seinem Erstaunen entdecken, daß er irgendwo noch ein kleiner Junge ist, der versucht, seinem Vater zu imponieren. Er sitzt in einem roten Ferrari, für ihn ein Symbol dessen ist, was er sich immer erträumt hat, dies aber – wie sich herausstellt – weniger aus eigenem Bedürfnis heraus, sondern um anderen Menschen zu zeigen, wie erfolgreich, sportlich und männlich er doch ist. Sein Vater war in seinen Augen »ein richtiger Mann« gewesen, während er selbst als Kind auch feminine, introvertierte, verspielte Seiten hatte, die aber in den letzten Jahren fast verlorengegangen waren. Heute möchte er gern aussteigen aus diesem flotten Wagen und einem Lebensstil, der ihn zunehmend überfordert und vieles andere, was er eigentlich leben möchte, unmöglich macht.

Das Auto spielt in unserem realen Leben wie auch in vielen Träumen eine große Rolle. Es kann außer dem HEROS viele andere Aspekte unserer Persönlichkeit repräsentieren. Neben unserer Auto-nomie, unsere Lebensenergie (Benzin, PS), Beweglichkeit, Freiheit und Unabhängigkeit kann das Auto unseren allgemeinen körperlichen Zustand, Affekte, Triebe und Instinkte (Aggressivität, Sexualität, Rivalität, Jagdtrieb) symbolisieren, es kann ein Ort der Sicherheit, der Intimität, des Rückzugs sein (wie ein kleines Haus oder eine Höhle), unseren erreichten gesellschaftlichen Status, aber auch den Schatten, weibliche und männliche Anteile wie auch unsere Ganzheit darstellen. Man muß also – wie bei allen Symbolen – im jeweiligen Einzelfall genau hinschauen, welcher Aspekt besonders betont ist. Für den Träumer repräsentiert das Auto bestimmte, stark nach außen und aufs Berufsleben ausgerichtete heroische Züge, die er bislang überwertig gezeigt hat und die nicht mit seinem Wesen übereinstimmen. Er muß jetzt den Mut haben, ein ihm angemesseneres Fahrzeug zu finden, seinem Leben eine andere Richtung und ein anderes Ziel zu geben.

Eine weitere typische Problematik des HEROS ist die mit ihr häufig verbundene Abwehr von Gefühlen der Schwäche und Hilflosigkeit. Erschöpfungszustände, Depressionen und Krankheitssymptome, welche hilfreiche Signale, weise Informationen des Körpers darüber sein könnten, daß etwas aus dem Gleichgewicht geraten ist, werden dann leicht überhört. Statt die Arbeit zu reduzieren, wird ein Entspannungstraining gemacht, um anschließend noch effektiver sein zu können. Anstatt nach innen zu lauschen und vom Leiden zu lernen, was »dieses sagen will«, wird das Störende einfach wegtrainiert und eliminiert. Damit geht aber vielleicht eine wesentliche Möglichkeit, eine tiefergehende Problematik oder einen schöpferischen symbolischen Sinn des Leidens zu erkennen, verloren. Die ausschließliche Konzentration auf die Beseitigung des Leidens mag zwar oberflächlich schnelle Ergebnisse bringen, wäre aber auf Dauer ebensowenig hilfreich, wie es etwas nützt, wenn man bei einem ausgebrochenen Feuer die Alarmanlage, die das Feuer meldet, ausschaltet.

Größenwahn, Selbstüberschätzung verbunden mit Macht und Gewalt gehören zu den dunkelsten Aspekten des HEROS. Einerseits kann sich HEROS im lichten, strahlenden, menschenfreundlichen Helden, der sich für die Erhaltung und Entwicklung positiver Lebenszustände einsetzt, manifestieren. Andererseits kann er sich aber auch im unberechenbaren, jähzornigen, selbstsüchtigen, machthungrigen, gewalttätigen Menschen zeigen, der bereit ist, für eine »gute« Sache ebenso grausam und sadistisch zu wüten wie jene feindlichen Mächte, die zu überwinden er sich zur Aufgabe gemacht hat. Heroische Symbolik findet sich deshalb in hohem Maße auch in diktatorischen, faschistischen, totalitären politischen Systemen.

Der HEROS-orientierte Persönlichkeits- und Lebensstil

Die von dem HEROS geprägten Männer und Frauen leben nach dem Motto: »Wer nicht wagt, der nicht gewinnt.« Leben heißt für sie, ständig unterwegs, auf der Suche nach Neuem zu sein. Sie riskieren es, Dinge auszuprobieren, vor denen viele andere Menschen ängstlich zurückschrecken. Innere und äußere Grenzen und Beschränkungen stellen sie grundsätzlich in Frage. Allgemeine ethische Maßstäbe und was andere Menschen denken, spielen für sie eine untergeordnete Rolle. Sie leben mehr nach ihren eigenen Vorstellungen und Maßstäben. Sie betonen gern ihre Freiheit und Unabhängigkeit und machen sich wenig Sorgen um andere, da sie davon ausgehen, daß jeder für sich selbst verantwortlich ist. Sie sind gern unterwegs, sie lieben das Abenteuer, den Kampf und riskante Situationen. Sie können wahre Überlebensexperten sein.

Wenn man das äußere Erscheinungsbild eines HEROS oder seine Wohnung betrachtet, könnte auffallen, daß erotisch-ästhetische Elemente wie etwa gut abgestimmte Farben, hochwertige Materialien, Schmuck und Pflege selten sind. Kleidung, Wohnung und Einrichtung werden überwiegend funktional, sachlich, praktisch, zweckmäßig sein. Essen kann ohne Probleme aus dem Papier oder aus der Dose stattfinden. Man sieht wahrscheinlich eine Vorliebe für technische Geräte und viel Metall (selbst im Schlafzimmer), die ihre Aufgabe erfüllen, aber nicht unbedingt zueinander oder zum Ganzen der Umgebung passen müssen. Vielleicht findet sich eine beneidenswert funktionale Kücheneinrichtung in einer Küche ohne Sitzmöglichkeit oder ohne einen gemütlichen Tisch mit Eckbank.

Das Ansammeln von Besitz und Geld ist vielen von ihnen nicht so wichtig, insbesondere auch, weil sie dafür eine regelmäßige und beständige Tätigkeit ausüben und ihren Besitz verwalten und pflegen müßten. Mit Geld gehen sie eher locker und großzügig um, sie stehen auf dem Standpunkt, daß Geld etwas Dynamisches ist, das fließen soll und investiert werden muß. Sie vertrauen darauf, daß sie immer in der Lage sein werden, genügend Geld zu organisieren, und daß sie genügend Einfallsreichtum und Tatkraft besitzen, um auch in schwierigen finanziellen Situationen gut zu überleben. Sie lassen sich nicht gern in einen regelmäßigen Arbeitsablauf und Routine einspannen. Sie bleiben lieber frei und selbständig und vertrauen auf ihre Fähigkeit, in schwierigeren Lebensumständen Lösungen zu finden. Einige von ihnen genießen es, ohne feste Arbeit zu leben, saisonabhängigen Beschäftigungen nachzugehen oder von Ort zu Ort zu ziehen, z. B. als Leibwächter, Rausschmeißer, Lastwagenfahrer, Seefahrer oder kurzfristiger Unternehmer, Kellner, Animateur, Trainer, Sportler, Soldat, Legionär.

Der heroische Persönlichkeits- und Lebensstil zeigt sich aber auch häufig in einer starken aufgaben- und zielorientierten Ausrichtung. »Heroische« Elemente finden sich insbesondere im politischen, gesellschaftlichen und wirtschaftlichen Denken und Handeln und in Tätigkeitsbereichen, in denen es um Leistung, Kampf, Führung, Macht und Einfluß geht, also etwa im Sport, in der Technik und Medizin, im Management und in den daraus abgeleiteten Schulungen und Trainings für Organisationen jeder Art.

Wenn man einen heroisch geprägten Menschen als Gegenüber hat, spürt man das daran, daß dieser sich oft anregend, fordernd, direktiv, manchmal stark konfrontativ und sogar manipulativ verhält. Er hat schnell genaue Projektplanungen fertig, kennt die passenden technischen Hilfsmittel, weiß genau, wie man für Situationen trainieren und sich vorbereiten kann, was scheinbar »ganz einfach« oder »ganz klar« verändert werden muß, hat auch rasch verbindliche, vertragliche Vereinbarungen zur Hand. Er ist ein Mensch, der Nägel mit Köpfen macht und Risikobereitschaft besitzt. Für ihn ist alles kein wirkliches Problem, alles kann gelöst werden, da seine innere Ausrichtung lösungs- und zukunftsorient ist. Widerstände spielen keine große Rolle und werden deshalb häufig auch unterschätzt. »Action« ist sein Lebenselixier, und Krieg ist für ihn der Vater aller Dinge.

Wird HEROS vom LOGOS günstig unterstützt, kann ein Mensch seine Ideen und Pläne zielstrebig und folgerichtig in Handlung umsetzen. Er hat dann vielleicht eine optimistische, leidenschaftliche Lebenshaltung, die auch auf andere ausstrahlt, ihnen Mut und Hoffnung, ja Visionen geben kann, vor allem, wenn gute sprachliche Fähigkeiten damit einhergehen, so daß er in diesen Bereichen sehr positiv und erfolgreich wirken kann. Wenn die Beziehung zum LOGOS-Prinzip schwach ausgeprägt ist, fehlt den Aktionen der Betreffenden möglicherweise die übergeordnete Planung, ein übergeordneter Sinn und vielleicht eine ethisch-moralische Orientierung. Dies kann im Extrem zu einem kriminellen, antisozialen Lebensstil, zur Halt-, Rücksichts- und Gewissenlosigkeit führen, denn solche Menschen verfügen über nur geringe Impulskontrolle, und sie handeln, ohne zu denken. Die Einsicht in eigene Fehler und Schwächen ist nicht entwickelt, die Schuld wird gern bei anderen gesucht, Rechthaberei dominiert.

Wenn eine gute Beziehung zum EROS vorhanden ist, gehen HEROS-geprägte Menschen leicht und gern eine Vielzahl von Freundschaften und Beziehungen ein, wobei ihr primäres Ziel nicht die liebevolle Verschmelzung mit einem anderen Menschen ist, sondern die intensive, erregende, abenteuerliche Erfahrung der neuen Eroberung. Insbesondere reizt sie natürlich der Zauber der Anfangsphase einer Beziehung. Sie können intensiv emotional erleben, leidenschaftlich sein, aber vermeiden allzuviel bindende Nähe und allzu intime Liebeserfahrungen. Sobald eine Beziehung nicht mehr genügend Spannung und Aufregung bietet, wird sie uninteressant. Sie bleiben in einer Beziehung nur so lange, wie es sich für sie richtig anfühlt. Freundschaften können auch durchaus dauerhaft sein, wenn sie von einem gemeinsamen Ziel oder einer gemeinsamen Herausforderung getragen sind.

Gelegentlich wird die zwischenmenschliche Beziehung vor allem als eine Form des Rivalisierens und des Wettkampfes gesehen. In Beziehungen streben diese Frauen und Männer dann Dominanz und Macht an.

Wenn die gute Beziehung zum EROS fehlt, können HEROS-Menschen unbezogen und berechnend sein, im Extremfall sadistisch, grausam und gewalttätig mit anderen Menschen, Lebewesen und ihrer Umwelt umgehen. Sie spüren dann nicht, was andere Menschen fühlen, wenn sie von ihnen gedemütigt, erniedrigt, eingeschüchtert, schlechtgemacht, kontrolliert oder bedroht werden. Sie können sich sogar am Leid und Schmerz anderer Menschen und Lebewesen erfreuen (Folter, Tierquälerei). Ihr fehlendes inneres Mitgefühl und ihre innere Kälte projizieren sie leicht auf ihre Umwelt und ihre Mitmenschen, so daß sie befürchten, daß man sie nicht mag und mit ihnen nicht gut umgeht. Sie können sich dann ohne ausreichenden Grund von anderen ausgenutzt und benachteiligt fühlen, sie bezweifeln die Glaubwürdigkeit von Freunden und Mitarbeitern, schreiben harmlosen Bemerkungen und Ereignissen eine versteckte, sie abwertende bedrohliche Bedeutung zu, fühlen sich schnell angegriffen, mißachtet und gekränkt und sind nachtragend.

Eine positive Beziehung zum BIOS zeigt sich in einem guten Verhältnis zur Natur, zur Materie und dem Körper mit seiner Trieben und Instinkten. Fehlt diese, so kann daraus ein überfordernder Zwang zur »Dauerpotenz«, zur Ruhelosigkeit und zur Überaktivität resultieren. Das Verhältnis zur natürlichen Regeneration ist gestört, Ruhe, Entspannung und Hingabe werden oft als Schwäche und faule nutzlose Passivität empfunden. Das Unbewußte, die Natur und das Körperliche in seiner Eigendynamik werden abgewehrt bzw. müssen kontrolliert und untertan gemacht werden. Der Körper wird als Instrument oder Maschine angesehen, der zur Erreichung ehrgeiziger Ziele ausgebeutet wird, auch wenn damit Unfälle, Verletzungen und körperliche Zusammenbrüche verbunden sind.

Wenn sich bei HEROS-orientierten Menschen Mut und Risikobereitschaft mit visionärer Kraft und ganzheitlichen Lebensentwürfen (MYSTOS) verbinden, werden sie zu Innovatoren, Führungspersönlichkeiten, zu Entdeckern und Pionieren. Sie sind bereit, für ihre neuen Ideen und Ideale zu kämpfen und zu sterben. Im religiösen Bereich können sie ihr geistiges Ziel mit Beharrlichkeit und Disziplin verfolgen und werden vielleicht eine asiatische Kampfsportart, eine Zen-Disziplin (Kendo, Bogenschießen), Yoga oder einen systematischen Schulungsweg bevorzugen. Eine fehlende Verbindung zum MYSTOS läßt sie in ihrem Leben keinen übergeordneten Sinn finden. Wenn sie nicht mehr wissen, wofür es sich noch lohnt zu kämpfen, oder wenn sie nicht mehr der glänzende Mittelpunkt der Gesellschaft sind, resignieren sie leicht und verfallen den typischen heroischen Schwächen: dem Alkohol, dem Spiel, dem angeberischen Prahlen mit früheren Taten und dem wüsten Schimpfen über die enttäuschende Welt.

HEROS in Selbsterfahrung und Therapie

Die hauptsächlichen Ziele von HEROS-orientierten Formen der Selbsterfahrung und Therapie bestehen im Anregen zu aktivem Tun, im Einüben neuer Verhaltensweisen (Selbstbehauptung, Aggression z. B.), in der Übung des Willens, der Stützung der Ich-Kräfte, der Verbesserung der Frustrationstoleranz und der Ermutigung zur Angstüberwindung. Selbstmanagement, Selbstregulation und Selbstkontrolle sind moderne Schlagworte einer solchen Ausrichtung. Die Helfer, Coaches und Therapeuten verhalten sich dabei oft aktiv anregend, fordernd, direktiv, manchmal sogar stark konfrontativ und manipulativ (ein extremes Beispiel hierfür ist der »Drill« in der militärischen Ausbildung). Es werden Verhaltensanalysen und Zielpläne erstellt, praktische Übungen, Hausaufgaben, technische Hilfsmittel und auch vertragliche Vereinbarungen eingesetzt.

Die kontinuierliche Auseinandersetzung mit der Vergangenheit, dem Gewordensein einer Situation, eines Konfliktes, einer Persönlichkeit spielt eine relativ untergeordnete Rolle oder wird gar als eher hinderlich angesehen. Man geht davon aus, daß wirkliche Einsicht und wahrhaftes Verstehen sowieso erst nach einer konkreten Erfahrung möglich sind. Der Versuch, Situationen allzu tief zu analysieren, erscheint eher als eine Vermeidung und Blockade des dringend nötigen Handelns. Der LOGOS-orientierte Mensch hingegen würde dem heroischen vorwerfen, sein Verhalten und Handeln sei reiner Aktionismus, blindes Agieren, ein Vermeiden der Auseinandersetzung mit den tieferen Konflikten. Inzwischen besteht aber wohl zunehmend Einigkeit darüber, daß zwischen konkretem Handeln und daraus resultierender Lernerfahrung und rational-emotionaler Einsicht kein ausschließendes, sondern ein wechselseitiges, sich gegenseitig unterstützendes Verhältnis besteht.

Wenn ein Mensch aufgrund einer Krankheit jahrelang im Bett gelegen hat, dann mag es für ihn teilweise sehr wichtig sein, zu verstehen, was die seelischen Hintergründe seiner Erkrankung sind und weshalb er dem Leben ausgewichen ist. Eine solche Einsicht wird ihn vielleicht von Schuld- und Schamgefühlen entlasten und ihn motivieren, die regressive Fixierung aufzugeben, aber sie wird nicht ausreichen, damit er wieder laufen kann. Dieses Laufen wird er mühsam Schritt für Schritt mit Hilfe eines ermutigenden und teilweise stützenden Trainers lernen müssen, wie jeder andere Mensch es auch mühsam Schritt für Schritt hat lernen müssen. Eine Vielzahl – vielleicht auch gerade jüngerer – Klienten wünscht sich neben Verständnis und Einfühlung nichts sehnlicher, als daß ihnen in der Aufarbeitung ihrer Defizite geholfen wird, daß ihnen gezeigt wird, wie man etwas macht, wie man mit seinen Affekten umgeht, wie man mit Beziehung umgeht, anstatt daß ihnen vermittelt wird, woher sie diese Schwierigkeiten haben oder welche Konflikte darin enthalten sind. Das praktische Lernen mit einem anleitenden Lehrer und in einer konkreten Situation, wie es in vielen anderen Bereichen des Lebens wie z. B. im Sport oder in der Kunst üblich ist, ist einer der Wirkfaktoren, der merkwürdigerweise, obwohl so naheliegend, lange Zeit von den analytischen Verfahren vernachlässigt wurde.

Von den Selbsterfahrungs- und Therapierichtungen sind als HEROS-orientiert besonders die Verhaltenstherapie, Formen der Gestalttherapie (in denen die Selbstverantwortung stark betont wird), das NLP (Neurolinguistisches Programmieren) oder die Provokationstherapie zu erwähnen. Ichstützende, Aktivität, Autonomie und Eigenverantwortung fördernde Aspekte gibt es aber natürlich auch in allen anderen Therapieformen, denn fast überall geht es um die Frage, wie ein Mensch Abschied von der Opferrolle nimmt und zu einer selbstbestimmten Lebensgestaltung findet.

Obwohl in der Analytischen Psychologie C. G. Jungs der Helden-Archetyp und seine finale Orientierung auf ein Ziel hin zentrale Bedeutung einnimmt – der Heldenweg in Mythen, Märchen und Phantasien ist ja, wie wir in diesem Kapitel gesehen haben, eines der wesentlichen Symbole des Individuationsprozesses –, wird seine Bedeutung für die praktische Psychotherapie von ihr doch erstaunlicherweise wenig diskutiert. Dabei bieten gerade die Heldengeschichten und die vielen heroischen Motive aus den Träumen der Klienten eine Vielzahl von hilfreichen Anregungen für die therapeutische Praxis. Diese Vernachlässigung des HEROS hängt vermutlich mit einer Überbetonung der eher introvertierten und spirituellen Einstellung in der Analytischen Psychologie zusammen.

Inzwischen gibt es aber eine Reihe von tiefenpsychologischen Ansätzen, die die LOGOS-orientierte Einstellung mit dem verhaltensorientieren Vorgehen zu verbinden suchen. Im Gegenzug haben sich auch moderne Verhaltens- und Kognitionstherapeuten weitgehend von ihrem allzu vereinfachenden, mechanistischen Reiz-Reaktions-Modell entfernt. Sie beginnen die Verleugnung der Bedeutsamkeit unbewußter psychischer Prozesse, die sie über ein halbes Jahrhundert lang erbittert durchzuhalten versucht haben, zugunsten einer ganzheitlicheren Konzeption zu überwinden.

Eine spezifische Gefahr der mit dem heroischen Faktor verbundenen Techniken und Vorgehensweisen liegt darin, daß die therapeutische Begegnung technisiert wird, daß sich – wie es auch bei einem strengen LOGOS-orientieren Stil leicht möglich ist –, durch das Dazwischenschieben von Methodik und Technik menschliche Nähe, Bezogenheit und Liebe nicht genügend entfalten können. Das ständige Hinarbeiten auf Selbstverantwortung, auf aktive Entscheidungen, auf Autonomie und Unabhängigkeit kann dahin führen, daß im Klienten so etwas wie ein Bewußtseins- und Willenskrampf entsteht, der ihn daran hindert, innerlich loszulassen, regressivere Gefühle und Bedürfnisse (z. B. Nähe, Hingabe, Empfänglichkeit, Ruhe, Geborgenheit) wahrzunehmen und eine vertrauensvolle, schöpferische Beziehung zu den unbewußt gesteuerten Regulationsvorgängen des Selbst herzustellen. Dann kann es tatsächlich zu jenem gehetzten Aktionismus, zum »blinden«, d. h. unbewußten Agieren und zu jener dauernden Symptomverschiebung kommen, vor denen die LOGOS-orientierten Richtungen immer warnen.

Eine weitere Problematik ist die bereits erwähnte Machbarkeits-Hybris:»Alles ist möglich« und »Du kannst, wenn du willst«, wenn du nur die richtige Technik oder die neueste »Super-Mega-Power-Methode« hast. Überaus komplexe Zusammenhänge der menschlichen Persönlichkeit und ihrer Entwicklung werden hierbei auf wenige, dafür plan- und organisierbare Aspekte reduziert, die aber den dahinterstehenden eigentlichen Bedürfnissen meist nicht gerecht werden. Menschen haben zwar immer wieder Hoffnung auf solche einfachen Rezepte und Lösungen, sind aber nach einer Zeit vielleicht anfänglicher Euphorie doch – glücklicherweise – unzufrieden, wenn sie die Oberflächlichkeit und seelenlose Mechanik solcher Vorgehensweisen bemerken, wenn sie spüren, daß sich das, was sie sind und was sie eigentlich wollen – nämlich authentisch sie selbst sein zu können –, nicht auf schnelle, einfache Weise erreichen läßt.

Quintessenz

- ### *Dies über alles: Sei dir selbst treu!*

»Dies über alles: sei dir selber treu, und daraus folgt, so wie die Nacht dem Tage, du kannst nicht falsch sein gegen irgendwen« (Shakespeare[5]). Lebe natürlich, echt, authentisch. Sei, der du wirklich bist. Du kannst nur aus dem heraus leben, der du wirklich bist. Sei dein eigener Maßstab. Versuche nicht, jemand anders zu sein, versuche nicht zu sein, wie »man sollte« oder wie »man müßte«. Einen Menschen wie dich gibt es kein zweites Mal auf dieser Erde. Deine besondere Eigenart und Einzigartigkeit ist das Kostbarste, das du besitzt. Vertraue darauf, daß du dann am glücklichsten bist, dann am ehesten das erreichst, wonach du dich am meisten sehnst und dann am meisten von den anderen Menschen gemocht und respektiert wirst, wenn du ganz einfach du selbst bist. Gib deinen wahren Gefühlen, Impulsen, Bedürfnissen spontanen Ausdruck. Sei aufrichtig, natürlich, verletzlich, zeige dich auch in deinen Fehlern und Schwächen. Ein sicherer Mensch ist ein toter Mensch.

- ### *Liebe und tu was du willst!*

Dieses Wort von Augustinus meint zunächst, daß du bei deinen Entscheidungen und Handlungen das Wohlergehen, die Freiheit und Würde deiner Mitmenschen und Mitlebewesen berücksichtigen sollst. Wenn du spürst, daß dein innerster Kern Liebe (Liebe zum Leben, Liebe zu dir, Liebe zu anderen Menschen, Liebe zu deiner eigentlichen Aufgabe) ist – was er nämlich wirklich ist, allerdings ist darüber häufig eine Schicht aus Angst und Schmerz gelagert –, hast du alle Freiheit, dein Wesen zu einer dir gemäßen Entfaltung zu bringen. Geh also deinen Weg mit Herz und folge deiner inneren Stimme. Deine Freiheit wird nur durch die Freiheit der anderen Menschen beschränkt.

Finde heraus, was dir leicht fällt, was dir Freude macht und was deiner natürlichen Begabung entspricht. Jeder Mensch hat eine Fähigkeit, ein Talent, mit dem er sich und anderen Menschen das Leben schöner machen kann. Kennst du Tätigkeiten, bei denen du mit »Leib und Seele« beteiligt bist und bei denen es dir leicht fällt, so versunken zu sein, daß du dich dabei selbst vergißt? »Love it or leave it« lautet eine amerikanische Maxime. Wenn du deine Arbeit ohne Begeisterung tust und du sie nicht magst, ist es für alle Beteiligten besser, wenn du damit aufhörst. Dein Leben ist zu kostbar, um es mit einer Sache zu verbringen, die du nicht liebst. Wenn du nicht weißt, was du wirklich willst, dann mache es zu deiner wichtigsten Aufgabe, es herauszufinden. Frage dich beispielsweise, was du tätest, wenn du gesund wärst, alle Zeit der Welt hättest, wenn du unbegrenzte finanzielle Möglichkeiten hättest und tatsächlich frei wählen könntest. Welche Art von Leben würdest du führen wollen, an welcher Aufgabe würdest du arbeiten?

Übe deine Fähigkeit zu unterscheiden, was du willst und was du nicht willst, auch bei kleinen Dingen. Halte während des Tages immer wieder einmal inne und frage dich, was du jetzt wirklich willst, und ob das, was du jetzt tust, für dich richtig ist und »stimmt«. Dein Körper, dein Bauch, dein Herz werden es dir deutlich sagen. Bringe den empfangenen Willensimpuls dann auch deutlich zum Ausdruck. Habe Mut, eine Entscheidung auch aufzuschieben und zu überschlafen, wenn du nicht genau spürst, was du willst. Du brauchst dich für deine Entscheidungen nicht zu rechtfertigen. Es reicht aus, daß du es so willst. Vor allem aber: Tu auch, was du willst. Denke nicht nur, phantasiere nicht nur, sondern tue es auch. Setze deine Ideen baldmöglichst in konkrete Handlungen um und lerne dann aus deinen Erfahrungen.

• *Sei deines eigenen Glückes Schmied!*

Übernimm Verantwortung für dich und dein Leben. Dein Leben ist ganz allein dein Leben. Dein Leben ist ganz allein deine Aufgabe. Es ist vielleicht deine einzige Chance. Niemand kann dein Leben für dich leben. Kein Mensch kann das tun, was gerade du in dieser Situation, in die du hineingestellt bist, tun kannst. Lerne von anderen Menschen, so viel du kannst, aber erwarte nicht, daß dein Leben irgend ein anderer für dich leben kann oder dir sagen kann, wie du es leben sollst. Niemand kann es besser fühlen oder wissen als du selbst. Delegiere die Verantwortung dafür nicht an die Vergangenheit, das Schicksal, die Sterne, deine Kindheit, die Eltern, die Umstände, die Mitmenschen, irgendwelche äußeren oder inneren Autoritäten. Niemand anderer ist schuld daran, daß es dir heute nicht so geht, wie du es gern möchtest. Auch wenn es dir nicht so erscheinen mag: Das meiste, das du heute bist und dir heute begegnet, ist das Resultat deiner eigenen Entscheidungen. Du hast dich nicht besser entschieden, weil du den Preis der Anstrengung, der Auseinandersetzung, des Lernens nicht bezahlen und lieber den einfacheren, bequemeren Weg gehen wolltest. Aber immer noch hast du jetzt – und nur du selbst – die Möglichkeit, dein Leben besser zu gestalten.

• *Was du säst, das wirst du ernten!*

Übernimm auch Verantwortung für deine Gedanken und Gefühle. Entscheide selbst, mit welchen Vorstellungen du dein Leben verbringen willst und mit welchen Gedanken du deine Zukunft aufbauen willst. Die Gedanken und Phantasien, die du häufig und wiederholt in dir trägst, beeinflussen deine Stimmungen und dein Verhalten. »Wer heute einen Gedanken sät, erntet morgen die Tat, übermorgen die Gewohnheit, danach den Charakter und endlich sein Schicksal«, sagt Gottfried Keller. Nutze also die Chance, die in der Kraft deiner Vorstellungen ruht. Denke konstruktiv, kreativ und optimistisch. Glaube an dich und deine Ziele, du brauchst dabei die Realität, so wie sie ist, nicht zu verleugnen, aber aus einer pessimistischen Einstellung heraus kommen selten positive Entwicklungen. »Der einzige Mist, auf dem nichts wächst, ist der Pessi-Mist«, meinte Theodor Heuss. Nimm das Gute, Schöne, Authentische, Lebendige, Kreative, das dir begegnet, wahr, bestätige es, bewundere es, und es wird immer mehr ein Teil deines Wesens und deiner inneren Realität. Wie innen so außen, wie außen so innen.

Was du säst, das wirst du ernten: Dieses Paulus-Wort gilt nicht nur für deine Gedanken, sondern auch für deine Taten. Deine Gedanken sind die Saat, deine Taten sind das Säen und das Pflegen des Ackers, der Rest wird durch die Weisheit der Natur und die innere Entwicklungslogik, die im Wesen der Sache liegt, getan. Dahinter steht das wichtige Gesetz von Ursache und Wirkung. Alles, was du heute bist, ist meist die konsequente Auswirkung dessen, was du früher gedacht und getan hast. Von daher ist es so wichtig, dir klarzumachen, welche Saat du im gegenwärtigen Augenblick für die Zukunft ausbringst.

• *Beginne jetzt!*

»Was immer du tun kannst oder erträumst zu können, beginne es. Kühnheit besitzt Genie, Macht und magische Kraft. Beginne es jetzt!« sagt Goethe. Selbstverwirklichung hat mit »wirken« zu tun: Wenn man etwas erreichen will, dann muß man danach fragen und sich dafür engagiert einsetzen. Vermeide illusionäres Wunschdenken. Erwarte keine magischen Methoden und schnellen Wunder, z. B. daß du deine Ziele im Schlaf, durch Autosuggestion oder durch die Kraft der Hypnose erreichst. Alle diese Dinge können zusätzliche Hilfsmittel sein, aber kein erfolgreicher Mensch hat sich je darauf verlassen. Er mußte sich das, was er wollte, nicht mühsam suggerieren, sondern seine Vision entsprang mit eigener Kraft aus der Mitte seines Herzens und seiner Sehnsucht. Was wirklich hilft, ist die Wirklichkeit und das ganz konkrete, ausdauernde Lernen, Üben, Üben und nochmals Üben im Leben. »Übung macht den Meister«, sagt das Sprichwort und: »Es ist noch kein Meister vom Himmel gefallen«. Erwarte nicht, daß du es leichter haben wirst als andere Menschen, die erfolgreich in ihrer Selbst- und Lebensverwirklichung geworden sind. Wenn es etwas gibt, das alle bedeutenden Menschen gemeinsam haben, dann ist es ihre Bereitschaft, viel Energie und Beharrlichkeit – meist viel mehr als der Durchschnitt – für ihre Ziele einzusetzen und sich auch von vielen Rückschlägen nicht davon abbringen zu lassen. Es gibt eine Erfolgslogik, die wir alle meist sehr gut kennen und die wir bei vielen Dingen, an denen uns gelegen ist, auch anwenden: sich unentwegt und leidenschaftlich mit den Themen und Dingen auf alle möglichen Arten beschäftigen, z. B. indem wir über sie phantasieren, sie schriftlich fixieren und planen, Bücher, Videos, Kassetten nutzen, Schulen, Fortbildungsveranstaltungen und Seminare besuchen, uns an Vorbildern orientieren, mit Lehrern und Mentoren arbeiten, mit Partnern, Freunden und anderen Menschen über unsere Projekte und Ziele sprechen. Es ist alles weniger eine Frage einer speziellen Technik, sondern eine Frage der inneren Motivation und des Einsatzes, den wir bereit sind zu bringen. Nur durch Experimentieren und Handeln kommt man zu Erfahrung und Einsicht. Nicht lange diskutieren, sondern einfach tun, beobachten, was passiert, und aus Versuch und Irrtum lernen.

• *Wage das Neue!*

Riskiere das Neue, Ungewohnte, denn auch dein dauernd sich wandelndes Selbst ist immer neu und anders. Alles fließt. Leben ist Bewegung und Veränderung, von Sekunde zu Sekunde. Versuche immer wieder einmal spontan aus der Situation heraus zu handeln, indem du dich von deinen inneren Impulsen leiten läßt. Wage es, unvertraute Situationen auszuprobieren, mit dir zu experimentieren, dich anders als üblich und erwartet zu verhalten. Lerne, Angst, Unsicherheit, Hilflosigkeit und auch Einsamkeit auszuhalten. Genieße die abenteuerliche Angst-Lust. Das Leben ist kurz, und es ist nicht sicher, ob du noch einmal die Chance zu einer gleichen Erfahrung haben wirst. Nichts verändert sich, außer du tust es. Kalkuliere Irrtümer, Fehler, Kritik, Rückschläge, Widerstände, Auseinandersetzungen als unvermeidbare Lernerfahrungen mit ein. Wer nicht wagt zu irren, der kann auch nichts lernen.

Übe dich darin, konstruktiv aggressiv (im Sinne von aggredi = lat. heranschreiten, angreifen) zu sein, um dich selbst behaupten und destruktive Aggression anderer abwehren zu können und deine Wünsche und Ziele nachdrücklich voranzubringen. Streiten trennt nicht nur, sondern kann auch verbinden und überraschend neue Perspektiven eröffnen.

- *Bemühe dich um Integrität und innere Stärke!*

Bemühe dich um Aufrichtigkeit, Zuverlässigkeit, Loyalität, Toleranz, Gelassenheit und Humor. Genieße es, ritterlich, fair und gütig mit anderen Menschen umzugehen. Übe Zielstrebigkeit, Ausdauer, Geduld und Beharrlichkeit und lerne, Widerstände, Ängste, Frustrationen, Spannungen und Konflikte auszuhalten. Probleme und Widerstände sind natürliche Ereignisse des Lebens, nimm sie als eine interessante Herausforderung, als Chance zum Lernen und Wachsen, als Möglichkeit, etwas Neues zu erfahren. Tu immer wieder einmal Dinge, die du am liebsten aufschieben würdest oder zu denen du gerade keine Lust hast. Diskutiere nicht lange innerlich mit dir, sondern tu es einfach. Sag: Ich will! Freue dich, wenn du einen kleinen Sieg über deine inneren Widerstände und deine Trägheit errungen hast.

2 EROS: Freude, schöner Götterfunken

Freude, schöner Götterfunken,
Tochter aus Elysium,
Wir betreten feuertrunken
Himmlische, dein Heiligtum.
Deine Zauber binden wieder,
Was die Mode streng geteilt,
Alle Menschen werden Brüder,
Wo dein sanfter Flügel weilt.
Friedrich Schiller[6]

Wir alle sind Teil des schöpferisch sich entfaltenden Universums. Wir leben nur durch die Beziehung und Wechselwirkung mit allem anderen, was existiert. Jede Vorstellung von einer unabhängigen, getrennten Existenz ist eine leidvolle Illusion. Wir sehnen uns alle danach, zu lieben und geliebt zu werden. Ziel der Individuation und der Lebenskunst ist, diese Verbundenheit mit allem Existierenden zu feiern, in liebevollem Verhalten zum Ausdruck zu bringen und mit dazu beizutragen, die Liebe, Schönheit und Freude am Leben zu mehren.

- Kannst du dich in deiner einmaligen, individuellen Eigenart vollständig annehmen, gerade so wie du bist?
- Bist du dir bewußt, daß du andere Menschen nur in dem Maße lieben kannst, wie du dich selbst und dein Dasein liebst?
- Weißt du, daß Liebe und Freiheit einander bedingen und benötigen?
- Sorgst du dafür, daß in deinem Leben Schönheit, Freude, Erotik, Ekstase genügend Raum finden?
- Weißt du, daß es unendlich viel gibt, für das du dankbar sein kannst, und daß Dankbarkeit der einfachste Schlüssel zum Glück ist?

Aspekte und Symbole des EROS-Prinzips

Der Begriff EROS ist hier im ganz umfassenden Sinne gemeint. Er ist eine Bezeichnung für jene Aspekte des Lebens und jene Seiten von uns, die mit Beziehung und Verbundenheit, mit Liebe, Sexualität und

55

Leidenschaft, aber auch mit Harmonie, Schönheit und Freude zu tun haben. Während das heroische Prinzip die Autonomie, die Trennung und Auseinandersetzung, damit auch den Konflikt und die Aggression betont, steht im erotischen Prinzip die Verbundenheit und das Streben nach Vereinigung mit dem anderen Menschen, mit der Natur, dem Leben, ja der ganzen Existenz im Mittelpunkt.

Es gibt unterschiedlichste Formen des EROS, die von den elementarsten materiellen Formen der Anziehung (z. B. als Schwerkraft oder der Elektronen in einem Atom) über die instinktiv-animalischen einer nur biologischen Sexualität bis zu den geistig-transzendentalen Formen der »Mystischen Hochzeit«, des »Hieros Gamos« reichen.

In vielen philosophischen und religiösen Systemen besteht die Neigung, gute, höhere und reinere Formen der Liebe, die sich beispielsweise als *Agape* (Zuneigung, Liebe, Achtung) oder als *Caritas* (Nächstenliebe, Mitgefühl und Barmherzigkeit) zeigen, von den niederen, lüsternen und teuflischen Formen der Begierde, der Fleisches- und Wollust abzutrennen. So sinnvoll eine Differenzierung der verschiedenen Aspekte des EROS für die Entwicklung des Bewußtseins und der Kultur ist, so hat sich die Spaltung des EROS in einen oberen, guten und einen unteren, schlechten – letztlich wie bei allen Spaltungen elementarer Polaritäten – als verhängnisvoll für unsere Beziehung zur Materie, zum Körper, zur Erde und zur Natur erwiesen.

Unsere Gesellschaft und Kultur leidet aufgrund dieser abwertenden Gut-Schlecht-Trennung noch heute an einem mangelnden Bezug zum ganzen EROS, am Fehlen eines liebevollen Sich-verbundenfühlens mit der Schöpfung, die sich für uns eben auch und vor allem durch die Materie und den Körper offenbart. Die Sexualität sowohl in ihren elementaren als auch differenzierten Formen ist der direkteste Ausdruck des Schöpferischen des Lebens und des Universums. In der Sexualität hat sich die Energie der Evolution einen Weg geschaffen, sich in immer neuen Formen und Varianten zu offenbaren, und wir nehmen in ihr Anteil an dieser Kraft. Was könnte sonst so schöpferisch sein?

Das Erotische hatte lange Zeit keinen Raum in unserer Gesellschaft, es überwogen rationale und heroische Aspekte. Die zerstörerische Kraft zweier Weltkriege und die ungebremste Umweltzerstörung haben uns den Glauben an das Gute, Schöne und Wahre genommen. Und dennoch: Wo anders könnte eine wirkliche Veränderung herkommen als aus einem Herzen, das sich mit der Schöpfung liebend verbunden fühlt?

Der göttliche Eros als Schöpfungskraft

Nach alten mythologischen Vorstellungen der Griechen war es der Gott Eros, der das Leben auf der Welt schuf. Die Erde war noch kahl und leblos, stumm und starr, und Eros schoß seine lebenspendenden Pfeile in die Erde, worauf sie sich mit üppigem Grün bedeckte. Die phallischen, befruchtenden Pfeile erweckten das Leben, die Freude und die Bewegung. Eros blies auch den irdenen Gestalten von Mann und Frau, ähnlich wie der christliche Schöpfergott, den Geist des Lebens ein.

Im Mythos wird Eros oft mit Pfeil und Bogen dargestellt. Mit den Pfeilen trifft er Götter und Menschen, die daraufhin von Liebessehnsucht, Wonne und Liebesschmerz heimgesucht werden. Hier ist auch die nahe Beziehung zum HEROS-Prinzip spürbar. Sehnsucht ist ein wesentliches Merkmal der Wirkungen des Eros. Die Sehnsucht nach dem geliebten anderen und die in seiner Gegenwart erlebte Liebeswonne befähigt Menschen zu unglaublichen Leistungen, zum Aushalten von Entbehrungen und Schmerzen, zum Kampf und zur List, zum Leben im verborgenen und in der Illegalität.

Eros symbolisiert aber nicht nur die Sehnsucht nach dem Geliebten oder der Geliebten, nicht nur die sexuelle Kraft der Fortpflanzung, er ist vor allem auch eine Energie, die sich in der Sehnsucht und in dem glühenden Verlangen nach dem edlen und höheren Leben, dem Schönen, Wahren und Guten, wie auch nach Selbstverwirklichung manifestiert. Er zeigt sich deshalb auch besonders in der Freude, in der Begeisterung, in der Leidenschaft für die Kunst, die Philosophie und die Wissenschaft wie für alle Dinge, die wir mit dem ganzen Herzen tun.

Eros wird zudem als ein Dämon gesehen, dessen Gegendämon Apathie ist. Das Dämonische meint in diesem Fall den schöpferischen, übermächtigen Drang jedes Wesens nach intensivem Selbstausdruck. Die griechischen Philosophen hielten die Dämonen für den göttlichen Teil des Menschen oder für die göttliche Stimme in ihm. Nach Aristoteles konnten Glückseligkeit (Eudämonie) nur jene erlangen, die mit ihrem Dämon in Harmonie lebten. Der dämonische Drang kann Menschen aber auch in aussichtslose Situationen treiben, die sie selbst und andere zerstören. Von dieser Tragik sind viele große Dichtungen der Weltliteratur bestimmt, Paris und Helena, Tristan und Isolde, Romeo und Julia. Diese doppelte Natur des Eros, seine lebenschaffende wie lebenzerstörende dämonische Seite wird auch in manchen antiken Darstellungen gezeigt, in denen z. B. Psyche (die Seele) ein von Eros gefangengehaltener und gequälter Schmetterling ist, deren Flügel er mit seiner Fackel verbrennt.

Im späteren griechischen Mythos wird Eros meist als das zweite Kind der Liebesgöttin Aphrodite und des Kriegsgottes Ares dargestellt. Er blieb so lange ein kleines Baby mit zarten Flügeln und einem schalkhaften Gesicht, bis ihm sein Bruder AntEros (Leidenschaft) geboren wurde. Erst in der Beziehung zu diesem Bruder wuchs er zum Jüngling heran.

Der Zauber der Venus

Aphrodite (römisch Venus) ist die griechische Göttin der Liebe und der Schönheit, aber auch der Fruchtbarkeit, Schwangerschaft und Geburt. Aphrodite ist ausgestattet mit allen verführerischen weiblichen Reizen. Kleider, sonstiger Schmuck, Blumen und Düfte, Lust, Freude, Lachen, das Leichte und Spielerische, die schönen Künste, das Heitere und Harmonische, der Glanz, das Gold und der Luxus werden mit ihr verbunden.

Wo Aphrodite ist, ist Beziehung zur Natur, zum eigenen Körper und seinen Trieben und Bedürfnissen, Zärtlichkeit und Offenheit. Deshalb wächst und gedeiht auch alles leicht in ihrer Umgebung. Überhaupt ist die Umgebung Aphrodites eine schöne Umgebung, und wo Aphrodite fehlt, ist der Mangel an Liebe, Freude und Schönheit auch äußerlich unmittelbar sichtbar an der fehlenden Ästhetik, der fehlenden Pflege, den fehlenden Farben. Aphrodite liebt Kinder, ihre Lebendigkeit, ihr Spiel und ihr Lachen, und sie wird auch selbst manchmal als junges Mädchen, lachend und plappernd dargestellt. Lachen, Freude über den anderen und Freundlichkeit sind ja Ausdruck unserer Liebe zu Kindern wie auch zugleich Attribute der Liebe überhaupt. Und Lachen ist eines der sichersten Mittel, einen anderen Menschen zu gewinnen.

Aphrodite ist auch eine leidenschaftliche Geliebte und Mutter. Sie hat mit unterschiedlichen Göttern eine Vielzahl von Kindern. Mit Ares hat sie Harmonia, AntEros (Leidenschaft), Phobos und Deimos (Furcht und Schrecken). Aus der Verbindung mit Hermes entsteht der doppelgeschlechtliche Hermaphrodit, manchmal wird auch Eros dieser Verbindung zugeordnet. Mit Hermes verbindet sie auch, daß sie die direkte Konfrontation und den direkten Kampf gern meidet, wenn die Gegner stärker sind. Statt dessen greift sie zu weiblicher Klugheit, zu List und Verführung, um Konflikte zu lösen. Dabei tut sie das nicht aus einem Gefühl weiblicher Schwäche und Unemanzipiertheit heraus, sondern aus der Einsicht, daß ein Kampf mit einem überlegenen Gegner oft nicht sinnvoll ist. Wenn sie beleidigt wird, rächt sie sich, schlägt ihre Opfer mit Impotenz, Frigidität, Ekel, Nymphomanie oder Wahnsinn.

Als Schaumgeborene wird Aphrodite häufig bezeichnet, weil sie den Wellen des Meeres entsteigt. Zugleich ist sie eine Tochter des Himmels, entstanden aus dem abgeschnittenen, ins Meer geworfenen Phallus von Uranos, dem Himmelsgott und ältestem der Götter. So verbindet sie das Fließende des Wassers und das Strömen körperlicher Energien mit den himmlischen Höhen des Geistigen und Erhabenen. Die Griechen unterschieden auch eine Aphrodite Urania (die Himmlische), welche die vollkommene, übersinnliche Liebe repräsentierte, von der Aphrodite Pandemos. Letztere war der irdische, sinnliche Aspekt der Liebe und der Sexualität. Im Christentum begegnen uns diese zwei Aspekte in der Teilung der Liebe in Agape und Eros.

In den letzten zwei Jahrtausenden hat sich unter dem Einfluß nicht zuletzt des Christentums und des Islam das Verhältnis zu EROS im Sinne von Schönheit, Freude, Sexualität, Liebe, Ekstase stark verändert, weil körperliche Liebe – und damit auch die dazu verführende körperliche Schönheit – immer mehr als nur instinktiv, primitiv, tierisch betrachtet wurde. Das antike Verständnis, das Eros, Aphrodite und Dionysos göttliche Energie zuspricht, an der der Mensch teilhat, wenn er – auch körperlich – liebt, ging weitgehend verloren. Der Mensch als aus dem Göttlichen kommend, die Liebe als göttlich oder auch als Himmelsmacht, die Sexualität als dionysischer, ekstatischer Rausch, die Schönheit in all ihren möglichen verschiedenen Formen als Attribut und Geschenk der Aphrodite, diese Sichtweise verschwand, und das machte das Leben der Menschen arm, grau, dunkel. Auch die sexuelle Aufklärung und Revolution, die sich doch gegen die Verteufelung des Körpers und der körperlichen Liebe wandte, hat uns Eros, Dionysos und Aphrodite nicht unbedingt näher gebracht. Vermutlich sind wir zunächst in die für den HEROS und LOGOS typische Falle der Technisierung und Reduzierung gegangen, in dem die Befreiung des EROS auf ein rein technisch zu lösendes, biologisches Problem reduziert wurde.

Die Leichtigkeit des Seins

Eine Frau von 47 Jahren träumt: »Ich bin unterwegs in einem Dorf. Es sind viele Leute unterwegs. Ein Mädchen hat viele Blumen und Früchte mitgebracht. Ich hielt zwei Früchte in der Hand, die mir unbekannt waren. Es war eine männliche und eine weibliche Frucht. Eine sah aus wie ein Maiskolben, aber weicher und beweglicher. Ihre Farbe war goldgelb-braun. Es war faszinierend, sie zu betrachten. Plötzlich wurde ein Lied angestimmt auf italienisch. Keiner schien mitsingen zu können. Ich konnte es identifizieren und summte die

Melodie mit. An den Stellen des Refrain fiel mir der deutsche Text ein: ›Kuckuck, Kuckuck, ruft's aus dem Wald, lasset uns singen, tanzen und springen, Frühling, Frühling wird es nun bald.‹ Ich hörte meine Stimme, die immer reiner, glockenheller wurde. (Meine Stimme ist in Wirklichkeit eher rauh, kratzig und kann keine Melodie halten.) Es war im Traum ein wunderschönes Gefühl, so klar singen zu können. Ein Gefühl von Mut und wachsende Sicherheit stand dahinter.«

In den Träumen wie in vielen Mythen, Märchen und Erzählungen läßt sich das Erscheinen des EROS leicht erkennen. Meist sind es Anfangs-, Licht-, Farb-, Natur-, Feier- und Vereinigungssymbole: der Frühling, die Blumen, Früchte, das Kind, das Grünende und Farbige, die Dämmerung und der Tag, die frühe Sonne und das Licht, die Herstellung eines guten Kontakts zu Mitmenschen, das gesellige, feiernde Beisammensein, der Gesang, der Tanz. Mit diesen Aspekten sind oft starke Entwicklungs- und Wachstumstendenzen verbunden. Diese sind sichtbar an neuen, manchmal phantastischen Elementen, an vitalen, natürlichen Lebensformen (Farben, Pflanzen, Tieren, Kindern, Sexualität), an lustvoller Bewegung, die sich in manchen Träumen bis zum Fliegen steigert. Die seelische Energie bewegt sich in irgendeiner Weise vorwärts, aufwärts. Gefühle und Bedürfnisse werden spontaner und direkter zum Ausdruck gebracht. Das Selbstwertgefühl verbessert sich, weil man sich im Einklang mit einer der großen Urkräfte des Lebens fühlt. Man fühlt sich attraktiv, liebenswert und mag andere Menschen. Das Herz öffnet sich.

Das Herz

Das Herz bietet sich für die erotische Dimension des Lebens als Grundsymbol geradezu an, denn es ist ja das Symbol des fühlenden Lebendigseins überhaupt. Wenn es uns gutgeht, »dann lacht und hüpft das Herz uns im Leibe«. Im Herzen werden auch die verbindenden Aspekte des EROS sehr deutlich zum Ausdruck gebracht: Es besteht ja aus zwei Hälften, die zusammengewachsen sind. Das Herz ist die verkörperte Zwei-Einheit, die Vereinigung der Gegensätze. Im Ur-Rhythmus des Ein und Aus, des Sich-Öffnens und Sich-Schließens, des Aufnehmens und Sich-Verströmens pulsiert das ganze Leben, das ganze Universum. In seiner Form deutet sich auch das Prinzip des Dreiecks und der Dreizahl an, dessen Hauptbedeutung ja die Vereinigung zweier Polaritäten in einem dritten Punkt ist. In vielen Sprichworten und Redensarten, aber natürlich auch in unendlich vielen literarischen Gestaltungen wird das Herz mit ganz wesentlichen Seiten von uns in Verbindung gebracht, Seiten, die eigentlich das wahre Menschliche von uns ausmachen, die unsere innerste Wahrheit und Essenz ausdrücken. Was wir von »ganzem Herzen« tun, tun wir mit vollster Seele, ganzer Hingabe und hoher Intensität. Nichts halten wir zurück. Wenn wir einander von »Herz zu Herz« begegnen, dann zeigen wir einander unsere intimsten, persönlichsten Seiten, wir öffnen uns dem anderen in unseren tiefsten Sehnsüchten und Wünschen, aber auch größten Ängsten und Unsicherheiten. In einer solchen tiefen Liebesbeziehung können wir so sein, wie wir sind. Wir brauchen uns nicht mehr zu verbergen, nicht mehr unserer Eigenart und Merkwürdigkeiten zu schämen, wir brauchen keine Leistungen mehr zu erbringen, um Anerkennung zu erhalten. Es gibt keinen Vorbehalt.

Es ist Unsinn sagt die Vernunft
Es ist was es ist sagt die Liebe
Es ist Unglück sagt die Berechnung
Es ist nichts als Schmerz sagt die Angst
Es ist aussichtslos sagt die Einsicht
Es ist was es ist sagt die Liebe
Es ist lächerlich sagt der Stolz
Es ist leichtsinnig sagt die Vorsicht
Es ist unmöglich sagt die Erfahrung
Es ist was es ist sagt die Liebe
Erich Fried[7]

Was nicht oft genug wiederholt werden kann: Alle Faktoren des Pentalon-Modells sind auf vielfältige Weise miteinander verwoben und verbunden. Wie der heroische, phallische Pfeil des Aufbruchs in der Abtrennung vom Alten und Hergebrachten gerade auch wieder die Vereinigung mit dem Neuen und Unbekannten sucht, und auf diese Weise auch als leidenschaftliche Kraft, die auf Vereinigung drängt, gesehen werden kann, liegt in der Symbolik des Herzens auch etwas Heroisches. Dies zeigt sich z. B. in der Treue zu sich selbst oder in einem gegebenen Versprechen, in der Wahrhaftigkeit (wir legen unsere Hand aufs Herz, wenn wir unsere Aufrichtigkeit und Integrität bekunden wollen) oder im Mut.

Auch in der Farbe des Herzens, dem Rot, zeigt sich die Annäherung der beiden Prinzipien. Rot ist die intensivste Farbe, die wir kennen, die »farbigste« aller Farben. Sie erregt hohe Aufmerksamkeit und signalisiert Gefahr. Sie erinnert an Blut und Feuer, damit auch an die stärksten Emotionen, die wir erleben können: Haß und Liebe. Blut und Feuer sind zentrale Symbole des HEROS, des BIOS wie des EROS. Wenn unsere Leidenschaft »entflammt« und das Feuer der Liebe »entfacht« ist, dann gerät unser Blut in Wallung, und wir sind zu allem bereit. Die Liebe macht uns dann blind, in negativer wie positiver Hinsicht. In der Grallegende wird das Blut Christi, das im heiligen Gral aufgefangen und bewahrt wurde, zu einem Symbol der göttlichen Liebes- und Lebensessenz schlechthin.

Das Herz-Blut erinnert auch an Opfer, Leiden, Schmerzen, an Trauer, Trennung und Verlust. Nichts trifft uns so sehr, wie wenn wir von einem Menschen, dem wir uns geöffnet und anvertraut haben, enttäuscht, verraten oder betrogen werden. Wenn sich das Heroische und das Erotische begegnen, dann gibt es eben auch Verwundungen und Verletzungen.

Die Liebespfeile Amors symbolisieren allerdings nicht nur die Schmerzen und Verletzungen, die mit unseren Liebeserfahrungen verbunden sind, sondern auch das Überraschende und Blitzartige der Liebe, die uns völlig unerwartet auch dort treffen kann, wo wir sie gar nicht erwartet oder erhofft hätten. Wie es kommt, daß sich zwei Menschen »auf den ersten Blick« verlieben, dabei die höchsten

Höhen (siebter Himmel) des Glücks wie auch die tiefsten Tiefen der Scham und Verzweiflung erleben können, ist ein Phänomen, das bis heute nicht erklärt ist. Es erscheint uns als ein Mysterium, eine Gnade, ein Zauber oder auch als Fluch, der von Göttern gesandt wurde und dessen Macht wir uns nicht entziehen können, wenn wir davon getroffen wurden. Liebe kann eben nicht gemacht, nicht erzwungen werden, sondern sie ereignet sich nach ihren eigenen, uns bisher nicht zugänglichen Gesetzmäßigkeiten.

Daß der Liebespfeile schießende Amor in unserer Kultur ein Knabe und Kind ist, weist noch auf einen anderen wichtigen Aspekt der Liebe hin: In der Liebe gewinnen wir besonders leicht Anschluß an das innere und göttliche Kind in uns. In der Liebe fühlen wir uns wie verjüngt, lebendig, frisch, kreativ, begeisterungsfähig, frei von Dogmen, Vorurteilen, Grenzen, gesellschaftlichen Konventionen. Alles gerät ins Fließen, weshalb die Quelle, das fließende Wasser häufig auch mit dem Erotischen verbunden werden. Abgesehen davon findet ja auch die sexuelle Vereinigung in »feuchter« Umgebung statt. Hier begegnet uns noch einmal Aphrodite, die Schaumgeborene, die den Wellen des Meeres entsteigt.

Die Faszination des weiblichen Körpers

Die Symbolik des Herzens birgt aber noch weitere Dimensionen: Sie erinnert an die runden Formen des weiblichen Körpers, die für Männer von unwiderstehlicher Faszination sind: die Brüste, die Taille, das Becken, das Gesäß. Wenn man Männer bittet, sie sollten mit ihren Händen ein Symbol des Erotischen darstellen, dann finden sie ganz schnell zu jenen berühmten wellen- oder schlangenförmigen Bewegungen, mit denen sie den weiblichen Körper nachzeichnen. Biologen vertreten in der ihnen eigenen sachlich-nüchternen Art die These, daß das Herz in der üblichen uns bekannten stilisierten Form, die ja nur entfernt etwas mit dem realen Herzen zu tun hat, tatsächlich auf die Form von Brust und Becken zurückzuführen ist. Wir wollen deshalb auch den Konturen des weiblichen Körpers folgen, um an den mit ihm verbunden Phantasien das Wesen des Erotischen tiefer zu erkunden.

In allen Zeiten und Kulturen war es insbesondere die Frau, ihr Aussehen, ihre Kleidung und ihr Körper, die zum Inbegriff des Erotischen wurden. Fast alles an der Frau, jede Rundung und Wendung, konnte zum Hinweis und Ausdruck des Erotischen werden. Einer der Hauptgründe hierfür liegt sicher darin, daß bei den meisten Frauen naturgemäß (evolutionär) ein ausgeprägtes Interesse an allen Dimensionen besteht, die mit emotionaler Beziehung, mit Fragen ihrer Attraktivität und der schmückenden Ausgestaltung ihres Körpers zu tun haben. Unter evolutionärem Gesichtspunkt gesehen sind Schönheit und wohlgestaltete körperliche Formen nämlich ein Signal für Gesundheit und »gute Gene«. Außerdem haben die meisten von uns ihre erste und vielleicht tiefste und beglückendste Liebeserfahrung mit einer Frau gemacht, nämlich ihrer Mutter. So ist es nur natürlich, daß wir Beziehung, Liebe und Schönheit stark mit dem Weiblichen verbinden.

Wenn wir nun ein wenig den erotischen Aspekten des nackten weiblichen Körpers folgen, dann soll das nicht heißen, daß nicht auch der männliche Körper attraktiv, schön und erotisch empfunden werden kann. Im Gegenteil. Es ist ein wichtiger Schritt für die männliche Welt, wenn sie sich der Schönheit des eigenen Körpers bewußt wird und ihn auch unter diesem Aspekte zu pflegen und zu schätzen lernt. Zudem haben viele Männer durchaus einen Körperbau, der dem weiblichen nahekommt. Die idealtypischen Aspekte des männlichen Körpers (besondere Größe, Stärke, Härte, wohlproportionierte Muskeln) entsprechen aber in der Regel mehr dem heroischen Prinzip und sind von daher etwas weniger dazu geeignet, die weichen, fließenden Aspekte des EROS zu symbolisieren: unsere Bedürfnisse nach Hingabe, Harmonie, Verschmelzung, Einswerdung, Erlösung von aller Ich-Haftigkeit und Anstrengung in der Einheit und Ganzheit.

Die nackte Wahrheit

Die Nacktheit symbolisiert meist unseren ursprünglichen, natürlichen Zustand, so, wie wir eben sind. Sie symbolisiert damit Aspekte, die wir bereits beim Herzen als grundlegend für den EROS beschrieben haben: Die Fähigkeit, sich so zu zeigen und anzunehmen, wie man ist, ohne Täuschung und Verstellung. Sich dem anderen nackt zu zeigen setzt ein gewisses Maß an Vertrauen in sich selbst wie in den anderen voraus. Wie immer, wenn wir uns natürlich und offen zeigen, sind wir damit auch verletzlicher für die Kritik des anderen. Daher auch unsere Scham und Angst, wenn wir uns voreinander »entblößen«. Es könnte ja sein, daß der andere uns nicht mehr attraktiv findet. Natürlich signalisiert die Nacktheit auch, daß wir unserer Sehnsucht nach Nähe und Vereinigung schon sehr nahe gekommen sind. Es sind nicht mehr viele Hindernisse dazwischen.

Die Haut ist unser größtes Organ und wird bei weitem in ihrer Bedeutsamkeit unterschätzt. Mit ihr nehmen wir in unterschiedlichster Weise Kontakt zu unserer Umwelt auf. Sie dient nicht nur dem Schutz unseres Körpers vor eindringendem Schmutz und Krankheitserregern, sondern ist auch unser erotischstes Organ. Die von ihr ausgehenden Gerüche, Düfte und Lockstoffe, das Wohlbehagen des Streichelns, Reibens, Kratzens, Beißens, Leckens, Küssens und Massierens, die sinnlich-intime Erfahrung der umfassenden Berührung an allen Stellen, wenn wir uns beispielsweise im Wasser befinden: alle diese angenehmen Empfindungen werden uns über die Haut vermittelt. Natürlich gehören hierher auch die berühmten erogenen Zonen. Grundsätzlich können alle Bereiche des Körpers für erotische Reize empfänglich sein, ganz besonders sind es aber bei vielen Menschen der Nacken, die Ohren, der Mund, die Achselhöhlen, die Handinnenflächen, die Schultern, die Brust und die Brustwarzen, der Po und die Geschlechtsorgane. Zärtliche oder kräftige Berührungen an diesen Stellen sind bei vielen Menschen mit wonnevollen Empfindungen und Lust verbunden.

Die offen fließenden Haare

Wenn wir dem nachspüren wollen, welche erotische Bedeutung lange, offen fallende, fließende Haare bei der Frau haben, dann können wir dies besonders gut, wenn wir uns diese im Gegensatz zu ganz kurzen oder zu eng verschnürten und verknoteten Haaren vergegenwärtigen. Die kurzen und die sehr fest gebundenen Haare vermitteln uns häufig einen eher »sportlichen«, evtl. leicht männlich-kontrollierten Charakter. Kurze Haare sind praktisch, bedürfen keiner aufwendigen Pflege, sind in vielerlei Hinsicht »vernünftig«, sachlich; von ihnen kommt wenig Gefahr. Alles bleibt schön bewußt, klar und übersichtlich.

Lange Haare, besonders dann, wenn sie gerade erst gelöst werden, haben etwas Fließendes, Hingebungsvolles. Sie signalisieren auch eine dementsprechende Hingabe der Frauen. In der Werbung und in Filmen wird dieser Aspekt besonders betont. Wenn Frauen ihre Haare öffnen, dann öffnen sie sich dem Mann und seinem Begehren. Die offenen, langen Haare, seien sie heiter unschuldig blond, dämonisch schwarz, leidenschaftlich rot oder mütterlich braun, signalisieren neben ihrer erotischen Bereitschaft auch eine besondere Seelentiefe, sie reichen vom Bewußten bis tief ins Unbewußte mit allen Sehnsüchten, Hoffnungen und Ängsten – weshalb diese Haare auch als verführerisch-bedrohlich empfunden werden können. Hinter solchen Haaren verbirgt sich das ersehnte und gefürchtete Mysterium des Weiblichen.

Schau' mir in die Augen

Augen haben auf uns eine tief faszinierende Wirkung. Allgemein symbolisieren sie Wachheit, Bewußtheit, Einsicht und Erkenntnis (vgl. LOGOS-Prinzip). Ihnen wurden aber auch zu allen Zeiten und in allen Kulturen negative »magische« Wirkungen zugeschrieben. Man glaubte, Menschen mit dem »bösen« Blick könnten andere Menschen und Tiere beeinflussen, krank machen und sogar töten. Noch heute sagen wir, wenn uns ein aggressiver Blick »trifft«: »Wenn Blicke töten könnten…« Auch fällt es uns meist sehr schwer, den festen, starren Blick eines anderen Menschen lange auszuhalten.

Die erotischen Augen sind anders als die aktiv-kontrollierenden und beherrschenden Augen des Heroischen oder die eindringlich-analysierenden Blicke des LOGOS. Sie schauen an, um den anderen in seinem Wesen liebevoll zu erkennen und zu verstehen und auch, um sich selbst für ihn anziehend zu machen; sie locken und versprechen. Es sind im besten Falle lächelnde Augen, in denen Freude und Stolz darüber zu lesen ist, daß wir existieren. »Du bist mein Augenstern, dich hab ich gar zu gern«. Diesen »verliebten«, lachenden Blick haben wir vielleicht erlebt in den Augen unserer Eltern, als sie sich über unser Dasein freuten, nach diesem Blick sehnen wir uns unser Leben lang.

Das Anschauen des Gesichts der ersten Bezugsperson und das Angeschautwerden sind für uns von allergrößter Bedeutung. Zwar spielt auch der Körper- und Hörkontakt eine wichtige Rolle, aber besonders der beständige Blickkontakt mit den Eltern ermöglicht uns, ein Gefühl dafür zu entwickeln, was für ein Mensch wir sind. Der wichtigste Augen-Blick in unseren ersten Lebensmonaten war der, als wir an der warmen Brust der Mutter lagen und ihren liebevollen, stolzen Blick spürten. Im Angeschautwerden werden wir gesehen und erkannt, und dadurch erfahren wir uns selbst.

Als Kind können wir kaum eine andere Identität erwerben als die, die uns im Auge und Gesicht unserer Umwelt gespiegelt wird. Wie wir von den anderen gesehen werden, erzeugt in hohem Maße das Bild von uns selbst. Werden wir von unseren Mitmenschen liebend, stolz und bewundernd angeschaut, dann werden wir uns für einen guten Menschen halten; werden wir aber nicht gesehen und nicht wahrgenommen, dann werden wir glauben, niemand und nichts zu sein, und werden wir widerwillig, ablehnend und verachtend angeschaut, dann fühlen wir uns böse, schlecht und als Versager. Im Blick der ersten Menschen unseres Lebens können Glanz und Elend unserer Existenz verborgen sein. In der späteren Kindheit sagt uns dann der Blick der Eltern auch, was gut und was schlecht ist.

Rote Lippen soll man küssen

Der Mund mit seinen weichen, warmen, roten Lippen wird von manchen Menschen als ein noch intimerer, persönlicher Ort der erotischen Verbindung und Vereinigung empfunden als die primären

Sexualorgane. Das hängt wohl damit zusammen, daß Lippen und Zunge viel sensibler und differenzierter auf Berührungsreize reagieren können. Sie sind ja in unserer frühen Kindheit zentrale Organe nicht nur zur Nahrungsaufnahme und zur ersten Kontaktaufnahme mit der Mit- und Umwelt, sondern auch zu deren erster geistiger Erfassung und Erkenntnis. Als Teil unseres Kopfes sind sie zugleich näher an dem, was wir als unsere bewußte Persönlichkeit empfinden, während der Unterleib in der Regel etwas »bewußtseinsferner« empfunden wird. Die Vereinigung zweier Lippenpaare, die sich einander öffnen, das Berühren der Zungen – manchmal als eine Art Aufnehmen der Brustwarze oder als ein vorweggenommenes Eindringen des Phallus in die Scheide empfunden – und das Ineinanderfließen der angeregten Säfte kann deshalb zärtlicher, inniger und erotischer erlebt werden als die vergleichsweise »primitive«, undifferenzierte Vereinigung der Geschlechtsorgane.

Der Mund des anderen Menschen hat natürlich auch bedrohlichen Charakter als beißend, fressend und verschlingend. Die Angst vor diesem Aspekt wird aufgehoben durch das entspannte, freundliche, zugewandte Lächeln, das als eines der ersten Signale von uns dafür interpretiert wird, daß der andere uns gegenüber Interesse und Sympathie empfindet. Wenn schließlich nach längerem, ängstlichen Hoffen und Warten die erlösenden Worte »Ich liebe dich« aus diesem Mund gehaucht werden, sind wir entweder zu aller weiteren Hingabe bereit oder machen uns schleunigst auf die Flucht, weil dies ja auch heißen könnte: »Ich habe dich zum Fressen gern.«

Nicht unerwähnt darf an dieser Stelle bleiben, daß natürlich auch die Stimme und die Worte vielfältige erotische Wirkungen auf uns haben können. Denken wir beispielsweise an das zärtliche Liebesgeflüster, das hingehauchte »Du«, die kindlichen Kosenamen, das verwirrte Liebesgestammel, die ruhige, warme, dunkle Stimme, das Singen und Summen, das lustvolle Stöhnen, das Benutzen von frechen, obszönen Worten, die verschiedensten animalisch-archaischen Urlaute: all dies kann unsere erotische Stimmung wecken oder vertiefen.

Reich' mir die Hand, mein Leben

Die Hände sind in unserem Bewußtsein meistens zu allererst Werkzeuge zum Zupacken, An- und Erfassen, Gestalten, Arbeiten und Handeln und sind somit elementare Symbole des heroischen Prinzips. Aber sie sind zugleich unendlich sensibel und aufnahmefähig. Seit unseren ersten Lebenstagen erkunden wir mit ihnen die Welt, wir »be-greifen« sie, und dieses Tasten und Begreifen stellt eine der Grundlagen für die Entwicklung unserer kognitiv-intellektuellen Entwicklung dar. Hände sind vielleicht das erste, mit dem wir außerhalb des Mutterleibes in Berührung kommen. Mit den Händen berühren wir die Mutter und sie uns, wir erfahren durch sie unsere Beziehung und Verbindung. An der Hand von anderen Menschen lernen wir laufen, wir können uns gegenseitig führen, wir können uns kleine Signale der Verbundenheit vermitteln, ohne daß ein Dritter sie bemerkt. Sich gegenseitig an der Hand fassen ist ein Zeichen von Verbundenheit, Nähe und Liebe. Gepflegte Hände können äußerst erotisch wirken, und mit Händen können wir uns selbst und anderen höchste körperliche Genüsse vermitteln.

Die Hände bleiben unsere beweglichste und empfindsamte körperliche Verbindung zu anderen Menschen ein Leben lang. Sich gegenseitig mit den Händen zu berühren ist auch dann erlaubt, wenn man sich nicht ganz so vertraut ist. Ein Händedruck zeigt uns etwas über die Befindlichkeit eines Menschen, beispielsweise seine Zurückhaltung oder Ängstlichkeit. Mit den Händen können wir jemandem aufmunternd auf die Schulter klopfen oder ihn beruhigen. Hände sind heilsam, etwa wenn sie ganz zart über eine Stelle streicheln, an der wir uns verletzt haben, oder wenn wir massiert werden. Eine zärtliche Berührung mit der Hand kann mehr sagen als viele Worte, uns aus Spannungen erlösen, unsere Ruhelosigkeit dämpfen, Trost spenden und das Gefühl vermitteln: Du bist nicht allein.

Hände führen und halten uns, sie nehmen, empfangen und gestalten, schenken, segnen. Sie können sich öffnen und etwas loslassen. Offenheit ermöglicht uns das Empfangen, in der Liebe wie auch sonst, und Loslassen gibt uns Entspannung und Ruhe. Sich öffnen und loslassen gehören zur Sexualität ebenso notwendig wie zu den anderen Bereichen des EROS.

Freude trinken alle Wesen an den Brüsten der Natur

Brüste sind ein wundervolles Symbol weiblicher Lebenskraft und Lebensfülle für Frauen wie für Männer. Die Faszination, die sie auf beide Geschlechter ausüben, hängt sicherlich mit ihrer umfassenden seelischen Bedeutung zusammen. Brüste gehören natürlich nicht nur zum EROS, sondern auch in den mütterlichen Symbolkreis des BIOS. Ihre Bedeutung erschöpft sich aber nicht in der Funktion des Geborgenheit- und Nahrunggebens und der damit verbundenen Erfahrung eines Zustandes ursprünglicher Harmonie mit der Mutter und dem Urgrund. Sie setzen darüber hinaus intensive sexuelle Signale. Das Zeigen und Anfassenlassen der Brüste signalisiert Bereitschaft, sich auch der sexuellen Vereinigung hinzugeben. Damit versprechen sie höchste Innigkeit und orgasmische Lust. Ihre runde mandalaische Form (vielleicht das Ur-Mandala?) mit dem begehrten Zentrum läßt auch erahnen, daß wir in der erotischen Hingabe zu unserer eigenen Mitte, zur Vereinigung der Gegensätze in einem mittleren Punkt finden können.

Das Paradies auf Erden

Auch die unteren Bereiche des weiblichen Körpers – der Bauch, das Becken, das Gesäß, die Vagina – mit ihrer Symbolik des Runden, Empfangenden, Fruchtbaren, Gebärenden, des Leben-Hervorbringenden-und-Verschlingenden, gehören zur Zentralsymbolik des EROS wie des BIOS. Die äußeren und inneren Geschlechtsorgane des Weiblichen als Symbol des letzten und höchsten Zieles der Sehnsucht und der intensivsten Ekstase sind meistens eher in angedeuteter und verhüllter als in direkter Form dargestellt worden. Die direkte Darstellung ist vielleicht wegen des intimen und verborgenen Charakters weniger gut möglich als beim Phallus, der ja von sich aus schon etwas Herausragendes, Selbstdarstellerisches hat. Vielleicht ist dies aber auch als ein Sakrileg, als eine Entweihung eines Mysteriums empfunden worden. Was da in der Tiefe und Dunkelheit des weiblichen Schoßes wirklich geschah, war lange Zeit ein großes Geheimnis und Wunder.

Die Faszination, die süße Lust und die innige, liebende, zärtliche Verschmelzung, die mit der Vulva (äußere weibliche Geschlechtsteile) und der Vagina verbunden sind, haben sich in tausendfältigen Blütenformen und deren Düften und Farben sowie in wohlschmekkenden, süßen Früchten symbolisiert, was ja insofern naheliegend ist, als auch diese Ausdruck der verschwenderischen Erotik der Natur sind. Die Muschel ist ein anderes häufiges Symbol für die weiblichen Geschlechtsorgane.

In der christlichen Kunst offenbart sich der Eingang in das weibliche Mysterium nur sehr verhüllt, für Eingeweihte, Kenner und Liebhaber aber doch deutlich, etwa in der Mandorla oder im Faltenwurf kostbarer Gewänder.

Die sexuelle Vereinigung von Mann und Frau ist schließlich ein weiteres zentrales Symbol des Erotischen. Sie ist als die Vereinigung der Gegensätze, das Mysterium coniunctionis, gleichzeitig eines der Hauptssymbole des MYSTOS-Faktors, so daß wir sie dort eingehender besprechen wollen.

Unsere Reise entlang der Schönheiten des weiblichen Körpers beenden wir mit dem Hohen Lied Salomonis, das die erotischen Reize des weiblichen wie des männlichen Körpers besingt und welches sich zur nicht geringen Verwirrung vieler »Schriftgelehrter« in der Bibel findet. Die Interpretation des Hohen Liedes ist umstritten; lange Zeit versuchte man es als eine Allegorie auf die Liebe zu Gott zu interpretieren. Eine andere Sicht war die, es als eine Sammlung volkstümlicher jüdischer Lieder, vielleicht Hochzeitslieder zu sehen, wobei allerdings die Offenheit, mit der über den Körper, Sexualität und Lust und über die Sehnsucht nach dem Geliebten bzw. der Geliebten gesprochen wird, wie auch die Tatsache, daß die »Heldin« des Liedes Sulamit eine Frau ist, diese Sichtweise zumindest in Frage stellen. Es wird deshalb vermutet, daß es sich um ein altes Kultlied handelt, in dem ein früheres orientalisches Götterpaar, vielleicht vergleichbar mit Ischtar und Tammuz aus dem sumerisch-babylonischen Götterhimmel, seine Heilige Hochzeit zelebriert. Vielleicht kann dieses Lied der Lieder ja als beides gesehen werden, als eine sehr offene, sehr erotische Beschreibung irdischen Liebesgenusses, der Körper und Seele voll erfaßt und über sich hinausführt, wie auch als eine symbolische Beschreibung unserer tieferen, mystischen Liebe und unserer Sehnsucht nach Vereinigung mit einer größeren, schöpferischen oder eben göttlichen Macht. Die Sexualität reicht von den tiefsten Tiefen zu den höchsten Höhen und ist auf jeder Ebene von größter Faszination.

Die folgenden Auszüge aus dem Hohen Lied können uns ein wenig nachempfinden lassen, wie es sich anhört, wenn ein menschlicher Körper durch die Augen der Liebe, der Sehnsucht und des Begehrens gesehen und durch ein liebendes Herz beschrieben wird.

Ich beschwör Euch, Töchter Jerusalems:
Wenn meinen Geliebten ihr findet, was wollt ihr ihm dann
melden?
Daß ich krank bin vor Liebe!
Was ist dein Geliebter vor anderen Geliebten, daß du uns so
beschwörst?
Mein Geliebter strahlt weißlich und rosa und ist unter Tausenden
zu erkennen.
Sein Haupt ist gediegenes Gold, seine Locken sind Dattelrispen,
wie die Raben so schwarz.
Seine Augen sind wie Tauben an Wasserbächen, gebadet in Milch,
ruhend auf dem Damm.
Seine Wangen sind wie Balsambeete, in denen Würzkräuter sprießen; wie Lilien sind seine Lippen, tropfend von flüssiger Myrrhe.
Seine Hände sind Barren von Gold, mit Tarsissteinen besetzt; eine
Elfenbeinplatte ist sein Leib, bedeckt mit Saphiren.
Seine Schenkel sind Marmorsäulen, gestellt auf Sockel von Feingold.
Sein Anblick ist wie der Libanon, auserlesen gleich Zedern.
Müßigkeit ist sein Gaumen, seine ganze Person lauter Lust.
Das ist mein Geliebter, ja das ist mein Freund, ihr Töchter Jerusalems!

Wende dich, wende dich, Sulamit, wende dich, damit wir dich sehen können!

Was wollt ihr sehen an Sulamit? Etwas wie einen Lagertanz?

Wie sind deine Schritte so schön in den Sandalen, du Fürstentochter!

Der Bug deiner Hüften gleicht einem Geschmeide, einem Werk von Künstlerhänden.

Dein Schoß ist ein rundes Becken, es mangele ihm nie der gewürzte Wein!

Dein Leib ist ein Weizenhaufen, von Lilien umhegt.

Deine beiden Brüste sind zwei Kitzlein, wie Zwillinge einer Ricke.

Dein Hals ist wie ein Elfenbeinturm, deine Augen wie die Teiche von Hesbon am Tor von Bat-Rabbim, deine Nase wie der Libanonturm, der gegen Damaskus schaut.

Dein Haupt über dir ist wie der Karmel, deines Hauptes Geflecht gleicht Königspurpur, gebunden in Zöpfen.

Wie bist du so schön und so lieblich, o Liebe in Wonnen! Deine Gestalt ist der Palme gleich, deine Brüste sind wie Trauben.

Ich dachte, ich will auf die Palme klettern, will pflücken die Dattelrispe und deine Brüste sollen mir sein wie Trauben des Weinstocks, der Duft deines Atems wie Apfelduft.

Und dein Mund soll mir sein wie der edelste Wein, der glattweg fließt zu meinen Liebkosungen, meine Lippen und Zähne benetzend »Ich gehöre meinem Geliebten an und nach mir hat er Verlangen«.[8]

Schattenaspekte des EROS

Wo Liebe und Liebessehnsucht, Schönheit, Freude und Lachen sind, da beschäftigen wir uns besonders ungern mit ihren Schattenaspekten, die es natürlich auch gibt. Einige von ihnen sind schon deutlich geworden. Alle großen Irrungen und Wirrungen des Lebens sind irgendwie mit EROS verbunden. EROS kann uns zu verzweifelten Taten führen, wie wir von den großen Liebesdramen der Menschheit wissen und wie wir es vielleicht auch aus unserem eigenen Leben kennen. EROS kann uns in aussichtslosen Liebesbeziehungen festhalten, auch wenn es uns das Leben kostet. Er kann uns mit Liebeswahn quälen, etwa wenn wir einen anderen Menschen mit unserer Liebesbedürftigkeit verfolgen, ihn zur Liebe zwingen wollen, obwohl er uns nicht liebt. Leicht schlägt eine intensive Liebesbeziehung auch in ebenso intensiven Haß um. EROS kann das Höchste in uns wecken, aber auch das Niedrigste anstacheln, die Eifersucht, die Gemeinheit, die Intrige, den Betrug, die Rache. Anschaulich dargestellt können wir diese Thematik in Filmen finden, in denen psychopathische Charaktere sich rächen für das, was ihnen die erste große Liebe ihres Lebens, sei es die Mutter oder die erste Geliebte, angetan hat.

Wenn wir uns mit der Macht des EROS beschäftigen, kommen wir auch unweigerlich mit den Bereichen des Rausches und den vielen gesellschaftlich tabuisierten Variationen des sexuellen Erlebens und Verhaltens in Berührung, mit der Pornografie, mit dem Rotlichtmilieu und auch der Kriminalität, denn oft verbinden sich Sexualität mit Gewalt und Verbrechen. In der Drogensucht wie in anderen Süchten sind häufig Einsamkeit und ein ungestilltes, brennendes Verlangen nach tieferer Beziehung verborgen, danach, sich verbinden und verschmelzen zu können, sei es mit anderen Menschen oder auch mit anderen geistig-mystischen Dimensionen des Seins. Das ist es ja, was uns auch eine intensive Liebeserfahrung zu schenken vermag.

Das Verfallensein an den »äußeren schönen Schein«, der vielleicht die innere Leere und Langeweile, den fehlenden seelischen Tiefgang überdecken soll, ist eine andere dunkle Seite des EROS. Sie manifestiert sich im u. a. im übermäßigen Luxus, der mit hemmungsloser Verschwendung und Ausbeutung der natürlichen Ressourcen der Erde verbunden ist. Wir leben in unserer westlichen Überflußgesellschaft derart aus der materiellen Fülle, daß man diesen Schatten des EROS auf unseren rasant wachsenden Müllhalden gut erkennen kann. Wir haben eine rauschhafte Kauf- und Verschwendungssucht entwickelt, und ein unersättliches Immer-noch-mehr-haben-Wollen quält uns. Haben wir dann endlich gekauft, wonach uns verlangte, verliert es rasch seine Bedeutung, wir beachten es nicht mehr und werfen es weg. Viele von uns haben sich auf die äußere Schönheit und ein nur äußerlich empfundenes angenehmes Leben verlegt: Kosmetikumsätze boomen ebenso wie die der Unterhaltungs-, Touristik- und Freizeitbranche, Gourmettempel sprießen wie Pilze aus der Erde, und manchmal scheint es tatsächlich, als ob wir uns zu Tode amüsieren wollten.

Der EROS-orientierte Persönlichkeits- und Lebensstil

Für EROS-orientierte Menschen ist nichts so wichtig wie die persönliche, emotionale Beziehung zu den Mitmenschen und zur Umgebung. Sie mögen sich nicht isoliert, getrennt und allein empfinden, und sie mögen es auch nicht, in einer kühlen, sachlichen, funktionalen oder vernachlässigten Umgebung zu sein. Sie brauchen Harmonie, Gefühl, Wärme und Leidenschaft, Schönheit und Kunst, Herzlichkeit, manchmal mag es auch »Herzenskitsch« sein. Sie gestalten ihre Wohnung und ihre weitere Umgebung, z. B. ihren Arbeitsplatz, liebevoll und bis ins Detail sehr persönlich aus. Farben, Blumen und Pflanzen, Düfte und Essenzen, Fotos oder Bilder der nahestehenden Menschen, erotische Plastiken und Gemälde, rote, orangene, violette und schwarze Farbgebungen können ihren wohlwollenden Bezug zum EROS ausdrücken. Vielleicht begegnen wir in ihren Bücherregalen auffällig vielen Liebesromanen und -gedichten, Foto- und Kunstbänden. Unter ihren CDs finden sich neben Liebesliedern, Walzer, Ballettmusik, Opern über Liebestragödien. Wahrscheinlich feiern die meisten von ihnen, vor allem, wenn sie extravertiert sind, gerne Feste, und sie schmücken ihren Körper mit romantischer oder erotischer Kleidung und Schmuck.

Erst im lebendigen Austausch einer Beziehung fühlen sie sich gut, allein empfinden sie sich eher als leblos und sinnlos. Ihre Reaktionen sind nicht primär rational orientiert, sondern stammen eher aus dem emotional-intuitiven Erleben der gegenwärtigen gesamten Situation.

Sie entscheiden sich nicht gern allein für sich, sondern bevorzugen eine gemeinsame Abstimmung. Das Wir-Gefühl einer harmonisch sich verbindenden Gemeinschaft ist ihnen wichtiger als das Gefühl individueller Unabhängigkeit. Sie brauchen die Resonanz, die Reaktion anderer Mensch zu ihrer eigenen Orientierung. Die besten Gedanken kommen ihnen im sozialen Austausch, sie lieben Teamarbeit, neigen dazu, Geselligkeit dem zielbewußten Arbeiten vorzuziehen. Sie haben aber Schwierigkeiten, Konflikte zu benennen und auszutragen, was natürlich eine fruchtbare Teamarbeit und Gemeinsamkeit auch stören kann.

In unserer individualistisch-heroisch geprägten Gesellschaft haben sie es nicht leicht, ihr Bedürfnis nach Bezogenheit deutlich zum Ausdruck zu bringen, weil es ihnen schnell als Schwäche und als infantiles Abhängigkeitsbedürfnis interpretiert wird. Aber ihre Einstellung ist so legitim wie die anderen auch und Ausdruck einer universalen Wahrheit, nämlich der unauflöslichen Verbundenheit und Abhängigkeit aller Dinge und Wesen miteinander und voneinander.

Erotisch orientierte Menschen haben eine hohe Empfindsamkeit für Atmosphärisches, eine gute Einfühlungsfähigkeit und Mitgefühl, sie können Menschen und ihre Bedürfnisse instinktiv verstehen. Sie haben viel Gefühl für das, was paßt und angemessen ist, das, was wir Takt nennen, und sie lieben Freundlichkeit und Wertschätzung im Umgang miteinander. Sie können diplomatisch sein und verfügen über Toleranz, Flexibilität und Anpassungsfähigkeit, die es ihnen ermöglichen, Menschen unterschiedlichsten Wesens zusammenzubringen. Sie haben die Gabe, im anderen und seinem Standpunkt immer etwas Positives zu entdecken und ihn zu ermutigen. Sie vermitteln Wertschätzung und Akzeptanz.

Eine positive Beziehung zum LOGOS-Bereich und zur Intuition macht sie z. B. zu inspirierenden Menschen oder verhilft dazu, leidenschaftlich neue Ideen und Ideale zu suchen und zu vertreten und auch in anderen Begeisterung und Leidenschaft dafür zu wecken. Symbolischem und emotional Unbewußtem können sie Sprache verleihen. Im Bereich von Kunst, Literatur und Musik können sie als

Schaffende wie auch als Genießende Impulse geben. Weil sie wirklich verstehen wollen, was andere Menschen sagen, ist es ihnen auch ein besonderes Anliegen, die Kommunikation zwischen den Menschen zu verbessern.

Unangenehm wird es, wenn die Beziehung zum LOGOS gestört ist. Dann kann es sein, daß Beziehungen vergiftet werden mit Vorurteilen und persönlichen Meinungen, scheinbar notwendiger, eigentlich negativer und destruktiver Kritik, mit Nörgelei und Unzufriedenheit. Hier finden wir bösen Klatsch, Verleumdung, Intrigen, mangelnde Objektivität und eine allzu persönliche Sichtweise, die leicht die Tatsachen verdrehen oder übersehen läßt. Häufig wird dann auch einfach ständig nur geredet, um ein Gefühl der Gemeinsamkeit zu erzeugen, ohne daß dahinter ein tieferer Sinn zu spüren wäre oder eine wirkliche innere emotionale Beteiligung. Fehlt der LOGOS, dann fehlt auch das Interesse für übergreifende Ideen, für soziale und politische Vorgänge, dann geht es nur um die Aktualität, das unmittelbar Gegebene, das Hier und Jetzt.

EROS-orientierte Menschen sind häufig dem BIOS sehr nahestehend, da sich Sexualität, Genuß und Lebensfreude vor allem körperlich ausdrücken. Ein gering ausgeprägter BIOS-Faktor kann bei ihnen zu fehlender innerer Stabilität und mangelnder Festigkeit führen. Sie fühlen sich dann wie ein Blatt im Wind, sind leicht beeinflußbar und zugleich unbestimmt und unklar, wankelmütig, prinzipienlos, abhängig von ihren eigenen Stimmungen und Launen wie denen anderer. Ihre Sensibilität wirkt mimosenhaft, wirft sie leicht aus der Bahn. Sie sind schnell erschöpft und den Alltagsbelastungen nicht gewachsen.

Emotionale Sicherheit, ein ruhiges, festes Urteil, Selbständigkeit und Selbstvertrauen, ein instinktives Wissen um das, was sie wollen, und die Fähigkeit, das auch anzustreben, sich mit Anstrengung, Lust und Freude dafür einzusetzen, kennzeichnen die positive Beziehung zum HEROS-Faktor. Antriebsarmut, stimmungsmäßige Labilität, mangelndes Selbstwertgefühl sowie eine ausgeprägte Angst vor Trennung und Einsamkeit hingegen könnten auf zu wenig HEROS hinweisen. Auch die Unfähigkeit, Nein zu sagen, zu fordern und zu wünschen bzw. Forderungen und Wünsche klar zum Ausdruck zu bringen und sich dafür einzusetzen, sind hier zu finden. Damit einher gehen häufig projektive Riesenerwartungen (»Ich opfere mich für andere, tue alles für sie. Da könnte doch auch mal jemand diese Kleinigkeit für mich tun.«), Enttäuschung und Resignation. Diese resultieren daraus, daß die heimlich gehegten, aber nicht offen gezeigten Erwartungen nicht in Erfüllung gehen und die meisten Wünsche frustriert werden, da ihre Erfüllung nicht aktiv angestrebt werden kann. Wenn die heroische Tendenz zur Autonomie zu gering ausgeprägt ist, neigt der Betreffende dazu, sich an andere Menschen zu klammern, sie durch Beziehung, Abhängigkeit und Sexualität zu binden und vielleicht sich selbst und andere in Abhängigkeit bis hin zur Hörigkeit zu verstricken. Er kann oft nicht verstehen oder zulassen, daß Menschen anders sind und andere Bedürfnisse haben als er selbst. Individualität, Andersartigkeit oder Fremdheit werden nicht gut ertragen, werden durch »Liebe« und Fürsorge zugedeckt; und wenn das nicht möglich ist, erfolgt ein übermäßig enttäuschtes Zurückziehen, mit Vorwürfen und Verbitterung.

Mit einer guten Beziehung zum MYSTOS-Faktor können EROS-orientierte Menschen ausgesprochen starke kreative und spirituelle Qualitäten entfalten, die sich in künstlerischem Schaffen, einer sehr persönlichen und bezogenen Liebe und Hingabe, in Hilfsbereitschaft, Mitgefühl und Barmherzigkeit oder auch in einer mystischen und religiösen Liebe zur Erde, zum Kosmos und der ganzen Existenz zeigen können. Vielleicht ist für sie die Beschäftigung mit dem Tantrismus und eine entsprechende Praxis ein Übergang aus der »nur körperlichen« Sexualität zu einer höheren, schöpferischen, göttlichen Seinsform. Vielleicht wählen sie auch den Weg des mystischen Verbundenseins mit dem Göttlichen z. B. im Priester- oder Mönchs- bzw. Nonnentum. Wenn die Beziehung zum MYSTOS fehlt, könnte sich ein eher oberflächlicher, suchtartiger, sehr auf äußere Vergnügungen hin ausgerichteter Lebensstil entwickeln.

EROS in Selbsterfahrung und Therapie

Die Liebe ist der machtvollste Faktor für Heilung, Wachstum und Reifung. Sehr viele psychotherapeutische Richtungen sehen deshalb die Entwicklung eines liebevollen Umgangs mit sich selbst, die Entfaltung der Sexualität, Kreativität und der Beziehungs- und Liebesfähigkeit als die wesentlichsten Ziele an. Und dennoch ist EROS ohne Zweifel dasjenige Prinzip, das in Selbsterfahrung und Psychotherapie die meisten Schwierigkeiten bereitet.

Das hängt vor allem damit zusammen, daß EROS eben eine sehr vitalisierende Kraft ist, dessen Macht und Zauber man sich nur ganz schwer entziehen kann. Die klassische Psychoanalyse hat zwar den EROS als Liebes- und Genußfähigkeit zu einem ihrer zentralen therapeutischen Anliegen gemacht, hat ihn aber zugleich eigentümlich abgewehrt, indem sie ihn mit Hilfe des LOGOS-Prinzips analysieren und meist auf die eine oder andere neurotische oder unentwickelte Form reduzieren wollte. Die Leidenschaft und Liebe des Klienten wurde dann oft als Ausdruck einer kindlichen Fixierung an Vater oder Mutter gedeutet oder als Widerstand gegen andere, vielleicht feindselige Gefühle, und sie meinte vor allem nicht den anwesenden Therapeuten. Was unter dem therapeutischen Modell des Forschers und Wissenschaftlers sinnvoll sein mag: eine logische Analyse der erotischen Phantasie und ihre Auflösung in verschiedene Aspekte pathologischer, infantiler und reiferer Übertragungsformen, ihre sexuellen und geistigen Aspekte, kann unter der Perspektive des erotischen Prinzips die Tötung des EROS sein.

Auch die Analytische Psychologie C. G. Jungs ist der Komplexität des EROS gelegentlich ausgewichen, indem sie verstärkt seinen symbolischen und transpersonalen Aspekt betonte und den Klienten darauf hinwies, daß seine Phantasien gegenüber dem Therapeuten nicht konkret erotisch und sexuell zu verstehen seien, sondern als Symbol für seine Sehnsucht nach Vereinigung mit seinem inneren Gegengeschlecht oder mit dem inneren Selbst. Dies ist ohne Zweifel eine ganz wichtige Dimension, und dennoch: schnell wird damit der

EROS mit seinem offenbar sehr bedrohlichen sexuellen Aspekt aus der konkreten Beziehung herausgehalten.

Hinter all diesen Reaktionen scheint eine starke Unsicherheit und Angst vor Beziehung und der faszinierenden Kraft des EROS zu stecken. EROS muß, sobald er auftaucht, analysiert, kontrolliert, infantilisiert oder transformiert werden. Aber der EROS und die Liebe sind nicht auf die eine oder andere Art zu reduzieren. Der EROS ist eine Erfahrung mit Tausenden von Facetten, die sich im Hier und Jetzt zwischen zwei konkreten Menschen ereignet. Er benötigt Frei- und Spiel-Raum, damit er sich in all seinen Formen offenbaren und zeigen kann, in seinen Gefühlen, Phantasien und Gestaltungen. Und er braucht Ehrlichkeit. EROS fordert die Beziehung und den konkreten Menschen in seiner Wahrheit, eine Beziehung von »Herz zu Herz«. Damit wird von allen Beteiligten häufig ein Balanceakt gefordert, der bis an die Grenze des Bewältigbaren geht. Im Laufe der helfenden Begegnungen – gefördert durch die Ermutigung zur Offenheit – entsteht natürlicherweise sehr viel persönliche Nähe, Vertrautheit und Intimität. Gleichzeitig muß eine gewisse objektive Distanz und Neutralität aufrechterhalten bleiben, damit der Prozeß der gemeinsamen Arbeit konstruktiv weitergehen kann. EROS muß sich mit dem Raum der Phantasie bescheiden. Das Leiden am Verzicht oder an der Unerfüllbarkeit des EROS gehört ja zu den großen Themen der Weltliteratur; auch in Selbsterfahrung und Therapie muß ein Tribut hierfür entrichtet werden.

Aber auch mit anderen Aspekte des EROS, die eigentlich nicht ganz so »gefährlich« sind, scheint es Schwierigkeiten zu geben: mit den positiven Gefühlen und Stimmungen, dem Humor, der Freude, der Schönheit, der Ekstase. Das sind Themen, die in der Literatur der klassischen Therapieformen so gut wie nie ausführlich behandelt werden. Natürlich liegt das auch in der Natur der Sache, denn Klienten kommen ja wegen ihrer Probleme und ihres Leides und möchten dort ernst genommen werden und Mitgefühl erleben. Ihnen ist meist nicht zum Lachen. Gleichzeitig aber liegt im ungelebten EROS häufig gerade das Kernproblem. Dort sitzt die Lebendigkeit und die Kreativität, die der Klient braucht, um aus seiner deprimierten Lebenshaltung herauszufinden. Viele Helfer übersehen diese Aspekte gewohnheitsmäßig, vielleicht, weil sie selbst depressiv sind oder dies im Laufe ihrer Berufsausübung geworden sind, vielleicht, weil sie gewohnt sind, sich als erstes zu fragen: »Wo ist der Konflikt? Wo ist das Problem? Wo ist das Unentwickelte?« Das unter Helfern weit verbreitete »Burnout-Syndrom«, das Gefühl des »Ausgebranntseins«, der Überforderung, der Desillusionierung, Lustlosigkeit und Müdigkeit hat sicher sehr viel mit einer einseitigen, auf das Problematische und Krankmachende hin orientierten Haltung und dem Fehlen des EROS im Leben der Helfer zu tun.

Ein positiver Bezug zum EROS findet sich dennoch deutlich in der Analytischen Psychologie C. G. Jungs, in der immer wieder nach den schöpferischen, auf einen latenten Entwicklungssinn hinstrebenden Impulsen gefragt wird, und in vielen modernen humanistischen Verfahren, in denen man sich verstärkt auf die schöpferischen Ressourcen bezieht. Hierher gehören viele imaginative Verfahren, die Kunst-, Gestaltungs-, Musik- und Tanztherapie, die Gesprächs-, Partnerschafts-, Sexual- und Kommunikationstherapie, das Psychodrama, in dem die Lust am Spiel eine entscheidende Komponente ist. Auch das Neurolinguistische Programmieren (NLP) und die Verhaltenstherapie haben spezielle Methoden entwickelt, um die Lebensfreude und die Genußfähigkeit zu verbessern.

Wie sehen die Schattenseiten des EROS im Bereich der Selbsterfahrung und Therapie aus? Wenn Helfer bewußt oder unbewußt unter der Dominanz dieses Prinzips stehen, könnten sie verführerisch auf andere Bereiche ablenken als die, die gerade anstehen. Sie möchten es sich in der Begegnung vielleicht gutgehen lassen und vermeiden die Auseinandersetzung mit schwierigen, belastenden Fragestellungen. Das Bedürfnis des Klienten, Konflikte zu klären oder den Helfer mit aggressiven Phantasien zu konfrontieren, könnte durch ein übermäßiges Harmonisierungsbestreben der Helfer verhindert werden. Auch könnten sie die Beziehung erotisieren, indem sie, was aufgrund der Universalität des Erotischen nicht schwer ist, aus allen möglichen Zusammenhängen, Fehlleistungen und Traumsymbolen heraus auf das Thema Sexualität zu sprechen kommen oder Themen einfacher menschlicher Nähe und Verbundenheit sexuell umdeuten. Durch eine zu starke Thematisierung der Beziehung von Helfer und Klient könnten andere Tendenzen, z. B. der Autonomie, Freiheit und Individuation blockiert werden. Auch könnte der Helfer versucht sein, seine eigenen Beziehungswünsche und -defizite dadurch auszuleben, daß er Klienten an sich bindet und es ihnen so erschwert, andere Beziehungen außerhalb der Selbsterfahrung oder Therapie aufzubauen oder zu pflegen.

Deshalb muß im Prozeß von Therapie und Selbsterfahrung nicht nur der EROS, die Beziehung und die Verbindung angesprochen werden, sondern auch der HEROS, die Distanz, die Erfahrung der Auseinandersetzung, der Entfernung und des Getrenntseins, des Allein- und Autonom-Seins.

Quintessenz

- *Du siehst nur mit dem Herzen gut!*

»Man sieht nur mit dem Herzen gut, das Wesentliche ist für die Augen unsichtbar«, so bringt Saint-Exupéry die Essenz des Erotischen auf den Punkt. Bewußtes Sehen und Erkennen und Liebe gehören untrennbar zusammen. Was nicht wirklich gesehen wird, kann auch nicht wirklich geliebt werden. Alles Existierende möchte in seinem innersten Wesen erkannt und bestätigt werden. Dieses innere Wesenhafte kannst du aber nicht von außen und von der Oberfläche her sehen. Es bedarf deines einfühlenden, mitfühlenden, tiefergehenden Blicks, mit dem du hinter die Maske, den äußeren Anschein, die Abwehr und die Angst zu schauen vermagst und dem Verborgenen hilfst, offenbar zu werden.

• *Liebe dich selbst wie auch deinen Nächsten!*

Um einem anderen Menschen offen begegnen zu können, mußt du vor allem dich selbst vorbehaltlos in deinen eigenen Sehnsüchten und Schattenseiten angenommen haben. Wenn du vor dem Angst hast, was deine innere Wahrheit ist, wird es dir schwerfallen, die innere Wahrheit eines anderen Menschen oder Wesens anzunehmen. Wenn du aber dein eigenes Wesen kennst, dann wird dir das Wesen des anderen zugänglich.

Lerne dich deshalb in deiner individuellen Einzigartigkeit zu bejahen. Lerne dich ganz anzunehmen und zu lieben, wie du bist. Höre auf, dich zu kritisieren, abzuwerten oder zu vergleichen, dich zu verteidigen oder zu rechtfertigen, sondern beginne dich in deinem So-Sein zu bestätigen. Frage dich immer wieder: »Wie kann ich jetzt etwas Gutes für mich tun? Wie kann ich jetzt gut für mich sorgen?« Liebe dich selbst und tue das, was mit deinem inneren Wesen, deinen Wünschen, Bedürfnissen, Begabungen und Neigungen übereinstimmt. Der liebevolle Umgang mit dir selbst wird sich auch positiv auf deine Umwelt auswirken. Du denkst vielleicht, das sei egoistisch und in deinem Kern seist du ein schlechter Mensch. Aber du brauchst keine Angst zu haben. Das wirklich Böse in dir ist meist nur eine Reaktion auf die Schmerzen und Verletzungen, die du einmal erlitten hast, als du dein wahres Wesen und deine wahren Sehnsüchte zeigen wolltest.

Es gibt eine einfache Methode, mit der du herausfinden kannst, was dein innerstes Wesen und dein wahres Wollen ist. Du kannst mit irgendeiner Sache anfangen, beispielsweise mit deinen Sehnsüchten und Wünschen, aber genausogut auch mit ärgerlichen Reaktionen, und dich dann immer tiefer fragen: »Was will ich damit eigentlich wirklich erreichen?« Du mußt so lange weiterfragen, bis du zu deinem letzten Bedürfnis gekommen bist. Du merkst dies daran, daß dir nichts mehr einfällt und du ein Gefühl von Erleichterung und Entspannung verspürst. Du wirst dann feststellen, daß dein letztes Bedürfnis nichts Böses und Schlechtes ist, sondern mit Liebe, Gesundheit, Lebendigkeit, Kreativität, Freiheit, Glück, Bewußtheit zu tun hat. Du möchtest wie jeder andere Mensch auch frei und freudig deine Ganzheit zum Ausdruck bringen und darin von anderen angenommen werden. Wenn du das mit Sicherheit bei dir spürst, hast du gleichzeitig auch einen Schlüssel zum inneren Geheimnis aller anderen lebenden Wesen.

• *Erkenne deine Verbundenheit mit allem Seienden!*

Zwischen der Liebe zu dir selbst und der Liebe zu anderen Menschen, anderen Lebewesen und zur Welt besteht kein Widerspruch. Im Gegenteil. Das eine ist die Bedingung für das andere. Wenn du wirklich liebevoll mit dir umgehst, möchtest du, daß es auch deiner Mit- und Umwelt gut geht. Das Wesen der Liebe ist nämlich Offenheit und Bezogenheit. Je mehr du dich selbst liebst, desto mehr möchtest du diese Liebe mit anderen teilen. Wenn du mit dir selbst glücklich bist, gibt es nur eines, was dich unglücklich macht, nämlich zu spüren, daß andere Menschen und Wesen nicht glücklich sind, daß sie nichts vom Wunder ihres Lebens wissen und das übergreifende Leben, dem sie angehören, nicht achten. Je tiefer die Liebe zu dir selbst reicht, desto mehr fühlst du dich ganz natürlich mit der Schöpfung, dem Leben, der Umwelt und den Mitmenschen verbunden. Tat tvam asi, sagt die indische Philosophie: Das bist du. Im Innersten bist du wesensgleich mit aller Schöpfung. Wenn du mit dir und deinem Leben gut umgehst, gehst du auch mit der Schöpfung gut um.

• *Schenke Liebe* und *Freiheit!*

Liebe ist ein Kind der Freiheit, sagt eine französische Redensart. Freiheit und Liebe mögen auf den ersten Blick sehr unterschiedlich erscheinen, ergänzen sich aber in idealer Weise. Je mehr Freiheit du hast, dein Wesen zur Entfaltung zu bringen, desto mehr Liebe spürst du in dir. Je mehr du wirklich liebst, desto mehr möchtest du, daß das

Geliebte sich so frei wie möglich entfaltet. Zunächst glaubst du vielleicht, die ideale Liebe bestehe darin, daß sich zwei Menschen sehr gleich sind, ähnlich fühlen und denken. Du sehnst dich natürlicherweise nach Seelenverwandtschaft mit einem anderen Menschen. Du möchtest mit ihm zu einer seelischen Einheit verschmelzen. Damit verbindest du aber eine Sehnsucht mit einem Menschen, die sich im Außen kaum erfüllen wird. Du mußt die Einheit mit dem Leben in dir selbst entdecken. Wenn du sie in Beziehung zu einem anderen Menschen ersehnst, von deinem Partner, deinem Kind, einem geistigen Lehrer, dann nehmt ihr euch wahrscheinlich gegenseitig und euch selbst den Raum zum individuellen Wachstum. Aggressive Trennungsimpulse werden um so stärker ausfallen, je mehr aus der Liebe ein Zwang zur Gleichartigkeit wird. Lerne deshalb, die ganz besondere Eigenart, Einzigartigkeit und Verschiedenheit jedes Menschen anzuerkennen, zu bestätigen und zu genießen. Die Andersartigkeit, ja Fremdheit und Unzugänglichkeit des anderen Menschen zu erfahren ist zwar manchmal verunsichernd und nicht leicht erträglich, aber erst dies ermöglicht die Entfaltung einer Zuneigung und Liebe, die wirklich auf den anderen Menschen bezogen ist und nicht nur eine Verliebtheit in ein eigenes inneres Sehnsuchtsbild ist.

- **Was du nicht willst, daß man dir tu . . . !**

Es gibt eine alte Antwort auf alle unsere Beziehungsfragen und -probleme, die durch keine bessere ersetzt werden kann. Sie bedarf keiner langwierigen Analysen und Beziehungstrainings. Jede Kultur und Gesellschaft kennt sie als Grundlage sozialen Verhaltens. Sie ist universal, elementar und einfach und wird »Goldene Regel« genannt. Sie lautet: Verhalte dich im Umgang mit anderen Menschen und deiner Umwelt so, wie du möchtest, daß mit dir umgegangen wird. Vor allem: Schade ihnen nicht. Wenn du geliebt werden möchtest, dann liebe du zuerst und zeige dich liebenswert. Wenn du willst, daß sich dir das Leben in seiner Fülle öffnet, dann öffne dich ihm zuerst und schenke ihm deine Fülle. Wenn du etwas haben möchtest, dann sei großzügig und gib du zuerst. Wenn du Interesse, Anerkennung und Bestätigung von anderen willst, dann zeige du Interesse an ihrem Leben, höre wirklich zu, ohne zu bewerten oder zu verurteilen. Bestätige und ermutige andere aufrichtig in ihren Erfolgen und in ihrem Anders- und So-Sein. Sei aber nicht taktisch berechnend dabei und erwarte nicht gleich einen Gewinn aus dem, was du investiert hast. Vertraue darauf, daß sich das, was du gegeben hast, eines Tages für dich auszahlen wird, und genieße das beglückende Gefühl, etwas Gutes getan zu haben. Mit der Goldenen Regel hast du einen Zauberstab in der Hand, mit dem du dir viele deiner Träume erfüllen kannst. Denn dahinter steht das uralte Wissen vom Zusammenhang zwischen Ursache und Wirkung: Was du säst, das wirst du ernten.

- **_Sensibilisiere dich für die Ekstase des Lebens!_**

Die Welt um dich herum ist zu manchen Zeiten voller Glanz und Ekstase, die deine Augen und dein Herz aber nicht wahrnehmen, weil du nicht gelernt hast, darauf zu achten, und weil vieles durch die Gewohnheit unbewußt geworden ist. Schule dich im Blick der Liebenden und der Künstler. Laß dir Zeit und übe dich in wohlwollender Achtsamkeit. Erlebe den Augenblick. Genieße die Sicherheit und die Vertrautheit, die dir der Alltag gibt, aber laß nicht zu, daß die alltägliche Routine und Gewohnheit das Schöne, Lebendige und Liebevolle grau werden lassen und abtöten. Bringe immer wieder neue Aspekte, Abwechslung, Kontraste in dein Leben. Lerne, das Wunder, die Schönheit, die Fülle, die Freude, den Reichtum, den Glanz des Lebens mit allen Sinnen immer wieder frisch wahrzunehmen. Mit dem Pentalon-Modell hast du dazu ein wunderbares Hilfsmittel. Halte immer wieder einmal inne und frage nach den fünf Grundfaktoren BIOS, EROS, HEROS, LOGOS und MYSTOS:

»Wo offenbaren sich mir hier in diesem Augenblick und an diesem Ort Lebendigkeit, Natürlichkeit, Gesundheit, Sinnlichkeit, Wachstum?« (BIOS) Beispiel: Bevor du zu essen beginnst, entspanne dich.

Werde ruhig. Nimm wahr, was auf dem Tisch steht. Nimm den Duft der Speisen auf. Achte auf deine Vorfreude auf das Essen, die Lust, die in dir aufsteigt. Iß langsam. Koste den Geschmack bis zuletzt aus. Sei dir bewußt, daß alles, was du ißt, die Kraft der Erde und der Sonne enthält und das, was du trinkst, das Wasser des Lebens ist. Sei dankbar für dieses Vorrecht, an der Fülle des Lebens teilzuhaben.

»Wo offenbaren sich mir hier in diesem Augenblick und an diesem Ort Schönheit, Liebe Freundschaft, Harmonie, Nähe, Freude, Lachen, Glück und Ekstase?« (EROS) Beispiel: Wenn du einem Menschen, den du magst, die Hand gibst, tu dies bewußt. Genieße den Kontakt, die Wärme, die Nähe, die sich darin zeigen. Nimm die besondere und vielleicht vertraute Art wahr, wie ihr euch die Hände gebt. Schau ihm in die Augen. Laß ihn deine Freude daran, daß er da ist, spüren. Berühre ihn vielleicht mit deiner anderen Hand zusätzlich am Arm oder der Schulter oder umarme ihn.

»Wo offenbaren sich mir hier in diesem Augenblick und an diesem Ort Selbstvertrauen, Energie, Stärke, Mut, Entschlossenheit, Tatkraft, Erfolg?« (HEROS) Beispiel: Du hast längere Zeit ein schwieriges Gespräch aufgeschoben. Jetzt hast du deinen Mut zusammengenommen und es getan. Freue dich hinterher an deiner Angstüberwindung. Genieße die Erleichterung. Spüre die Kraft, die durch diese Tat in dir frei wird und dich motiviert, neue Dinge zu tun.

»Wo offenbaren sich mir hier in diesem Augenblick und an diesem Ort Weisheit, Intelligenz, Sinn, Erkenntnis, Klarheit, Weite, Freiheit, Toleranz, Gerechtigkeit?« (LOGOS) Beispiel: Du hast dich entschieden, das Chaos in deinen Unterlagen zu beseitigen. Du hast dir ein Hängemappensystem zugelegt, alles deutlich beschriftet und systematisch eingeordnet. Genieße die Übersicht, die Entlastung und das schöne Gefühl, dem Unstrukturierten Struktur gegeben, das Wesentliche vom Unwesentlichen getrennt zu haben. Freue dich, daß du nun Dinge schnell wiederfinden kannst, wenn du sie suchst.

»Wo offenbaren sich mir hier in diesem Augenblick und an diesem Ort Schöpferisches, Transpersonales, Grenzenüberschreitendes, Gegensatzvereinigendes, Ganzheitliches, Spielerisches, Verrücktes,

Humorvolles?« (MYSTOS) Beispiel: Du hörst ein Musikstück, das dir gefällt. Öffne dich ihm ganz. Laß dich hineinfallen. Schließe die Augen, dirigiere oder bewege dich im Einklang mit der Musik. Genieße die Selbstvergessenheit, das lustvolle Aufgehen in der Musik.

Wenn du etwas Derartiges erlebt hast, dann freue dich daran und bestätige es. Sprich deutlich aus, was du erlebst und empfindest. Laß andere Menschen daran teilhaben. Damit wird es dir und dem anderen bewußter. Wenn du kannst, schließe dich dem Erlebten an und versuche es durch dich selbst zum Ausdruck zu bringen. Feiere, tanze, singe, spiele, lache, liebe. Genieße den EROS des Augenblicks.

• *Gestalte dein Leben erotisch!*

Gestalte dich und deine Umwelt ganz bewußt erotisch. Richte dir deine Wohnung nur mit Gegenständen ein, die dir wirklich gefallen. Zieh nur Kleidung an, in der du dich wirklich wohl und attraktiv fühlst. Mach Körperpflege zu einem Körpergenuß. Umgib dich mit schönen Gegenständen, mit Farben, Formen, Düften, Blumen und Pflanzen, die dir entsprechen. Genieße den Chor der Sinne, der dadurch entfesselt werden kann.

• *Sei dankbar!*

Es gibt ein wunderbar einfaches Rezept für Zufriedenheit und Freude, das aber leicht vergessen wird: das Glück der Dankbarkeit. Bemühe dich immer wieder darum, nicht nur daran zu denken, was dir fehlt oder was andere Menschen mehr haben als du, sondern dich daran zu erinnern, was du hast und was du vielen anderen Menschen verdankst. So vieles, was dir selbstverständlich erscheint, ist es für andere Menschen nicht: Eine schöne Wohnung, regelmäßiges und gesundes Essen, ein warmes Bett, ein gesunder Körper mit intakten Sinnen und klarem Bewußtsein, Freundschaften, Freiheit des Lebens und Denkens. Es gibt so unendlich viele Gründe zur Dankbarkeit. Denke zum Beispiel immer wieder einmal in aller Ruhe darüber nach, wie viele Menschen dazu beigetragen haben, daß du in diesem Augenblick das erleben kannst, was du gerade erlebst. Wie viele Menschen haben dazu beigetragen, daß du dieses Buch in Händen haben kannst? Es sind nicht nur zwei oder drei. Je tiefer du gehst, desto mehr wirst du entdecken, daß es Tausende und Abertausende sind, die in irgendeiner Weise daran beteiligt waren und ohne die es jetzt in dieser Weise nicht vorhanden wäre. So ist es mit allen Dingen. Fast nichts hast du aus dir allein hervorgebracht, und fast alles verdankst du dem Leben, Streben und Leiden anderer Menschen. Fühle dich deshalb all diesen Menschen dankbar verbunden und spüre das große Geschenk, das sie dir gemacht haben. Und spüre vor allem immer wieder das große Geschenk, das dir das Universum gemacht hat, als es dir ermöglichte, jetzt und hier auf dieser Erde zu leben. Unter dieser Perspektive werden viele deiner Kränkungen und Enttäuschungen und dein Gefühl, zu kurz gekommen zu sein, relativ bedeutungslos. Verzeihe dir und anderen Menschen und dem Leben immer wieder aufs neue, daß sie nicht perfekt sind, Schwächen haben und Fehler machen. Das, was du dauernd bekommst, wiegt alles bei weitem auf.

3 BIOS: Der Tempel des Göttlichen

Es gibt nur einen Tempel in der Welt, und das ist der menschliche Körper.
Nichts ist heiliger als diese hohe Gestalt...
Man berührt den Himmel, wenn man einen Menschenleib betastet.
Novalis[9]

Unser Leib mit seinen vielen Sinnen, Funktionen und Fähigkeiten ist die Summe des schöpferischen Mysteriums des Universums. Er ist aus den Elementen des Universums und der Erde aufgebaut und faßt den ganzen evolutionären Prozeß zusammen. Er ist ein wahrer Mikro-Kosmos im Makro-Kosmos, der Tempel der Schöpfung. Ziel der Individuation und Lebenskunst ist, unseren Körper mit seinen vielen Fähigkeiten und Funktionen zur guten Entfaltung zu bringen, unsere Einheit und Verbundenheit mit der Erde und den Lebewesen zu erfahren und das Wunder des Lebendigseins zu feiern.

- Bist du dir bewußt, daß du, dein Körper, deine Mit- und Umwelt und die Erde ein gemeinsamer großer Organismus sind?

- Bist du dir bewußt, das sich im Aufbau und der Intelligenz deines Körpers der ganze kosmische und evolutionäre Prozeß verdichtet und Gestalt gewonnen hat?

- Hast du deinen Körper in all seinen Aspekten liebevoll angenommen und bist du bereit, gut für ihn zu sorgen?

- Gehst du auch liebevoll mit den vielen materiellen Dingen des Lebens, wie z. B. Besitz und Geld, um und bist du dir bewußt, daß sie die äußere materielle Erscheinungsform von geistigen Prozessen und verdichteter Lebensenergie sind?

- Läßt du dir genügend Zeit, um das Wunder der Natur und des Lebendigseins immer wieder mit allen Sinnen wahrzunehmen und zu feiern?

Aspekte und Symbole des BIOS-Prinzips

BIOS ist das Prinzip des Lebens, der Natur, aber auch des Ursprungs, der Evolution, der Materie und des Körperlichen. BIOS hat sehr viele Berührungspunkte mit EROS, ist aber nicht deckungsgleich mit ihm. BIOS bezieht sich im Vergleich zum EROS stärker auf unseren Leib, auf unsere Vitalität und Lebendigkeit, auf körpernahe Bedürfnisse und Reaktionen, auf unsere natürlichen Instinkte, Triebe, Empfindungen und Affekte, während der Eros mehr die Beziehungsdimension und unsere Sehnsucht nach Liebe, Harmonie, Freude und Schönheit betont.

Da sich C. G. Jung und zahlreiche seiner Schüler um eine Differenzierung, Bewußtmachung und Integration vieler BIOS-Aspekte verdient gemacht haben, sei hier das Spektrum seiner unabsehbar vielfältigen Formen und Symbole von C. G. Jung selbst zusammengefaßt. In vielen klassischen Mythen wie auch in traditionellen Symbolsystemen wird der BIOS mit dem weiblichen Ur-Prinzip, dem Archetyp der Großen Göttin und der Großen Mutter in Verbindung gebracht, was insofern nahe liegt, als wir Menschen den Ursprung unseres Lebens natürlicherweise mit dem Weiblichen und Mütterlichen verbinden.

C. G. Jung zählt folgende typische Erscheinungsformen auf, in denen das BIOS-Prinzip auftritt oder auf die es projiziert wird. Lesen wir diese Aufzählung langsam und lassen wir uns Zeit, uns diese vielen Aspekte emotional und mit eigenen Erinnerungen und Erfahrungen verbunden vor Augen zu führen: die persönliche Mutter und Großmutter, die Stief- und Schwiegermutter, irgendeine Frau, zu der man in Beziehung steht, auch die Amme oder Kinderfrau, die Ahnfrau und die Weiße Frau, in höherem, übertragenem Sinne die Göttin, speziell die Mutter Gottes, die Jungfrau, Sophia. In einem weiteren Sinne gehören dazu die Kirche, die Universität, die Stadt, der Wald, das Meer und das stehende Gewässer, das Land, der Himmel, die Erde, die Materie, die Unterwelt und der Mond; im engeren Sinne als Geburts- oder Zeugungsstätte der Acker, der Garten, der Fels, die Höhle, der Baum, die Quelle, der tiefe Brunnen, das Taufbecken,

die Blume als Gefäß (Rose und Lotus); im engsten Sinne die Gebärmutter, wie überhaupt jede Hohlform, der Backofen, der Kochtopf;
als Tier die Kuh, der Hase und das hilfreiche Tier überhaupt. Es
erscheint auch im Zauberkreis des Mandala und als das Ziel der
Erlösungssehnsucht (Paradies, Reich Gottes, himmlisches Jerusa-
lem).

An anderer Stelle zählt Jung noch weitere Aspekte auf, so z.B.: die
magische Autorität des Weiblichen; die Weisheit und die geistige
Höhe jenseits des Verstandes, das Gütige, Hegende, Tragende,
Wachstum-, Fruchtbarkeit- und Nahrungspendende; die Stätte der
magischen Verwandlung, der Wiedergeburt; der hilfreiche Instinkt
oder Impuls; das Geheime, Verborgene, das Finstere, der Abgrund,
die Totenwelt, das Verschlingende, Verführende und Vergiftende,
das Angsterregende und Unentrinnbare. Die Gegensätzlichkeit der
Eigenschaften bezeichnet er als die bergende und die schreckliche
Mutter.[10]

An dieser Aufzählung sei besonders hervorgehoben der Hinweis
auf die »Weisheit und geistige Höhe jenseits des Verstandes«. Er
wird uns auch später noch als die Einsicht beschäftigen, daß sich der
Geist in der Tiefe der Natur und durch sie manifestiert hat, lange
bevor wir davon bewußte Kenntnis hatten. BIOS und LOGOS sind
keine voneinander getrennten Größen, sondern nur unterschiedliche Ausdrucksformen des gleichen schöpferischen Mysteriums.

Der Mutter-Archetyp

Viele Menschen, die in einen Prozeß der Selbsterfahrung eintreten,
stehen in einem tiefen Konflikt mit BIOS unter dem Aspekt des Mütterlichen. Sie fühlten sich in ihrer Kindheit nicht gut »bemuttert«,
nicht richtig geliebt, gesehen und gefördert. Oft haben sie das
Gefühl, Mutter und Vater seien nur etwas wie unpersönliche »Pflicht-
eltern« gewesen. Sie hätten vor allem für Sicherheit und Nahrung
gesorgt, darüber hinaus aber keine positive vertrauensvolle Beziehung zu ihnen hergestellt. Frauen beklagen sich häufig darüber, daß

ihnen ihre Mutter kein hilfreiches Vorbild gewesen sei im Hinblick darauf, was es heißt, eine Frau zu sein, was weibliche Identität, Körperlichkeit und Sexualität sein könnte. Diese Enttäuschungen und die Vorwürfe gegenüber Mutter und Vater sind häufig gerechtfertigt. Von daher ist es oft hilfreich und notwendig, sich seiner Trauer und seines Schmerzes über die fehlende gute Mütterlichkeit in der Kindheit hinzugeben. Aber nach einer bestimmten Zeit befriedigt eine solche Schuldzuschreibung nicht mehr recht. Auch unsere Eltern hatten Eltern, die ihnen keine genügend gute Mutter und kein genügend guter Vater waren, welche wiederum auch keine genügend guten Eltern hatten. Wer ist wirklich schuld an unserem Elend? Ein solches Verharren in der Position des Kindes, das nicht genügend gute Mütterlichkeit bekommen hat, führt irgendwann nicht mehr weiter – im Gegenteil: Es verfestigt unsere negativen Mutter- und Vaterkomplexe, illusionäre Erwartungshaltungen, Verbitterungs- und Resignationsgefühle und kann in die Sackgasse der Depression münden. Das Leben hat uns keine Versprechungen und Garantien auf ein gutes und schönes Leben gegeben, sondern hat uns in die Welt gesetzt, und wir müssen nun schauen, wie wir am besten damit zurechtkommen.

Wenn uns unsere persönliche Mutter nicht weiterhelfen kann, dann können wir uns darauf besinnen, daß wir die Große Mutter in uns selbst tragen. Hinter allen menschlichen Müttern steht nämlich die archetypische Große Mutter, das Universum, die Erde, das Leben, die Natur, unser Körper und die sich darin offenbarende Güte und Weisheit. Und diese Große Mutter hat uns mit allem Nachdruck gewollt, sie hat sich durchgesetzt – vielleicht auch gegen den Wunsch unserer leiblichen Mutter –, sie nährte uns vom Augenblick der Empfängnis an, trägt und fördert uns bis zum heutigen Tage.

Eine Frau hatte nach einem Selbsterfahrungskurs zum Thema »Mütter und Töchter in Beziehung« einen Traum, der sie sehr bewegt hat. Sie berichtet: »Für mich völlig überraschend tauchte in diesem Traum ein Motiv aus Mozarts Oper ›Die Zauberflöte‹ auf. Mit dieser Oper habe ich mich vor ca. 20 Jahren als Schülerin etwas beschäftigt, und vor ca. 15 Jahren habe ich sie in einer Aufführung erlebt. Seither hatte ich keinen Kontakt mehr mit diesem ›Material‹ und mochte Mozart nicht. Der Traum: Ich erzähle einer Gruppe 13-jähriger Mädchen von spannenden Erfahrungen während der Zeit meiner Menarche: Ich war selbst 13 oder 14 Jahre alt und trat als Sängerin auf. Ich sang die Rolle der ›Königin der Nacht‹ in Mozarts ›Zauberflöte‹, empfand die Koloraturen und die Energie der unglaublich hohen Sopranstimme lustvoll nach. In dieser Zeit, als ich mit der besonderen Energie dieser Rolle Frau wurde, verstärkten sich meine weiblichen Körpermerkmale (sehr viel mehr, als sie es tatsächlich taten)!

Später berichte ich meiner Mutter von dem Gespräch mit den Mädchen und von der Erinnerung an meine eigene Menarche-Zeit. Sie ist gerade beim Kochen für Gäste, steht unter Hochspannung und Zeitdruck. Zu meinem Erstaunen läßt sie sofort ihre Arbeit stehen und beginnt, sich mit meiner Geschichte auseinanderzusetzen. Sie tut dies, indem sie nach den Predigten des Pfarrers, der mich konfirmiert hat, sucht, die sie alle geordnet und aufbewahrt hat. Ich bin erstaunt über das plötzliche und große Interesse, das meine Mutter an meiner Geschichte zeigt – in einer Form allerdings, die völlig an der Bedeutung für mich vorbeigeht: Predigten als Entgegnung zur Königin der Nacht!«

Dieser Traum ist ein geradezu klassischer Beleg für die eben erwähnte Tatsache, daß hinter und unter unseren persönlichen Mutter-, Vater- oder Elternbeziehungen die archetypischen Großen Eltern, hier die Große Mutter in Gestalt der »Königin der Nacht« wirksam sind. In obigem Traum scheint die reale Mutter die weibliche und sicher auch erotische Energie ihrer Tochter mit moralischen Gardinenpredigten unterdrücken zu wollen, wie es so viele Mütter und Väter tun, wenn ihre Töchter in die Pubertät kommen. Aber im Unbewußten scheint eine mächtigere Kraft lebendig zu sein. Abschließend sagt die Träumerin: »Die ›Königin der Nacht‹ scheint eine besondere psychische Energie zu verkörpern, die mir möglicherweise fehlt.« Die Energie, die ihr fehlt, ist die machtvolle Ur-Energie des Lebendigen, und der Traum ermutigt die Träumerin, sich dieser Energie nach 15 Jahren wieder zu erinnern. Eine negative

Mutter-Beziehung, die unseren Bezug zur eigenen sinnlichen wie geistigen Vitalität hemmt, kann am besten dadurch überwunden werden, daß man sich das ganze Potential der inneren Großen Mutter bewußt macht und durch sich selber zum Ausdruck bringt. Anstatt sich von einer äußeren Mutter machtvoll dominieren zu lassen, verwirklicht man in sich selbst die Macht der Großen Mutter.

Ein weiteres Beispiel für die archetypische Dimension unserer Seele ist visionäre Erfahrung einer 55 Jahre alten Frau, Mutter von zwei Kindern, die sich in einer klimakterischen Identitätskrise befand. In einem traumähnlichen Zustand sieht sie sich »nackt in einer Höhle liegen, mit heftigen Wehen ein Kind gebärend, meine eigenen Schreie und den Schrei des Kindes hörend, dumpf an den Wänden der Höhle nachhallend.« Nach einer Weile erweitert sich die Perspektive etwas nach hinten: »Ich sehe mich im gleichen Augenblick aus dem Schoß meiner Mutter hervorkommen, unter Wehen, Schmerzen und Schreien. Dahinter liegend erkenne ich meine Großmutter, die meine Mutter gebiert, und schließlich immer weiter zurück alle möglichen Vor- und Ur-Mütter in unendlicher Reihe. Schließlich sehe ich das Meer und die Erde, die alle Lebewesen hervorbringen und am Ende den dunklen, leeren Weltraum, in den hinein sich die ganze Existenz gebiert, unter gigantischen Eruptionen und gewaltigen Klängen.«

Erschrocken, zugleich aber auch zutiefst bewegt erkannte diese Frau ihre Verbundenheit mit diesem Schöpfungsprozeß und mit diesen alles erfüllenden, alles zusammenfassenden Klängen, die noch lange in ihr schwangen. Später hatte sie die Empfindung, dies sei der »Urschrei« gewesen oder die heilige Silbe OM (Aum), in denen sich nach Auffasssung der indischen Philosophie die ganze Schöpfung verdichte und offenbare. In solchen Erfahrungen scheint uns das Leben selbst an die Tatsache erinnern zu wollen, daß wir und unser Körper kosmische Wesen sind und daß wir teilhaben an der gleichen Energie, die auch das Universum, die Erde und die Natur hervorgebracht hat.

Mutter Erde

Uns modernen Menschen scheint erst in den letzten 50 Jahren immer mehr zu dämmern, daß wir in jederlei Hinsicht Kinder des Universums und Kinder der Erde sind. Was mehr naturnahe und frühere matriarchale Kulturen schon immer ahnten oder wußten, indem sie Muttergottheiten als erd- und himmelsumfassende Gottheiten verehrten, wurde in den patriarchalen Kulturen in unglaublichem Ausmaße unterdrückt und verdrängt – mit verheerenden Folgen für die Vergangenheit, Gegenwart und Zukunft der Menschheit.

Im Buch Sirach aus dem Alten Testament finden wir noch letzte Hinweise auf die einstmalige Verehrung dieser Göttinnen, hier in Gestalt der Himmlischen Sophia:

> *Den Kreis des Himmels habe ich umschritten, ich allein,*
> *Und in den Tiefen des Abgrunds bin ich gewandelt.*
> *In den Fluten des Meeres und auf der ganzen Erde,*
> *In jedem Volk und jeder Nation besaß ich Herrschaft.*
> *Von der Urzeit her, im Anfang war ich erschaffen,*
> *Und bis in Ewigkeit vergehe ich nicht.*
> *Kommt her zu mir, die ihr mein begehrt,*
> *Und an meinen Früchten sättigt euch.*
>
> (Sirach 24, 5–6)

Im Mittelalter mit seiner Überbetonung des LOGOS, des Himmels- und Geistraumes, wurde die Erde und mit ihr alles Materielle, Körperliche, Triebhafte und Sinnliche und damit ganz besonders die Sexualität, zum Inbegriff des Bösen, Schlechten, Niedrigen und Verachtenswerten. So heißt es bei Papst Innozenz III. in seinen Aussagen »Über die Verachtung der Welt« über den Menschen:

»Gebildet aus schmutzigstem Samen, empfangen im Kitzel des Fleisches, ernährt vom Menstrualblut, von dem es heißt, es sei so abscheulich und schmutzig, daß, mit ihm in Berührung gekommen, die Feldfrüchte nicht mehr keimen, die Baumgärten vertrocknen... und Hunde, wenn sie davon essen, tollwütig werden.«[11]

Die Verneinung und Verteufelung des BIOS, alles Erdhaften, Körperlichen und Weltlichen – insbesondere projiziert auf die Frau – fand ihren grausamen Höhepunkt in der Inquisition und den Hexenprozessen. Mühselig und unendlich langsam scheint sich dann etwa seit der Renaissance eine allmähliche Bewußtseinsveränderung vollzogen zu haben. Der Jenseitigkeit des fernen Logos-Geist-Himmels-Prinzips wurde nach und nach die Diesseitigkeit der Natur gegenübergestellt. Das Interesse der Menschen richtete sich immer mehr auf die Erkundung der Erde und ihrer Gesetzmäßigkeiten. Die Naturwissenschaften begannen ihren Triumphzug.

Die Einstellung des heutigen Menschen zur Erde zeigt aber trotz aller Annäherungen und Erkenntnisse noch eine tiefe Gespaltenheit zwischen dem LOGOS und dem BIOS. Einerseits hat der Mensch die Erde in einem vorher nicht gekannten Ausmaß erkundet, sich »untertan« gemacht und ist dabei, die letzten Bausteine des Lebens zu entschlüsseln, andererseits besitzt er immer noch die Arroganz und Überheblichkeit eines überzogenen HEROS- und LOGOS-Bewußtseins, das ihn in der Illusion gefangen sein läßt, er habe mit der Erde eigentlich nicht wirklich etwas zu tun, er sei von ihr losgelöst und sie sei sein Objekt, mit dem er tun könne, was er wolle.

Der Leib: Die Inkarnation des Universums

So unbewußt und verantwortungslos, wie wir mit der Erde umgehen, so gehen wir auch mit unserem Leben und dem Lebensträger, unserem Leib um. Obwohl »Fitness« und »Wellness« als durchaus positiv zu wertende Bewegungen einen immer breiteren Raum in den Medien und in der Öffentlichkeit einnehmen und man von daher die Hoffnung haben könnte, dies signalisiere eine positive Einstellungsänderung zum Körper, so scheint doch die Beziehung zu ihm noch eher oberflächlich und lieblos. Oft geht es nicht primär um Pflege und Gesunderhaltung des Körpers aus Dankbarkeit und Wertschätzung, es geht nicht um Freude am Körperlichen und Sinnlichen, sondern es geht meist um die Anpassung an von außen kommende

Modeerscheinungen und zweifelhafte Idealvorstellungen. Aufgrund eines basalen Gefühl der Unsicherheit über uns selbst messen wir uns an überhöhten Idealvorstellungen und stehen dadurch in einem ständigen belastenden Konflikt mit dem, wie wir wirklich sind.

Für viele Frauen ist das alte Märchen von Schneewittchen immer noch von höchster, leidvoller Realität: Spieglein, Spieglein an der Wand: Wer ist die Schönste im ganzen Land? Frauen stehen ihrem Körper oft sehr konflikthaft gegenüber, viele lehnen ihn ab, finden ihn abstoßend, hassen ihn gar. Sie nehmen ihn nur noch verzerrt wahr. Egal wie er ist, er ist falsch, er ist nicht wohlproportioniert genug, zu alt, zu fett, zu faltig, zu untrainiert. Sie können ihn nicht lieben und achten und gut für ihn sorgen. Er ist ihnen eher eine Last, ein ständiges Objekt der Scham, des Versagens und des Ungenügens. Immer wieder neu versuchen sie ihn durch Diäten und Gymnastik auf das Idealmaß zu bekommen und versagen doch immer wieder. Der Blick in den Spiegel erzeugt daher bei den meisten Menschen keineswegs Gefühle freudigen Erkennens, sondern Irritation, Selbstkritik und Abwertung.

Auch viele Männer sehen in ihrem Körper keinen sensiblen Organismus, der zutiefst geschätzt, gewürdigt und entsprechend gepflegt werden sollte, sondern eine Maschine, die auf Höchstleistung getrimmt und bis aufs Letzte ausgebeutet werden muß. Körper und Seele sind keine wunderbar aufeinander abgestimmte Einheit; der Körper ist von Gefühlen und seelischen Vorgängen abgeschnitten. Er ist ein Sklave, ein Tier, das man kommandieren und antreiben kann und das sich dem Streben nach Erfolg widerspruchslos unterzuordnen hat. Kann und will er nicht, wie er soll, wird ihm der Krieg erklärt.

Verständlich, daß eine solche feindliche Haltung gegenüber unserem Körper Krankheiten wie auch tiefe Identitätskonflikte hervorruft. Der Leib ist die natürliche Basis unserer Existenz. Wir sind unser Leib. Wenn wir ihn zu einer bloßen Maschine degradieren oder zu einem Objekt unserer konflikthaften narzißtischen Selbstdarstellung machen, mißbrauchen und zerstören wir eine der geheimnisvollsten und wundervollsten Schöpfungen, die das Universum hervorgebracht und uns zum Geschenk gemacht hat.

Wie ist es möglich, daß ein Wesen mit solch feinen Juwelen wie den Augen, solch zauberhaften Musikinstrumenten wie den Ohren und einer so großartigen Arabeske aus Nerven wie dem Gehirn sich selber als irgend etwas Geringeres als einen Gott erleben kann? Wenn man dann noch berücksichtigt, daß dieser unendlich subtile Organismus von den noch zauberhafteren Gebilden und Mustern seiner Umgebung, von den winzigsten elektrischen Phänomenen bis hin zu all den Milchstraßen, nicht zu trennen ist – wie soll man dann noch begreifen, daß diese Inkarnation alles Ewigen sich vom Sein angeödet fühlen kann?

Alan Watts[12]

Die Mißachtung der Erde und des Leibes

Wie konnte es aber überhaupt jemals zu einer solchen Abwertung, Abspaltung und Entfremdung des Menschen von der Erde und seiner Leiblichkeit kommen? Dafür sind verschiedene Ursachen vermutet worden, die gemeinsam haben, daß sie der Ausdruck einer tiefgreifenden Verdrängung schmerzlicher Realitäten sind. Sie sind letztlich verzweifelte, untaugliche Versuche, sich der eigenen Hilflosigkeit und Ohnmacht angesichts der überwältigenden Abhängigkeit von der Materie, der Erde und dem Körper nicht bewußt werden zu müssen. Unser Körper unterliegt einem dauernden Prozeß der Veränderung. Er ist empfindlich und verletzbar, oft schmerzt er, wird von Krankheiten befallen und vor allem: Er altert und ist sterblich. Darüber hinaus haben viele körperliche Bedürfnisse, wenn sie nicht erfüllt werden, einen drang- und leidvollen Charakter. Körperliche Bedürfnisse können so übermächtig werden, daß sie uns entgegen allen guten Vorsätzen und moralischen Idealen zu Verhaltensweisen zwingen, mit denen wir uns und anderen Menschen Schaden zufügen. Starke Triebe und Affekte können uns wie Dämonen überfallen und uns das Leben zur Hölle machen. Körperlichkeit kann also in vielerlei Hinsicht als Leiden, Last und als Gefängnis empfunden werden, und es ist von daher sehr verständlich, daß wir manchmal froh

100

wären, von dieser »Erdenschwere« und »Erdgebundenheit« befreit zu sein.

Für diese Befreiung scheint sich uns insbesondere der geistige Raum des Logos anzubieten. In unseren Gedanken, Phantasien und Vorstellungen können wir Weite und Freiheit erleben. Gedanken und Phantasien »schmerzen« nicht, auch wenn sie uns natürlich belasten können. »Die Gedanken sind frei…« In unseren Gedanken und Phantasien können wir auch dann noch lebendig und kreativ sein, wenn der Körper alt, gebrechlich und unfruchtbar geworden ist. Aus diesem Erleben heraus haben viele Menschen gehofft oder geschlossen, Seelisches und Geistiges sei vom Körper unabhängig. Es müsse das Ziel der menschlichen Entwicklung sein, den Körper in seinen Funktionen einzuschränken oder gar abzutöten, damit die Seele und der Geist befreit sein und geistige Unsterblichkeit erreichen könnten. Solche Vorstellungen finden sich in vielen religiösen Traditionen des Ostens und des Westens. Viele Jahrhunderte lang haben sich Menschen abgemüht, durch eine körperverachtende Haltung, durch Geißelung und masochistische Selbstverstümmelung ihr Seelenheil zu finden. Ausläufer dieser falsch verstandenen Vergeistigungstendenzen, bei denen sich das Geistige zum Herren über den Körper machen will, dem Körper seinen Willen aufzwingen und ihn unterwerfen möchte, finden sich heute noch in vielen Formen nicht nur des religiösen, sondern des ganz normalen alltäglichen Lebens, so zum Beispiel im Schönheits-, Attraktivitäts- und Fitnesskult und in ewigen Diäten, die dazu führen sollen, daß der Körper von seinen Schlacken, Dunkelheiten und Unreinheiten gereinigt wird, damit er dauerhafte Gesundheit und Jugendlichkeit gewährt.

Das Tier in uns

Neben die dauernde Gefährdung und Sterblichkeit des Körpers tritt als weiterer Grund für seine Abwertung die evolutionäre Entwicklung. Für uns heutige Menschen mag es vielleicht schwer nachzuvollziehen sein, warum diese Tatsache noch bis vor wenigen Jahren für sehr viele Menschen unannehmbar erschien und ihr Gefühl der Besonderheit und Gottähnlichkeit so tief kränkte. Aber in unserer immer noch fortdauernden Mißachtung der Erde und des Körperlichen scheint diese Kränkung unvermindert stark fortzubestehen. Es fällt uns nach wie vor sehr schwer, uns als Tier zu empfinden, als Tier, das die Evolution zwar mit der Gabe des Bewußtseins beschenkt hat, welches sich aber dennoch in einer jahrmillionenlangen Entwicklungsreihe von Einzellern, Fischen, Amphibien, Reptilien, Säugetieren und Affen befindet. Es fällt uns schwer, Tiere als unsere Brüder und Schwestern, als gleichberechtigte Mitbewohner unseres Planeten, zu empfinden. Es fällt uns schwer, das Animalisch-Triebhafte unseres Wesens anzunehmen, dem wir, wenn wir genau hinschauen, auf Schritt und Tritt begegnen und dem wir den weitaus größten Teil unseres Tages widmen. Wie auch immer wir diese Tatsache vor uns verbergen und bemänteln wollen: Es ist offensichtlich, daß es uns allen, wie der ganzen Pflanzen- und Tierwelt, doch immer darum geht, unser Leben zu erhalten und unser Überleben zu sichern. Es geht uns um Nahrungssuche, -aufnahme, -verdauung und -ausscheidung. Wir wollen neue Reviere erkunden, abstecken und behaupten, gegenüber unseren Konkurrenten unsere Machtpositionen vergrößern, Besitz sammeln und sichern, unsere Gene möglichst zahlreich verbreiten, uns paaren, fortpflanzen und für den Nachwuchs sorgen. Wir wollen schlafen und uns erholen und schließlich – wenn bei all dem Lebens- und Überlebenskampf noch etwas Energie übrigbleibt – die Umgebung neugierig, vielleicht auch spielerisch erkunden. Wir haben – bildhaft gesprochen – nicht nur einen rudimentären Tierschwanz, sondern wir haben einen Jahrmillionen zurückreichenden riesigen »Dinosaurierschwanz«, der uns letztlich mit allen Tieren und allem Leben verbindet.

Unsere Träume zeigen unsere Verwandtschaft mit den Tieren sehr häufig.

Eine Frau träumt: »Ich bin zusammen mit einem Mann, dem ich mich nahe fühle, auf einem Grundstück mit Streuobstwiesen und schönen alten Bäumen. Wir schauen erfreut und belustigt einer Katze zu, die es sich in der Krone eines besonders schönen Baums gemütlich gemacht hat und sich dort räkelt. Das ist ein Lebens-gefühl!«

Die Frau konnte diesen Traum gleich mit ihrem momentanen see-lischen und körperlichen Zustand in Verbindung bringen. Sie spürte, die Katze war sie selbst, sie fühlte sich gerade sehr stimmig und auf dem Höhepunkt ihres Lebensgefühls (in der Krone des Lebensbau-mes!).

Die heilsame Wirkung von Haustieren auf uns ist seit langem bekannt. Sie werden oft als die »besseren Menschen« empfunden. Sie sind zuverlässig, treu, authentisch, beständig in ihrer Zuwen-dung, sie sind selten gekränkt und enttäuscht, haben keine Schwie-rigkeiten mit Körperkontakt und mit ihren körperlichen Bedürfnis-sen und sind bereit, mit uns »durch dick und dünn« zu gehen.

Wir sind Materie

Ähnlich schwer, wie unsere Tiernatur zu akzeptieren, fällt uns die Tatsache, anzunehmen, daß wir aus Materie bestehen. Wir wollen oft nicht wahrhaben, daß chemische, elektrische und physikalische Vor-gänge unsere Existenz tiefgreifend bestimmen, daß nur wenige Mikrogramm chemischer Substanzen – etwa von Hormonen oder Transmitterstoffen im Gehirn – über unser Glück oder Leid bestim-men können, über Leben und Tod, Krankheit und Gesundheit, über Sinn und Wahnsinn. Obwohl wir im Grunde gar nicht genau wissen, was diese wundersame Materie, aus der wir bestehen, genau ist und wie es kommen kann, daß aus ihr die ganze Welt und alles Leben ent-standen ist, tragen wir in uns fast unüberwindlich das uralte Vorur-teil, daß es eben »nur« Materie sei und damit etwas Niedriges und Geringes. Unter anderer Perspektive könnte es allerdings etwas sehr Aufregendes und Großartiges sein, wenn wir uns zugestehen könnten, daß wir buchstäblich aus dem Staub der Erde und der Ener-gie der Sterne gemacht sind, daß wir unseren Ursprung bis zum Anfang aller Zeiten zurückverfolgen können und daß wir – auch wie-der ganz real aufgefaßt – eine Inkarnation (Fleischwerdung) des Uni-

versums und der Erde sind. Dazu aber wird es nötig sein, daß wir die
»Materie« (das Wort leitet sich ja schließlich aus mater, Mutter ab)
und die Erde aus ihrer Abwertung erlösen und sie tatsächlich als
unseren Ursprung, als unsere Geburtsstätte, als unsere wahre Heimat erkennen und feiern.

Die Macht des Unbewußten

Ein letzter hier dargestellter Grund für die Abwertung des Erdhaften
und Körperlichen ist die mit ihr aufs engste verbundene Dimension
des Unbewußten. Unserer heroischen Auffassung, »Herr im eigenen Haus« zu sein, alles machen und kontrollieren zu können,
scheint es schwer erträglich zu sein, daß sich weiteste Bereiche
unserer Existenz unserem bewußten Wollen und Zugriff entziehen.
Sigmund Freud sprach in diesem Zusammenhang von der dritten
großen Kränkung, die die Menschheit erlitten hätte – neben der
kopernikanischen Wende, der Einsicht also, daß die Erde und damit
der Mensch nicht Mittelpunkt des Universums ist, und der beschriebenen Tatsache der evolutionären Entwicklung. Und selbst er, einer
der großen Pioniere in der Erforschung des Unbewußten, scheint
noch eine viel zu kleine Vorstellung von den Ausmaßen der unbewußten Dimensionen in uns gehabt zu haben. Abgesehen von einigen »archaischen Resten«, die in uns schlummerten, hielt er es für
prinzipiell möglich, das Unbewußte bewußt zu machen, was natürlich nach heutigem Verständnis ganz und gar unmöglich ist.

Um sich eine ahnungsweise Vorstellung vom ganzen Ausmaß des
Unbewußten zu machen, kann man sich vor Augen führen, daß der
ganze evolutionäre Prozeß in seinen millionenfachen Lebensarten
und -formen zum allergrößten Teil unbewußt verlaufen ist. Alle Pflanzen, Tiere bis hinauf zum heutigen Menschen mit seinem überaus
intelligenten Organismus und dem Wunderwerk Gehirn sind nicht
das Ergebnis einer bewußten Planung, sondern einer unbewußt verlaufenen Entwicklung. Alle unsere körperlichen Vorgänge, unsere
Sinne, unsere Fähigkeit, Gefühle, Gedanken, Wahrnehmungen und

Phantasien zu erleben, sind entstanden, ohne daß es etwas in uns gab, das davon etwas »wußte«. Erst mit der Entwicklung des Bewußtseins scheint sich die Evolution eine Möglichkeit geschaffen zu haben, sich selbst erkennen zu können. Ohne dieses bisher letzte und vielleicht großartigste Wunder der Evolution in seiner Bedeutsamkeit schmälern zu wollen – wir werden es gebührend im LOGOS-Kapitel würdigen –, müssen wir uns klarmachen, daß wir in jedem Augenblick unseres Lebens zum allergrößten Teil (vielleicht zu 90%, vielleicht zu 99% oder zu 99,99%) von unbewußten Abläufen bestimmt werden, selbst da, wo sie uns bewußt werden. Auch unsere bewußten Gedanken, Gefühle und Entscheidungen rufen wir nämlich nicht absichtlich gesteuert hervor, sondern sie entstehen in uns auf ihre eigene Weise.

Unsere Person wird in ihrem Sein und Verhalten nicht durch das Ich-Bewußtsein bestimmt, sondern es ist umgekehrt. Das Unbewußte ist die eigentliche Person, unser eigentliches, aber unbekanntes Wesen. Wir werden auf dieses Thema noch einmal im Kapitel über den MYSTOS-Faktor zurückkommen.

Mit den neuesten Ergebnissen der Hirnforschung wie auch der Evolutionsbiologie und Evolutionspsychologie wird auch deutlich, daß der Geist nicht freischwebend vom Himmel herab kam und sich mit dem Körper auf geheimnisvolle Weise verband. Er ist vielmehr ein letztes Produkt jener Intelligenz, die in der Natur und im Körperlichen seit Millionen von Jahren wirkt und den evolutionären Prozeß vorangetrieben hat. Der Geist war schon immer untrennbar mit dem Körperlichen verbunden. Ihm sind wir noch niemals unabhängig von etwas Körperlichem begegnet. Wir sind vergeistigte Materie oder materialisierte Geistigkeit. Der Geist kommt also nicht aus fernen Sphären »von oben«, viel eher von innen und von unten, wenn man diese räumlichen Kategorien verwenden will. Damit wird aber eine vollständige Umwertung des »Unteren«, des Unbewußten und des Körperlichen notwendig. Geist und Körper, Energie und Materie erscheinen heute als zwei Aspekte *eines* geheimnisvollen Mysteriums, wobei »die Seele das innerlich angeschaute Leben des Körpers und der Körper das äußerlich geoffenbarte Leben der Seele ist«

(C. G. Jung)[13]. Der Körper und die mit ihm verbundene Weisheit des Unbewußten enthält in sich das Wissen der gesamten Evolution, wenn auch nicht in einer bewußt zugänglichen, sondern eher in einer instinktiven, biologischen Weise, in der die Gene wirksam werden und der Körper arbeitet.

An einer Stelle beschreibt C. G. Jung das Wesen des Unbewußten so: »Könnte man das Unbewußte personifizieren, so wäre es ein kollektiver Mensch, jenseits der geschlechtlichen Besonderheit, jenseits von Jugend und Alter, von Geburt und Tod, und würde über die annähernd unsterbliche menschliche Erfahrung von ein bis zwei Millionen Jahren verfügen. Dieser Mensch wäre schlechthin erhaben über den Wechsel der Zeiten. Gegenwart würde ihm ebensoviel bedeuten wie irgendein Jahr im hundertsten Jahrtausend vor Christi Geburt, er wäre ein Träumer säkularer Träume, und er wäre ein unvergleichlicher Prognosensteller aufgrund seiner unermeßlichen Erfahrungen. Denn er hätte das Leben des Einzelnen, der Familien, der Stämme und Völker unzählige Male erlebt und besäße den Rhythmus des Werdens, Blühens und Vergehens im lebendigsten inneren Gefühle«[14]

Macht und Magie des Mondes

Die verborgene Weisheit und Dynamik des Unbewußten wurde in der Tradition oft auch durch den Mond symbolisiert. Während die Sonne das Tages-Bewußtsein und das Licht der rationalen Erkenntnis darstellte, wurde der Mond mit dem Nacht-Bewußtsein, dem Schöpferischen und dem Licht der intuitiven, mystischen Einsicht in Verbindung gebracht.

Zum Mond wie auch zur Dunkelheit und Nacht haben die Menschen seit jeher ein zwiespältiges Verhältnis gehabt. Unsere positiven Erfahrungen mit dem Mond hängen im wesentlichen damit zusammen, daß er als zunehmender Mond und als Vollmond mit seinem sanften Leuchten ein wenig Licht in die Dunkelheit der Nacht bringt. Die Dunkelheit war nicht nur für den frühen Menschen, sondern ist auch für uns heutige, oft etwas sehr Bedrohliches. Die Außenwelt wird unüberschaubar, wenn es dunkel wird, und die seelische Unterwelt des Unbewußten mit ihren »Geistern« und »Dämonen« beginnt eigentümlich rege zu werden. Alle möglichen Ängste, Befürchtungen, Konflikte, Phantasien und Träume werden lebendig. Je weniger Licht und klärendes, unterscheidendes Wach-Bewußtsein da ist, desto weniger können wir unterscheiden, ob es Realitäten oder reine »Hirngespinste« sind, die uns da beschäftigen. Wir alle kennen aus unserer Kindheit den angstvollen Ruf nach Licht, wenn wir aus dem Schlaf erwachten und die Schwärze der Nacht oder die dunkle Tiefe des Raums uns zu verschlingen drohte. Wie tröstlich konnte dann ein Lichtstrahl sein, der durch den Türspalt, das Schlüsselloch oder das Fenster fiel.

Ähnlich beruhigend mag dem frühen Menschen der Mondschein gewesen sein. In seinem fahlen, kühlen Licht konnte man sich wenigstens einen gewissen Überblick über die äußeren und inneren Vorgänge verschaffen. Es vermittelte einem ein angstfreieres, vielleicht sogar meditatives Eintauchen in die Welt der psychischen Phantasien und Bilder, in die Vorgänge des Unbewußten mit seinen eigentümlichen Symbolen, Stimmungen und Launen (das deutsche Wort Laune hängt mit dem lateinischen Wort für den Mond »luna« zusammen), weil ein gewisses Maß an Distanz und Orientierung aufrechterhalten werden konnte. Im Licht des Mondes wird uns ein teilweises Auf- und Hingeben des Ich-Bewußtseins an die Nachtseite und mystische Tiefendimension der Seele möglich. Wir können besser nach innen gehen. Wir werden offen, ansprechbar, empfänglich für das, was dort keimt, wächst und geboren werden will. Dieses Eintauchen in die mondhaften »Wasser« des Unbewußten wird besonders auch von liebenden Menschen ersehnt – man denke an das romantische Symbolbild vom Rendezvous des verliebten Paares im Mondenschein –, weil es ihnen ihre tiefe Sehnsucht nach Rückkehr in die Einheit, nach Verschmelzung und Vereinigung stillt.

Dieser Sachverhalt und auch die schon früh beobachtete Übereinstimmung des weiblichen Menstruationszyklus mit dem Mond-Zyklus ließen den Mond (oder eigentlich besser: die Mondin) zum

Symbol der Großen Mutter und der Gottheit des schöpferischen Lebens, der Vegetation, des Wachsens, Werdens und Vergehens, der Fruchtbarkeit, der Fortpflanzung, der Schwangerschaft und Geburt, aber auch des Todes werden. Gerade die abnehmende und dunkle Schwarz-Mond-Phase, in der der Mensch von allem Licht verlassen und der Dunkelheit unbarmherzig ausgeliefert ist, wenn nicht wenigstens noch die gütigen anderen Gestirne am Himmel ein bißchen Hoffnung schenken, wurde ihm auch zu einer Zeit des Schrekkens, des Wahns, des Sterbens und des Todes. Mitternacht, die dunkelste Zeit des Tages, war deshalb auch die Zeit der Geister, der schwarzen Magie, des bösen Zaubers, der Hexen- und Teufelskulte.

Die Dunkelheit, die wir häufig mit dem Nichts, der Auslöschung, dem Tod verbinden, erscheint aber nur unserem Ich-Bewußtsein so gefährlich. Das meiste nämlich an lebenswichtigen und lebensförderlichen Vorgängen geschieht in der Dunkelheit des Unbewußten: Empfängnis, Schwangerschaft wie auch alle anderen Körpervorgänge verlaufen im Dunklen, selbst das Gehirn befindet sich im dunklen Kopf, in den nie ein Lichtstrahl hineinfällt, und wenn es doch einmal geschieht, dann bedeutet es meist nichts Gutes. Der größte und wichtigste Teil unserer Existenz spielt sich also in gewisser Hinsicht im Dunklen ab, und wir tun gut daran, unsere Einstellung zu dieser Tatsache neu zu überdenken.

Im Vergleich zu einem mehr »solaren«, sonnenhaften LOGOS-Bewußtsein, dessen Fähigkeit eher im Unterscheiden, Einordnen, Systematisieren, Abstrahieren und zielgerichteten Denken besteht, liegt das Schöpferische des »lunaren«, mondhaften BIOS-Bewußtseins mehr im ständigen Beschäftigen und Umkreisen eines Themas, im Hin- und Herbewegen, im Warten-Müssen und Abwarten-Können, bis die Zeit erfüllt ist, im Einwirken- und Aufgehen-Lassen. Die Erneuerung, Heilung oder Wandlung findet nach ihren eigenen Gesetzmäßigkeiten im verborgenen, in der Dunkelheit und Stille oder im Schlaf statt und ist dann auf einmal da – oder nicht.

Die Energie des Lebendigen

Die dauernd wechselnden Phasen des Mondes haben eine unmittelbare Entsprechung zu der Vorstellung im chinesischen Taoismus, daß das Universum wie das Leben auf der Erde ihren eigenen, unerkennbaren inneren Prozeß und ihren eigenen Rhythmus haben und daß es die gesündeste Einstellung ist, wenn man diesem »Lauf des Wassers«, dem Strömen des TAO folgt. Entgegen allen Befürchtungen vieler Menschen, man würde dann in faules Nichtstun, ein bloßes Dahintreiben, in eine Gleichgültigkeit und Langeweile verfallen – eine Befürchtung, die auf Unverständnis und einem mangelnden Vertrauen auf ihre innere Selbstregulation beruht –, kann das Leben viel überraschender, lebendiger, kreativer und sinnerfüllter sein, wenn man es wagt, loszulassen und sich mehr seinen spontanen Impulsen anzuvertrauen. Das TAO und sein Fließen ist ja wie das Leben und die Natur auch: mal ruhig und träge, mal dynamisch und ekstatisch, mal leicht, mal anstrengend. Und eine der typischen Erscheinungsformen des Lebens ist ja die Bewegung. Wir fühlen uns dann am besten, wenn wir aktiv sein können und eine befriedigende Aufgabe zu erfüllen haben. Und da uns das unbewußte Leben ohnehin schon immer motiviert und steuert, werden wir auch weiterhin das tun, was uns wichtig ist, nur eben gelassener, befreiter und spontaner. Wir verlieren nichts, sondern gewinnen alles, nämlich ursprüngliche Lebendigkeit.

Wie sich das anfühlen kann, zeigt folgender Traum eines 40jährigen Mannes: »Eine große, kräftige, männliche Gestalt führt mich an einen fremden Platz. Es ist ein ›heiliger Ort‹, ich spüre seine Energie in meinem Körper vibrieren. Ich bewege mich im Kreis und fühle mich von der Energie erfüllt und getragen. Es ist ein ekstatisches Gefühl. Ich spüre: diese Energie will mich heil machen. Ich habe das wunderbare Gefühl, vollkommen zu sein, nichts weiteres mehr zu brauchen. Alles, was ich brauche, ist diese Lebenskraft, dieses Lebendigsein. Beglückt wache ich auf.« Ein solches Gefühl können wir haben, wenn wir in unserem Leben am richtigen Platz stehen und die uns wirklich entsprechende Aufgabe erfüllen.

Der Kelch und das Wasser des Lebens

Die Sehnsucht nach einer vollen Erfahrung des Lebendigseins versinnbildlicht sich auch im verbreiteten Märchenmotiv vom Wasser des Lebens oder dem Symbol des »Heiligen Gral«, jenem Kelch, in dem sich der Sage nach das Blut Christi befindet. Das Gefäß, die Schale, der Kelch und der Behälter allgemein sind zentrale Symbole des BIOS. Sie symbolisieren das Umfassende, das Enthaltende und sind damit mikrokosmische Entsprechungen des Welt-Alls, des Makrokosmos, in dem sich die schöpferische Fülle des Lebens latent befindet und aus der sie hervorkommt. Die körperliche Entsprechung dazu ist insbesondere der Bauch, die Scheide, die Gebärmutter (uterus). Das Blut ist reine Lebensessenz. Insofern es beim heiligen Gral der Überlieferung nach von Christus stammt, ist es die göttliche Essenz schlechthin. Der Wein, der aus dem Kelch bei der Messe getrunken wird, repräsentiert zwar das Blut Christi, verbindet aber zugleich – wohl unbeabsichtigt – mit einer anderen Gottheit, die im Umfeld des BIOS auch wichtig ist: Dionysos, dem griechischen Gott des Weines, der Ekstase und der Leidenschaft. Lebendigkeit und Leidenschaft, BIOS und EROS gehören auf engste zusammen, wenn vielleicht auch nicht unbedingt im Christentum.

Die Brust

Ein anderer »Behälter« mit kostbarer, lebenspendender Essenz ist die weibliche Brust, mit der wir uns schon ein wenig im EROS-Kapitel beschäftigt haben. Ihre Milch ist Lebens-Nahrung im konkreten wie symbolischen Sinn. Wachstum, Heilung, Gesundheit und Schönheit, Weisheit und Macht wurden seit jeher mit ihr verbunden. Brüste schenken darüber hinaus Innigkeit, Vertrautheit, Geborgenheit, Wärme, Weichheit, Schutz, Trost. Sie überwinden trennende Distanzen, sie erzeugen Nähe, Verbundenheit, Vereinigung, Verschmelzung, die Erfahrung der Einheitswirklichkeit.

Eine Frau, die eine längere Zeit in einem ambivalenten Verhältnis zu ihrem sinnlichen Körper und ihren Brüsten stand, träumte: »Ein unbekannter kleiner Junge will an meinen Brüsten saugen. Ich denke zuerst, das darf nicht sein, das führt zu weit, es ist ja ein fremdes Kind! Dann denke ich aber: ›Was soll der Geiz?‹ und entscheide mich, ihn saugen und trinken zu lassen. Ich bin glücklich dabei: Ich verschenke und fühle mich beschenkt.«

Seither ist es für sie ermutigend und befreiend geworden, sich in Momenten, wo sie sich nicht recht traut, ihre Fülle zum Ausdruck zu bringen, zu sagen: »Was soll der Geiz?« Den Traum deutet sie so: »Es geht mir immer dann gut, wenn ich meine Fülle leben kann, mein übersprudelndes Wesen, meine Spontaneität, meine Lebensfreude und Vitalität, meine Sinnlichkeit und erotische Lust. Es geht mir schlecht, wenn es nicht fließt. Ich fühle mich dann wie bei Frau Holle, wenn das Brot im Backofen herausgeholt werden will, weil es fertig ist, oder wenn der Apfelbaum voller Äpfel ist und geschüttelt werden will. Es ist schrecklich, wenn ich die Fülle in mir spüre und es mir nicht möglich ist, sie zu leben.«

Die Schlange

Ein anderes Symbol der Energie des Lebendigen ist die Schlange. Die Schlange wird u. a. als ein Attribut der Großen Göttin aufgefaßt. Als hochambivalente Energie und ursprüngliche Instinkt-Natur, die in der Erde lebt, von dort in unberechenbarer Weise hervorstößt und den Tod bringen kann, ist sie gleichzeitig auch, da sie periodisch ihre Haut erneuert, Auferstehung, Leben und Wandlung. Sie ist weiblich und männlich-phallisch, das Licht der Weisheit und die Finsternis zugleich. In der uranfänglichen Kreisschlange ist sie der ewig kreisende und sich durch die Äonen hindurchbewegende Lebensstrom des Werdens und Vergehens. Wie eng Leben und Tod, Vernichtung und Neugeburt im Bereich des BIOS zusammengehören, zeigt die folgende mystischer Erfahrung einer Akademikerin, Mutter von drei Kindern, die sie mit LSD gemacht hatte, dem Zufallsfund eines modernen Alchimisten, des Chemikers Albert Hoffmann, der wir –

trotz aller problematischen Aspekte dieser Substanz – viele wesentliche Einsichten in den Kosmos der Psyche verdanken[15]:

Dann fing ein komplexer Kreislauf des Lachens und der Tränen an; das Lachen ging gewöhnlich mit einem Öffnen der Arme und Beine einher, das Weinen mit einem Zusammenziehen und Zumachen des Körpers. Ich ging durch zahllose Menschheitsepochen in der Zeit zurück, erlebte in meinem Körper zahllose Geburts-, Todes- und Wiedergeburtskreisläufe. Ich fand mich in verschiedenen Weltteilen wieder (vor allem Europa), eher mit einfachen Bauern und Handwerkern zusammen als mit Königen und Adligen. Ich wurde beerdigt und beerdigte andere, die mir lieb gewesen waren, bekam die Augenlider zugedrückt und die Arme über der Brust gekreuzt oder vollzog dieses Ritual an anderen. Der schmucklose Holzkasten wird in das Grab hinuntergelassen, die Erde wird darüber geworfen, die Trauernden klagen. Dann bin ich eine Frau, die gebiert oder Geburtshilfe leistet. Da ist der Schrei des neugeborenen Kindes, das kreisförmige Schließen der Mutterarme, um das Kind an die Brust zu ziehen. Geburtsschreie und Todesrasseln vermischen sich innerhalb eines Augenblicks. Mir wird bewußt, daß mein eigener Ort in dem rhythmischen Muster von Tod und Geburt nur ein bewegtes Nu ist – und das ist mehr als genug. Das Gefühl der Einheit mit dem All, mit dem durch die Gesamtheit meines Körper-Selbst erlebten Prozeß von Geburt und Tod, überschwemmt mich gnadenvoll. Es ist, als ob ich ein derart kostbares Geschenk erhalten hätte, daß ich nie wieder fragen müßte: »Was ist der Sinn meines Lebens«?[16]

Auch die Kundalini-Schlange im indischen Tantrismus repräsentiert die reine Lebensenergie. Dort stellt man sich vor, daß in jedem Menschen ein psychisches Potential schlummert, das zunächst in den Chakren (psychische Zentren) nur latent und unbewußt vorhanden ist. Im unerweckten Zustand symbolisiert sich diese Energie als Schlange, die zusammengerollt am unteren Ende der Wirbelsäule, dem niedrigsten »Chakra« liegt. Durch bestimmte meditative Übungen konzentriert sich der Übende, von unten nach oben vorgehend, auf die einzelnen Chakren und vergegenwärtigt sie sich körperlich. Dadurch wird die »Schlangenkraft« geweckt und aktiviert. Ihre feurige Energie steigt auf. Sie belebt die Chakren und die damit verbundenen Persönlichkeitsbereiche und Komplexfelder und »brennt« in ihnen alle »Schlacken« und »Unreinheiten« weg, die einem vollständigen Funktionieren und einer völligen »Entfaltung« der »Blüten« der Chakren oder dem »Rotieren der Energieräder« der Chakren im Wege stehen. Die aufsteigende Schlangenenergie vereinigt sich schließlich mit dem spirituellen Bewußtsein im obersten Chakra, wodurch es zur Erleuchtungserfahrung kommt.

Tiefenpsychologisch gesehen handelt es sich bei der Aktivierung der Kundalini-Schlange um die Aktivierung tiefster Schichten des Unbewußten und um die Auseinandersetzung mit zentralen archetypischen Komplex- und Konfliktfeldern: Muladhara, das unterste Chakra, repräsentiert die Erde und Materie, den BIOS. Hier liegt die Urenergie, die Lebenskraft, die Libido, hier sind die Grundbedürfnisse des Lebens und Überlebens angesiedelt (Selbsterhaltung, Sicherheit, Nahrung, Schlaf, Bewegung, Vitalität, Energie etc.); es ist das Bewußtseinsniveau des unreflektierten, automatischen, animalischen alltäglichen Lebens. Aus diesem Zustand gilt es nun, die Kundalini-Energieschlange zu wecken und zu höherer Bewußtheit aufzusteigen. Das zweite Chakra, Svadhisthana, befindet sich auf der Höhe der Genitalien und ist deshalb hauptsächlich mit der Sexualität und entsprechenden Triebregungen und Phantasien verbunden. Insofern im sexuellen Trieb auch tiefe Sehnsüchte nach Vereinigung mit dem Gegengeschlechtlichen und dem Transpersonalen enthalten sind, beginnen sich hier schon spätere Aspekte der Individuation anzudeuten, wenn auch noch auf einer ganz elementaren und triebhaften Ebene (BIOS, EROS). Im dritten Chakra, Manipura, das der Bauchregion und dem Sonnengeflecht zugeordnet ist, sind elementare Selbsterhaltungsbedürfnisse und Affekte lokalisiert (Haben, Besitzen, Macht, Agression; BIOS, HEROS). Das vierte (Herz-) Chakra, Anahata, nimmt eine Mittelstellung zwischen oben und unten ein. Es steht für Einfühlung, Mitgefühl und Zuneigung (EROS). Das fünfte (Kehlkopf-)Chakra, Visuddha, repräsentiert die Welt der Sprache, der Kommunikation und der Gedanken (LOGOS) und das sechste, Ajna, höhere psychische Fähigkeiten, Intuition und veränderte, geistige Bewußtseinszustände (Stirn, zwischen den Augenbrauen, das »dritte Auge«; LOGOS, MYSTOS). Sahasrara, das siebte Chakra schließlich, das im Gehirn oder auf dem Scheitel ange-siedelt wird, ist mit höchsten Erleuchtungszuständen und transzen-denten Erfahrungen verbunden (MYSTOS). Im Aufsteigen verbin-det die Kundalini-Schlange das Unterste mit dem Obersten und läßt die körperlichgeistige Ganzheit und Einheit des Menschen offenbar werden.

Schattenaspekte des BIOS

BIOS hat natürlich auch, wie alle anderen Prinzipien und wie in der Schlange schon angedeutet, seine dunklen, destruktiven, zerstöreri-schen Seiten. Die Natur, die in unglaublicher Fülle und Verschwen-dung das Leben hervorbringt, geht mit dem in die Welt gesetzten Leben oft sehr gleichgültig, hart und grausam um. Denken wir an das unermeßliche Leid, die vielen Schmerzen, die durch das ewige Fressen und Gefressenwerden, den ewigen Kampf ums Überleben, die unzähligen Krankheiten, die vernichtenden Katastrophen durch Kälte, Hitze, Feuer, Wasser, Sturm, Erdbeben entstehen. Auch der kollektive Massenvernichtungswahn und Blutrausch, der immer wieder über die Erde hinweggefegt ist, gehört in diesen Bereich. Sol-daten und Krieger sind dann keine wirklichen Helden, denen es um Freiheit, Gerechtigkeit und Frieden geht, sondern sie erscheinen ergriffen von der elementaren Gewalt des blinden Überleben-Wol-lens und Zerstörens, der reinen wütenden Urnatur in uns.

Oder denken wir an die vielen traumatischen Erfahrungen der Kindheit, in denen sich statt der ersehnten guten Mutter nur die furchtbare Todesmutter zeigte als gleichgültige, verlassende, demü-tigende, mißbrauchende, mißhandelnde Mütter und Väter. In vielen

Mythen und Märchen hat sich diese zerstörerische Seite dargestellt als verschlingende, giftige Schlangen und Drachen, als vielarmig in die Tiefe des Abgrundes herabziehende Kraken, als Spinnen, in deren Netz man hilflos zappelt, als böse Hexe und Zauberin, die böse Stiefmutter und in besonders eindrucksvoller Form als die indische Göttin Kali. Auch starke unbewußte Triebe, Affekte und Süchte, denen man sich hilflos ausgeliefert fühlt und mit denen man sich selbst und anderen Menschen Schaden zufügt, lassen die eigene Seele unter der Dominanz der furchtbaren Großen Mutter erscheinen. Hier wäre man froh, man hätte das Schwert des HEROS, mit dem man dem Ungeheuer den gierigen Kopf abgeschlagen könnte, um sich von dem Alptraum der Umschlingung durch die Kraft des BIOS zu befreien, oder es gäbe die klärende Einsicht des LOGOS, die aus dem Zauberbann erlöst.

Der BIOS-orientierte Persönlichkeits- und Lebensstil

BIOS-orientierte Menschen haben ein gesundes Verhältnis zur Natur, zum Körperlichen und Materiellen. Sie stehen mit »beiden Beinen fest auf dem Boden«, sind Realisten und verlassen sich überwiegend auf das, was sie mit ihren fünf Sinnen erfassen können und was sie aus eigener Erfahrung kennen. Für sie zählen vor allem die Fakten und die Praxis.

Weniger interessieren sie sich für abstrakte Theorien und geistige Höhenflüge, die sie schnell als »Phantastereien«, »Schäume« und »brotlose Kunst« abtun. Sie interessieren sich selten für eine haarfeine Analyse der Gegebenheiten. Sie suchen eher eine konkrete, praktikable Lösung, die oft überraschend und erstaunlich originell sein kann, weil ihnen Idealvorstellungen und Theorien bei ihrer Lösungsfindung nicht im Wege sind. Ihre Lösungen stammen aus einer lebensklugen, instinktiven Weisheit. Sie sind vital, lebensfroh, kraftvoll, unkompliziert und direkt. Sie nehmen die Dinge, wie sie sind, auch die im normalen Leben auftauchenden Konflikte und Widersprüche, wodurch sie großzügig und tolerant sein können, auch sich selbst gegenüber. Sie sind zuverlässig, ruhig, geduldig, friedfertig, beständig, konsequent und bereit, Verantwortung auf sich zu nehmen und zu tragen. Sie sind Menschen, auf die man »bauen« kann und in deren Gegenwart man sich geborgen und sicher fühlen kann. Sie sind da, wenn man sie braucht.

Sie bevorzugen das Elementare, Regelmäßige und das Traditionelle. Sie fühlen sich wohl, wenn sie in Übereinstimmung mit dem leben, wie die Menschen schon immer gelebt haben. Sie interessieren sich für alles, was sie unmittelbar mit ihren Sinnen wahrnehmen können: die Natur, Landschaften, körperliche, »handfeste« Aktivitäten, Fitneß, Sport, Sexualität, gutes Essen, für anregende Unterhaltung, Kino, Fernsehen. Sie gehen gerne mit Werkzeugen und Materialien um, mit denen sich etwas praktisch herstellen läßt. Ihnen ist Besitz wichtig, und sie sind bereit, für die materielle Basis und Sicherheit ihrer Existenz (Familie, Haus, Geld) viel zu investieren. Zu ihrem Körper haben sie ein unproblematisches, teilweise unbewußtes Verhältnis, das aus der Selbstverständlichkeit heraus stammt, mit dem sie in ihrem Körper sind. Sie machen sich nicht viele Gedanken über ihr Aussehen und ihre Gesundheit, sondern reagieren auf ihn instinktiv nur dann verstärkt, wenn etwas nicht stimmt. Sie mißtrauen der Apparate-Medizin und vertrauen lieber der Weisheit der Natur, die alles selbst heilt.

In der Gestaltung ihrer Wohn- und Arbeitsräume werden BIOS-Menschen warme pastellige, goldene, braune und grüne (Natur-) Farbtöne, die eine entspannende Wirkung haben, bevorzugen. Die Einrichtung wird gemütlich sein, vielleicht haben sie eine Küche, wie einige von uns sie als »Omas Wohnküche« oder »gemütlichen Familientreffpunkt« in Erinnerung haben, und in Wohn- und Schlafzimmer wird es viel Gelegenheit zum Entspannen, Träumen, Phantasieren geben. Eine Geborgenheit, Sicherheit und physische wie psychische Nahrung spendende Gute Mutter scheint im Hintergrund zu wirken.

BIOS-Menschen können mit Leib und Seele Mütter und Väter, Hausfrauen und Hausmänner sein. Sie sind als Handwerker und Gärtner, Landschaftsgestalter, Bauern, Köche oder überhaupt in der

Nahrungsmittelbranche und im Gaststätten- und Hotelbereich anzutreffen.

Wenn der HEROS mehr betont ist, geht ihnen die Arbeit, das »Schaffen« und die kämpferische Verwirklichung von konkreten Projekten über alles. Sie können dann ihre Wünsche und Vorstellungen zielstrebig und hartnäckig umsetzen, beispielsweise als Organisatoren oder Manager. Ist die Beziehung zum HEROS gestört, fehlt die vorantreibende Energie und Durchhaltekraft. Schwere und Trägheit könnten dominieren und zur Faulheit, Unbeweglichkeit, Passivität führen, in der alles mehr oder weniger so hingenommen wird, wie es ist. Eine andere Folge könnten Ungeduld, rasche Frustration und Gereiztheit sein, wenn die Dinge nicht gleich so laufen, wie sie sollten. Die Angst, Sicherheit, Besitz und gesellschaftliche Position zu verlieren, könnten so stark werden, daß sie alle Veränderungsimpulse schon im Keim ersticken.

Wenn die Beziehung zum LOGOS gut ist, sind sie sorgfältige Denker, denen die konkrete Erfahrung vor allem wichtig ist (»Empiriker«), und genaue Planer, Manager, Konstrukteure und Organisatoren, arbeiten gern in den Arbeitsfeldern Technologie, Konstruktion und Produktion oder auch als Ingenieure und Architekten. Eine gestörte Beziehung zum LOGOS zeigt sich in einem fehlenden Interesse für die unendlichen Weiten des Geistigen und Intuitiven. Es reicht ihnen aus, sich selbst, ihr Verhalten und die Welt nach relativ einfachen, meist schwarz-weiß gestrickten Vorstellungen zu verstehen. Sie neigen dann zu fundamentalistischen, egozentrischen, nicht sehr differenzierten Meinungen, in denen klar ist, wer die guten und die bösen Menschen und was die richtigen und die falschen Verhaltensweisen sind. Sie halten sich an dogmatische, meist sehr konkret und buchstabengetreu aufgefaßte Glaubenssysteme. Engstirnigkeit, Dickköpfigkeit und fehlende Weitsicht nehmen anderen Menschen in ihrer Gegenwart dann oft die (geistige) Luft zum Atmen.

Wenn sie einen guten Zugang zu EROS haben, können sie wahre Lebenskünstler sein, die gern mit anderen Menschen zusammen sind, um die sinnlichen Freuden und die Schönheiten des Lebens zu genießen. Berufe aus dem touristischen Bereich, der Freizeitgestaltung und bestimmte kulturelle Tätigkeiten passen dann gut zu ihnen. Mit etwas anderer Färbung wählen sie pädagogische, soziale, pflegerische, therapeutische Berufe.

Die Schattenseiten einer starken BIOS-Betonung liegen vor allem in der Tendenz zu übermäßigem Materialismus, zur Gleichförmigkeit, Schwere und Trägheit. Wenn nun die Beziehung zum EROS gestört ist, dann darf die Arbeit auch keine Freude und kein Vergnügen sein, die Schönheit des Lebens, dem man ja eigentlich treu ergeben ist, darf nicht gesehen und genossen werden. Die Sexualität dient nur der Fortpflanzung, der andere Mensch ist nur interessant, solange er zu etwas nützlich ist und etwas Ordentliches leistet. Es fehlt die kindliche, spielerische Leichtigkeit, alles muß zweckvoll sein, es muß etwas Sinnvolles herauskommen. Aus der fehlenden Lebensfreude und Emotionalität und der übermäßigen Ernsthaftigkeit und Verantwortungsschwere können sich Schwermut, Melancholie, Depressionen und psychosomatische Störungen, auch ein Burnout-Syndrom (»ausgebrannt sein«) entwickeln, das insbesondere für Helfer-Typen symptomatisch ist, die sich für andere verausgaben und wenig an sich selbst und ihr eigenes Wohlfühlen und Wohlergehen denken.

Wenn BIOS-orientierte Menschen eine gute Beziehung zum MYSTOS haben, fühlen sie sich mit der Erde, der Natur, den Lebewesen sehr verbunden. Sie erleben sich als Teil des Universums und lieben es, ihr Leben in Übereinstimmung mit den natürlichen Rhythmen des Daseins zu führen. Sie fühlen sich beispielsweise von matriarchalen Kulturen, Naturreligionen, dem Schamanismus, dem Hexenkult oder auch dem Taoismus angezogen. Ein fehlender Bezug zum MYSTOS kann ihrem Leben eine übermäßige Härte, Schwere und das Gefühl der Sinn- und Nutzlosigkeit verleihen. Sie finden dann aus ihren festgefahren Geleisen, ihrem dauernden Müssen und Sollen nicht mehr heraus, und ihr Leben erschöpft sich in der verantwortungsbewußten Erfüllung ihrer Pflichten. »Und wenn es köstlich war, ist es Mühe und Arbeit gewesen«[17].

BIOS in Selbsterfahrung und Therapie

Der BIOS ist die Basis jeder hilfreichen Beziehung, in der es um Betreuung, Unterstützung, Heilung, Regeneration, Genesung geht, sowohl im sozialen Bereich, im Bereich der Kranken- und Altenpflege als auch im Bereich seelischer Begleitung und Entwicklung.

Hier kommt es immer darauf an, daß der Mensch einen Ort findet, an dem er einerseits ungestört krank sein kann, in diesem Kranksein und der damit verbundenen Hilflosigkeit, Abhängigkeit und Schwäche angenommen wird und ausreichend Raum und Zeit findet, nach den Möglichkeiten seiner inneren Natur zu genesen (oder auch zu sterben).

In einer solchen Situation, die vom Archetyp der Guten Mutter geprägt ist, werden die Grundbedürfnisse des Menschen nach körperlicher Versorgung, nach Sicherheit, Schutz, Wärme, Geborgenheit, Zugehörigkeit und Symbiose angesprochen und befriedigt.

Helfer, die sich in bezug auf ihre Haltung vom BIOS leiten lassen, verstehen ihre Rolle häufig in Analogie zu Mutter-Kind-Beziehungen, zu Geburtshelferinnen und Ammen, zu Gärtnerinnen, die das, was wachsen will, hegen und pflegen. Sie vertrauen auf die Selbstheilungskräfte des Organismus und des Unbewußten, und sie sehen ihre Funktion vor allem darin, einen heilenden Raum – real und psychisch verstanden – herzustellen, in dem der Patient ohne allzu viele Regeln, Vorschriften und Einschränkungen einen individuellen Zugang zu diesen Selbstheilungskräften finden kann. Sie fühlen sich in die Klienten ein, akzeptieren sie in ihrer jeweiligen Eigenart, versuchen sie emotional zu verstehen und fördern eine vertrauensvolle Regression in frühkindliche Erlebensbereiche. Sie unterstützen darin, einen Kontakt mit der Weisheit des Körpers, dem »Tier in uns« und dem »Inneren Kind« aufzubauen.

Im modernen psychoanalytischen Sprachgebrauch hat sich der Begriff containment für eine solche mütterliche Haltung entwickelt. Damit ist die Auffassung verbunden, es sei eine wichtige Funktion des Helfers, die konflikthaften, ambivalenten, unerträglichen Aspekte und Affekte des Patienten wie in einem Gefäß in sich aufzunehmen, auszuhalten, zu bewahren, zu entgiften, zu verdauen und ihm in reiferer Form wieder zugänglich zu machen. Durch dieses geduldige Umgehen mit den negativen Aspekten des Klienten erfährt dieser die Kraft der »Guten Mutter«, die von solchen Aspekten nicht zerstört wird und nicht die Beziehung abbricht, sondern sie gut integrieren kann. Er lernt am Modell der realen Beziehung, wie man mit solchen Affekten und negativen Schattenseiten konstruktiv umgeht.

Eine BIOS-orientierte Haltung wird besonders in einfühlungsorientierten und regressionsfördernden Selbsterfahrungs- und Therapieformen, die meist auf eine längere Zeit hin angelegt sind, eingenommen (z. B. neuere analytische, tiefenpsychologische Richtungen, Gesprächspsychotherapie, körperorientierte Verfahren). Sie findet sich besonders auch in Kinder- und Jugendlichenpsychotherapien. In Kliniken und Gruppentherapien, in denen Zeit, Raum und Vertrauen gegeben sind, sich den anderen Teilnehmern gegenüber zu öffnen und aufrichtiges Mitgefühl zu erfahren, werden der Kreis der Gemeinschaft und das sich darin entfaltende Wir-Gefühl häufig als eine Geborgenheit, Sicherheit und seelische Nahrung spendende Gute Mutter erfahren.

Der Einbezug des Körpers in die Psychotherapie ist lange Zeit auf große Widerstände gestoßen, insbesondere bei LOGOS-orientierten Therapieformen, wie z. B. der klassischen Psychoanalyse. Körperlicher Kontakt zwischen Therapeut und Klient, etwa eine tröstende Umarmung, war praktisch tabu. Dies ist bemerkenswert, denn in sonstigen Bereichen der Medizin und Krankenpflege ist der Umgang mit dem Körper selbstverständlich. Auch wenn in der medizinischen Behandlung eher ein sachlich symptomorientierter Körperkontakt im Vordergrund steht, würde es in manchen existentiellen Notsituationen, wie z. B. bei schweren Ängsten, Schmerzen, Verlust-, Trauer- und Sterbeerfahrungen von Patienten und auch von Ärzten als unmenschlich oder sadistisch empfunden werden, wenn körperliche Gesten menschlicher Anteilnahme wie z. B. die Hand halten, in den Arm nehmen, den Kopf tröstend streicheln ausblieben.

Diese Schwierigkeiten im Umgang mit dem Körper in der Psychotherapie scheinen Ausdruck einer Fixierung im Bereich des LOGOS zu sein, hinter der sich tiefsitzende Ängste vor dem BIOS und dem EROS verbergen. Die Angst vor der körperlichen »Be-Handlung« als eines möglichen Aspekts in der Psychotherapie könnte somit Ausdruck einer Angst vor der Berührung mit dieser dunklen, »chthonischen«, triebhaften, sexuellen Lebenskraft sein.

Die meisten Therapierichtungen haben heute Ansätze für einen besseren und selbstverständlicheren Umgang mit dem Körper und der Berührung entwickelt. Es geht mehr um ein vorsichtiges Wahrnehmen und Hineinspüren, um ein einfühlsames Mitgehen, um ein tastendes Verstehenwollen, was sich in körperlichen Symptomen, Reaktionen und spontanen Gesten offenbaren will. Während das Unbewußte früher hauptsächlich als seelisch aufgefaßt wurde, lernt man immer mehr, auch den Körper als umfassenden Ausdruck des Unbewußten anzusehen. Man wird die alten, einseitigen Vorstellungen davon, daß die Psyche körperliche Symptome hervorrufen könne, ergänzen müssen durch die Einsicht, daß auch körperliche Vorgänge psychische Symptome hervorrufen können und bei vielen bislang als überwiegend psychisch verursacht angesehenen Symptomen möglicherweise sogar den Vorrang haben.

Ein bereits beschriebener Schattenaspekt des Archetyps der Großen Mutter ist ihre festhaltende, verschlingende, »kastrierende« Seite, welche Ablösung, Autonomie und Individuation verhindert. Ein allzu mütterlicher, verwöhnender Stil in der therapeutischen Arbeit mit Menschen unterliegt der Gefahr, sie »klein« zu halten. Dies besonders dann, wenn der Helfer in der Mutter-Kind-Position eigene unerfüllte Bedürfnisse befriedigt und die Abhängigkeit des Klienten genießt. Durch die relative Hilflosigkeit des Klienten können Therapeuten sehr leicht ihr Bedürfnis nach Macht, Dominanz, Überlegenheit mehr oder weniger offen realisieren. Sie kontrollieren und bestimmen die Begegnung weitgehend, sie können den Klienten durch Manipulationen, Interpretationen, Ratschläge und Anweisungen dazu bringen, daß er das tut, was ihren heimlichen eigenen Bedürfnissen entspricht. Das Ausgeliefertsein und die Schwäche des Klienten können das Selbstwertgefühl der Therapeuten so stärken, daß sie sich tatsächlich für eine allmächtige große Mutter oder Vater halten.

Menschen in sozialen, therapeutischen und seelsorgerischen Berufen – besonders dann, wenn sie sich mit dem Mutterarchetyp identifizieren – haben oft gelernt, eigene Bedürfnisse zugunsten von Bedürfnissen anderer zurückzustellen, sich um andere zu kümmern und darin ihren Sinn zu sehen. Oft bemühen sie sich, aufgrund hoher innerer Idealvorstellungen, besonders reif, erwachsen und vernünftig zu sein. Sie müssen ihre eigene Schwäche, Fehlerhaftigkeit, Hilflosigkeit, ihr Verletztsein und ihre Einsamkeit häufig abwehren, sie dürfen nichts von ihrer Sehnsucht nach Anerkennung, Bestätigung, Kontakt, Kommunikation, Zuwendung und Liebe wahrnehmen. Diese werden dann bei den anderen Menschen umso deutlicher gesehen und »bearbeitet«. Es sind die anderen, denen man dringend zum besseren Leben verhelfen muß. So werden sie zu verfolgenden Helfern, die bei ihren Klienten und Mitmenschen überall nur Mängel und Fehler, Schwächen und neurotische Konflikte wittern, sie zu bessern suchen und sich dadurch das Gefühl geben können, doch die Besseren und Reiferen zu sein. Dann wird die Therapie selbst zu der Krankheit, die sie zu heilen vorgibt.

Quintessenz

- ***Entwickle ein positives Körperbewußtsein!***

Löse dich von allen einengenden Vorschriften, Tabus und Abwertungen, die du im Laufe des Lebens in bezug auf deinen Körper entwickelt hast. Löse dich von allen theoretischen, idealistischen oder normierten Vorstellungen darüber, wie dein Körper zu sein hätte. Versuche herauszufinden, wie er sich wirklich wohl fühlt und was seine typische Eigenart ist. Wenn du dir unsicher bist, frage nach den körperlichen Eigenarten deiner Geschwister, Eltern und Ahnen. Akzeptiere, daß dein Körper zum größten Teil in seinem Aussehen und in seiner Eigenart genetisch festgelegt ist. Versöhne dich mit den Körperteilen, die nicht so perfekt und schön oder vielleicht sogar krank sind. Mache deinen Körper zu deinem vertrauten Freund, um dessen Wohlergehen du liebevoll besorgt bist. Lerne so viel du kannst über den Aufbau und die Funktionen deines Körpers. Manche Menschen haben die ganze Welt erkundet, ihr eigener Körper aber ist ihnen unbekanntes Terrain geblieben. Es gibt keinen Aspekt und keine Funktion des Körpers, die sündig oder schmutzig wäre oder die du nicht erfahren dürftest. Alles bist du. Jeder Teil des Körpers ist ein phantastisches Wunderwerk voller Zweckmäßigkeit und Weisheit. Lerne von dem natürlichen Verhalten, das Tiere und Kinder gegenüber ihrem Körper haben.

Achte gut auf die Bedürfnisse deines Körpers, insbesondere sein Bedürfnis nach Bewegung und Erholung, nach Essen und Trinken und nach Sexualität. Pflege deinen Körper liebevoll und erschöpfe ihn nicht. Entwickle ein Körperbewußtsein. Halte mehrmals am Tag inne, entspanne dich, beruhige und vertiefe deinen Atem, zentriere dich auf deinen Körper und verbinde dich mit der Natur, mit Himmel und Erde. Nimm bewußt wahr, was du siehst, hörst, riechst, schmeckst, tastest, was du fühlst, und spüre, wie schön es ist, lebendig zu sein. Achte auf deine Körpersignale und lasse dich, so oft es dir möglich ist, von ihnen spontan führen. Vertiefe deine Freude und Lust an den körperlichen und sinnlichen Erfahrungen und Reaktionen. Suche dir stimmige Möglichkeiten, deinen Körper in seiner Ganzheit und in Beziehung zu anderen Menschen lustvoll zu empfinden, z. B. beim Sport, Wandern, Singen, Tanzen, Spielen, mit Zärtlichkeit und in der Sexualität.

- **_Lebe intensiv und leidenschaftlich!_**

Rousseau schreibt: »Nicht der Mensch hat am meisten gelebt, welcher die höchsten Jahre zählt, sondern der, welcher sein Leben am meisten empfunden hat.« Deshalb: Geh ganz in deine Erfahrungen hinein und koste sie aus. Halte dich nicht zurück. Überwinde die

Angst, dich zu vergessen. Versuche immer wieder, deine Handlungen bewußt, mit ganzer Hingabe und so gut es dir möglich ist, durchzuführen. Versuche dabei, die Lust und die Freude zu genießen, die mit dieser Intensität und Leidenschaft verbunden sind. Das geht ganz besonders gut im Sport, beim Spielen, beim Tanzen und Singen und in der Sexualität, aber auch bei vielen anderen alltäglichen und beruflichen Aufgaben, wenn Sie »stimmen«.

• *Zurück zur Natur!*

Verbinde dich mit der Natur und der Erde. Mache dir bewußt, daß du buchstäblich aus den Elementen der Erde erschaffen bist, daß du die Nahrung, die du ißt, das Wasser, das du trinkst, die Luft, die du atmest, die Sonne, die du auf deiner Haut spürst, ganz real bist. Du bist ein Kind des Universums und der Erde und niemals davon abgetrennt. Geh deshalb mit allem, was du von der Erde bekommst und was du bist, dankbar, sorgsam und liebevoll um. Sei ein Vorbild für deine Mitmenschen und deine Kinder. Liebe deine Erde als deine wahre Mutter. Versuche bewußt mit den natürlichen Rhythmen zu leben. Nimm den Wechsel der Jahreszeiten wahr, den des Wetters, den von Tag und Nacht. Gehe in Novemberstürme und klirrende Januarkälte, spüre die Sommerhitze, den Sommerregen, das Gewitter. Iß das erste Frühlingsgemüse, genieße die reifen Sommerfrüchte, laß einen Drachen im Herbstwind steigen und veranstalte eine Schneeballschlacht im Winter. Genieße die intensiven sinnlichen Erfahrungen, auch wenn sie manchmal ungewohnt oder unangenehm sind. Geh viel spazieren und wandern und mache dir bewußt, daß alles, was du wahrnimmst und erlebst, mit dir verwandt ist. Alles bist du! Hole so viel Natur in dein Leben, wie es dir möglich ist, vielleicht pflegst du einen kleinen Vorgarten, Pflanzen in der Wohnung und auf dem Balkon. Verwende natürliche Materialien. Lebe mit Tieren, wenn es dir Freude macht.

- **Achte die Materie!**

Freue dich am Besitz, am Geld und den materiellen Erscheinungsformen des Lebens, aber binde dich nicht an sie. Deine Existenz ist
untrennbar mit Materie verbunden. Befreie dich von abwertenden
Vorstellungen über die »niedere« Materie. Du bist Materie, lebst in
der Materie und von der Materie. Materie ist ein großes Wunder, und
niemand weiß, was sie eigentlich wirklich ist. Wir haben ihr nur
irgendeinen Namen gegeben und irgendwelche abwertenden Vorstellungen mit ihr verbunden. Dein Besitz, dein Haus, deine Wohnung, dein Auto, deine Kleidung, deine Einrichtungsgegenstände:
alle sind unmittelbarer Ausdruck deiner Lebensenergie, die du darin
investiert hast. Geh mit ihnen entsprechend gut um. Pflege sie und
halte sie in Ordnung. Sei dankbar für sie und deine Energie, die sich
darin spiegelt. Gestalte dein äußeres Erscheinungsbild und deine
Umwelt ganz bewußt so, daß deine Wertschätzung für die Materie
darin zum Ausdruck kommt. Lege dir nicht mehr zu, als du gut ver-
sorgen kannst und wirklich brauchst. Treibe keinen Raubbau mit
deinen Energien und den Ressourcen der Erde. Besonders viel
Lebensenergie hat sich im Geld konzentriert. Es ist eine spezielle
Form des »Steins der Weisen«, denn die in ihm gebundene Energie
kann sich in sehr viele Formen verwandeln, in gute und in schlechte.
Geld kann uns frei und lebendig machen und eine Vielzahl von Möglichkeiten eröffnen, es kann uns aber auch versklaven. Verschwende
es nicht, wandle es nur in Formen um, die für dich einen guten
Gegenwert darstellen und der darin investierten Lebenszeit angemessen sind.

- **Carpe diem: Lebe dein Leben bewußt an jedem Tag!**

Es gibt keine Zeit außer der gegenwärtigen. Die Vergangenheit ist
vorbei, die Zukunft noch nicht da, und an der Gegenwart nimmst du
meist nicht teil. Dabei gibt es nur diesen Augenblick und diesen Tag.
An jedem Tag ist das Leben »reif« genug, um richtig gelebt zu wer-

den. Wann soll dein wahres Leben endlich beginnen? Wann bist du »reif« dafür? Im nächsten Urlaub? Wenn du eine Kur machst? Wenn du eine neue Partnerschaft eingehst? Nach der Pensionierung? Verschiebe das Leben nicht auf eine ungewisse Zukunft, sondern zähle jeden Tag als ein Leben für sich, wie dir Seneca empfiehlt. Werde achtsam für das, was dich an Schönem und Gutem umgibt und dir begegnet. Nimm es bewußt und dankbar auf und bestätige es. Sprich laut aus, was dir gefällt. Damit wird es dir und anderen Menschen bewußter. Du brauchst die negativen Dinge des Lebens nicht zu übersehen, aber du solltest auch nicht zulassen, daß sie das Gute besiegen. Schenke dem Guten deine Aufmerksamkeit und Kraft, damit es wachsen und gedeihen kann. Fühle dich als Gärtner des Guten, Wahren, Schönen, Lebendigen, Kraftvollen und Kreativen.

- **Weniger ist mehr: Vereinfache dein Leben!**

Unsere alltägliche Welt ist über alle Maßen kompliziert und von Überfluß geprägt. Aber der Überfluß erstickt deinen Lebensatem und vergiftet das Wasser des Lebens. Du tust zu viel, du hast zu viel, und du bindest dadurch deine Lebensenergie an Dinge, die dir deine Freiheit und Freude nehmen. Muß es wirklich immer noch mehr und besser sein, was du hast und tust? Es fällt dir schwer, dich von manchem zu trennen, nicht nur von Dingen, sondern auch von Erwartungen, von einem Lebensstil, selbst wenn du schon lange merkst, das dir vieles eine Last geworden ist. Weniger ist mehr! Bevor du irgend etwas Neues beginnst, trenne dich erst einmal von allem, was deine Energie unnötig bindet. Frühjahrsputz, Entrümpelung, Ausmisten innen und außen ist notwendig. Nicht nur im Kleiderschrank und in der ganzen Wohnung, auch in Beruf, Freizeit, Beziehungen gibt es viel Ballast abzuwerfen und Altlasten zu entsorgen. Befreie dich von allen Dingen, die für dein gegenwärtiges Leben nicht mehr erforderlich sind. Grundregel: Alles, was du länger als zwei Jahre nicht mehr benutzt hast, brauchst du nicht. Trenne dich von ihm in Dankbarkeit und Wertschätzung dafür, daß es dir bisher in deinem Leben gedient und zu deinem Wohlergehen beigetragen hat. Verschenke es, wenn es noch in Ordnung ist. Zwischenlösung: Packe alles, was du länger als ein Jahr nicht benötigt hast, in eine Kiste und lagere es für ein weiteres Jahr im Keller oder auf dem Dachboden – und lerne daraus, dir nur wirklich Nützliches, Schönes, Qualitätvolles und Wesentliches anzuschaffen. Wenn du nicht weißt, was du tun sollst, dann putze, räume auf, erledige die längst fälligen kleineren Reparaturen und entrümpele. Wie ein äußeres Chaos zu einem inneren Chaos führt und wie unerledigte Dinge dich seelisch schnell erledigen, so schaffst du innere Klarheit und Ordnung, wenn du deine Außenwelt in Ordnung bringst. Wie außen so innen. Wie innen so außen. Entwickle dein Leben vom Haben zum Sein.

- *Entdecke die Kostbarkeit jedes Augenblicks!*

Zeit ist nicht Geld, sondern Zeit ist Leben – Lebenszeit. Die wichtigste, aber vielleicht schwierigste Übung in der Gewinnung einer besseren Beziehung zum Leben ist die Veränderung deiner Einstellung zur Lebenszeit. Das Leben selbst, das von Sekunde zu Sekunde verstreicht, ist das Kostbarste, was du besitzt. Dies ist so offensichtlich, und doch scheint es dir, als sei dein Leben geradezu nichts, als müßtest du jede freie Minute mit Arbeit, Tätigkeiten, Terminen, Informationen füllen, so daß du schließlich wie in Trance durch dein Leben hetzt und überhaupt nicht mehr fühlst, was Leben ist. Lerne, dein Leben, deine Lebendigkeit und deine Lebenszeit als das Höchste zu schätzen, deinen wahren Reichtum, der auch nicht durch Milliarden ersetzt werden kann. Modernes Zeitmanagement kann dir helfen, deine Zeit-Not durch eine bessere Planung von Projekten, Terminen und Aufgaben in den Griff zu bekommen. Es scheitert aber wie alle von außen auferlegten Methoden und Techniken daran, daß du dein Leben und deine Lebenszeit von innen her, vom Herzen her, nicht wirklich schätzt. Außerdem lassen sich deine Seele und dein Organismus nicht gern nach rational vorgenommenen Schemata verwalten. Sie haben ihren eigenen natürlichen Rhythmus. Du sehnst dich nach intensiv gelebtem Leben und tust doch alles, um es zu verhindern, indem du es vollpackst mit Ballast und selbstauferlegten Zwängen, die dir schließlich die Luft zum Atmen nehmen. Laß dir vor allem Zeit. Gönne dir Pausen, laß Zwischenräume, nimm dir Zeit zum Aufatmen und Ausschwingen. Verlangsame Dein Leben. Führe ruhige, sich wiederholende Bewegungen aus. Der schöpferische Lebensprozeß geht dann ebenso weiter, vielleicht noch besser.

Halte inne. Gestatte dir eine längere Auszeit, in der du keine neuen Aufgaben, Verpflichtungen, Termine mehr annimmst. Laß die alten Verpflichtungen auslaufen. Tu nur noch das Wichtigste und Nötigste. Befreie dich von der Tyrannei des Müssens und Sollens, wenn nötig mit kämpferischer Aggressivität. Es geht schließlich um dein Leben. Versuche zwischen deinen Aktivitäten immer mehr »schöpferische Pausen« einzulegen, in denen du dich entspannst, nichts tust, für den gegenwärtigen Augenblick öffnest, bewußt wahrnimmst, daß du lebst. Laufe vor der Stille und Leere der dann vielleicht auch einsetzenden Langeweile nicht davon. Nutze sie, um dich leidenschaftlich und mutig zu fragen, womit du den Rest deines Lebens wirklich verbringen willst, was dich wirklich erfüllt. Hierbei kann dir helfen, wenn du dir vorstellst, daß du alt geworden bist – was unweigerlich eines Tages sein wird – und auf dein Leben zurückschaust. Was hättest du eigentlich wirklich gern gelebt und getan? Und wie hättest du gern gelebt? Und warum glaubst du, daß es dir jetzt nicht möglich sei? Wie lange willst du noch warten?

- *Stirb und werde!*

Alles hat seine Zeit: Dies entspricht der taoistischen Vorstellung, dem beständigen Wechsel der Polaritäten, dem natürlichen Lauf der Dinge und der Weisheit der Selbstregulation zu folgen. Du kannst dies in allen körperlichen Vorgängen beobachten: in der Atmung, im Pulsschlag, im Wechsel von Wachsein und Schlaf, von Hunger und Sättigung, im Auf und Ab der Stimmungen und Gefühle. Je mehr du in diese natürlichen Abläufe eingreifst, desto mehr bringst du sie aus dem Gleichgewicht. Vermeide in jeder Hinsicht zu starke Kontrolle, Einseitigkeiten und Extreme. Laß alles zu, was zum natürlichen Leben gehört. Halte nichts fest. Genieße Kontrasterfahrungen (Varietas delectat, Abwechslung erfreut). Sei offen für die Vielgestaltigkeit des Lebens und seine dauernde Veränderung. Das Leben ist Bewegung, ist Prozeß, ein dauerndes Stirb und Werde. Was dich heute lustvoll bewegt, kann auf dich morgen träge und leer wirken; laß also los und sei bereit für das Neue, das werden will.

4 LOGOS: Das Licht der Erkenntnis

Wär' nicht das Auge sonnenhaft,
Die Sonne könnt es nie erblicken;
Läg' nicht in uns des Gottes eigne Kraft,
Wie könnt' uns Göttliches entzücken?

Goethe[18]

Ein klares, freies Bewußtsein zu haben, bewußt wahrnehmen, fühlen, phantasieren, denken und wollen zu können ist die höchste und differenzierteste Fähigkeit, die das uns bisher bekannte Universum hervorgebracht hat. Durch unser Bewußtsein wird sich die schöpferische Intelligenz des Lebens ihrer selbst bewußt. Das Leben will sich mit Hilfe unseres Bewußtseins in seiner ganzen Größe und unbeschreiblichen Schönheit selbst erkennen und verwirklichen. Es ist das Ziel der Individuation und Lebenskunst, diesen Prozeß der bewußten Erkenntnis zu fördern, indem wir offen, achtsam und lernbereit sind und uns um Verständnis, Weisheit und Objektivität bemühen.

- Bist du dir bewußt, daß dein alltägliches Bewußtsein eines der größten Wunder der Evolution ist und daß sich das Universum durch dich selbst zu erkennen vermag?
- Kannst du dir erlauben, ganz frei zu denken, zu fühlen und zu phantasieren?
- Bist du bereit, deine Vorstellungen und Werte immer wieder neu zu überprüfen und nach dem zu leben, was dich wirklich überzeugt?
- Kannst du es genießen, dein Leben lang neugierig zu sein und zu lernen?
- Hast du Lust auf das große Abenteuer der Entdeckung und Erkenntnis des Mysteriums, das du selber bist?

Aspekte und Symbole des LOGOS-Prinzips

Unter LOGOS (griechisch: Wort, Vernunft, Begriff) wollen wir hier den ganzen Bereich des Geistigen, des Bewußtseins, des Erkennens und Verstehens, des Sinnes und der Weisheit verstehen. Als weitere Prinzipien und Begriffe gehören zu ihm: die Struktur, das Gesetz, die Ordnung, Objektivität, Vernunft, Wahrheit, Unterscheidung, Distanz. Die höchste Einsicht und Erfahrung des Menschen wird oft als »Erleuchtung« bezeichnet, in der der Mensch sein wahres universales Wesen in seiner Einheit mit dem Universum erkennt.

In der antiken und mittelalterlichen Philosophie und Theologie bezeichnete der Logos die göttliche Vernunft, die dem Universum als Ordnungsprinzip zugrunde liegt. Der griechische Denker Heraklit (6. Jahrhundert v. Chr.) sprach von einem feuerähnlichen Logos, der die Welt regiert. Diese göttliche Kraft formte die im Fluß der Natur wahrnehmbare Ordnung und Struktur. Die menschliche Vernunft nahm nach seiner Vorstellung an diesem göttlichen Logos teil. Bei den Stoikern, dessen wichtigste Vertreter Zenon von Kition, Seneca und Marc Aurel waren, war der Logos allgegenwärtig und wirkte als göttlicher Geist oder als göttlicher Atem durch Raum und Zeit. Er legte die Weltordnung fest, die die einzelnen Möglichkeits-, Energie- und Wachstumszentren, die »Samenkörner des Logos« (logoi spermatikoi), enthielt. Die Stoiker hatten den Grundsatz »Geh, wohin die Vernunft (logos) dich führt« als oberstes ethisches Leitprinzip formuliert. Ihre vier Kardinaltugenden waren Weisheit, Mut, Gerechtigkeit und Mäßigung, und sie empfahlen, sich nicht von Leidenschaften wie Liebe, Haß, Angst, Schmerz oder Freude bestimmen zu lassen. Ihr Ideal war es, in Übereinstimmung mit der göttlichen Ordnung des Universums zu leben.

Im Johannesevangelium wird Jesus Christus mit dem fleischgewordenen Logos gleichgesetzt, wobei die Übersetzung für Logos bei Luther »Wort« lautet. So heißt es: »Im Anfang war das Wort, und das Wort war bei Gott, und Gott war das Wort... Und das Wort ward Fleisch und wohnte unter uns...« (Johannes 1, 1–3. 14).

Aus dem Logos leitet sich auch der Begriff Logik ab, die Lehre von den Prinzipien des richtigen, d. h. schlüssigen Denkens und Beweis-führens.

Besonders hervorzuheben an den antiken Auffassungen vom schöpferischen Logos-Geist ist die Einsicht, daß diese Intelligenz eben nicht nur – wie wir heute vielleicht geneigt sind zu denken – in menschlicher Vernunft und Denken zu finden ist, sondern im ganzen Kosmos, in der Natur und ihren Gesetzmäßigkeiten, im Körper und in der Seele des Menschen. Das kommt der modernen tiefenpsycho-logischen und evolutionären Auffassung sehr nahe, nach der das menschliche Bewußtsein nicht von seinen unbewußten biologischen und physiologischen Grundlagen getrennt werden kann, sondern sich in Jahrtausenden allmählich gemeinsam mit ihnen entwickelt hat.

Im Bereich des LOGOS finden sich viel weniger anschauliche Symbole als bei den Faktoren BIOS, EROS und HEROS, was damit zusammenhängt, daß er eben auf etwas unsichtbar Geistiges hin-weist, das keine äußere konkrete Gestalt hat und nicht unmittelbar wahrnehmbar ist. Wie die Luft oder der Wind kann der LOGOS zwar erlebt werden und sehr vieles bewegen, aber er ist nicht sichtbar (»Der Geist weht, wo er will«).

Ohne daß wir uns wahrscheinlich darüber recht im klaren sind, befinden wir uns bereits die ganze Zeit im Bereich des LOGOS. Wir sitzen entspannt an einem ruhigen Ort, an dem wir ungestört von äußeren und inneren ablenkenden Reizen in einem Buch lesen kön-nen. Das Buch enthält Buchstaben, Worte, Zahlen, Abbildungen, die in einer logischen Weise angeordnet sind, so daß wir einen bestimm-ten Sinn und eine bestimmte Bedeutung erfassen können. Was wir da tun und was uns vielleicht jetzt so selbstverständlich erscheinen mag, daß wir es kaum bemerken, ist im Grunde ein unglaubliches Wunder. Aus einer kleinen Anzahl von Zeichen entstehen in unserem Bewußtsein unendliche geistige Welten. Dies ist das Ergebnis eines Lernvorganges, den wir sowohl als einzelner Mensch als auch in unserer Kultur sehr langsam und mühevoll vollzogen haben. Wir haben von frühester Kindheit an ganz intensiv und unentwegt Den-ken, Sprechen, Lesen, Schreiben, Rechnen geübt, wir haben unzählige Begriffe in unzähligen Nuancen in unser Gedächtnis aufgenommen. Jetzt erinnern wir uns unbewußt daran, damit wir auf diese Weise aus einem Buch lernen und unser Verstehen erweitern können. Und es hat einer Jahrtausende umfassenden kulturellen Entwicklung bedurft, die zur Entwicklung der Sprache, der Schrift, des Buches und der allgemeinen Schulbildung geführt hat. Neben dieser intellektuellen Grundlage können wir in dem Buch aber nur lesen, weil wir Augen haben, die die Worte sehen können, und weil wir genügend Licht haben, das uns die Seiten des Buches erhellt. Damit sind im Lesen eines Buches bereits einige der zentralen Symbole bzw. Aspekte des Logos zusammengefaßt: Das Licht, das Auge, das Wort, die Sprache, die Schrift, das Buch, das erkennende, verstehende Bewußtsein und der Sinn.

Neben diesen Aspekten werden dem Logos seit Urzeiten weiter die Symbole der Sonne, des Himmels, der Zahlen und der Übersicht und Ordnung schaffenden Strukturen und Instrumente des Erkennens zugeordnet. Weitere Aspekte: Tag (die Helle des Tages wird oft mit Bewußtsein, die Dunkelheit der Nacht mit Unbewußtsein assoziiert), Oben und Höhe, Berg und Turm (der distanzierte Abstand von der Welt des Alltäglichen, der die geistige Betrachtung erleichtert, die Weite und den Überblick ermöglicht), Flügel (die Beweglichkeit und Leichtigkeit des Geistigen, das Erhebende, Beflügelnde), Schwert (die geistige Kraft der Unterscheidung z. B. von Recht und Unrecht, Wahrheit und Täuschung). Typische Personifikationen des Logos sind der alte Weise und die alte Weise, König und Königin, Wissenschaftler (Faust), Gelehrte und Lehrer, Forscher, Philosophen, Dichter und Schriftsteller.

Die Strahlen der Sonne vertreiben die Nacht...

Das Licht – und eng natürlich mit diesem verbunden die Sonne und der Himmel, von denen das Licht herkommt – wurde von den Menschen schon immer als unmittelbarer Ausdruck der göttlichen Energie und des göttlichen, alles durchflutenden Geistes erlebt. Die Sonne wurde dabei allerdings nicht nur als geistiger Logos gesehen, sondern auch als die schöpferische, wärmespendende und wachstumsfördernde Lebenskraft schlechthin. Die Sonne hatte väterliche und mütterliche Qualitäten zugleich. Allerdings wurde das Mütterliche (BIOS) im eher empfangenden Sinne mehr mit der Erde verbunden, die die Sonnenstrahlen als befruchtendes väterliches Prinzip in sich aufnahm und mit ihnen alles zum Wachsen brachte. Das Licht der Sonne schenkt unserem Körper und unserer Seele Feurigkeit, Wärme, Lebendigkeit, Intensität, Emotionalität, Lust, Leidenschaft, Freude, Güte, Liebe, aber auch Einsicht, Übersicht, Klarheit und Freiheit. Wir leben in und durch die Sonne, wir sind buchstäblich und konkret Sonne, auch im seelischen, gefühlsmäßigen und geistigen Bereich.

Aufgrund dieser umfassenden Bedeutung der Sonne für uns wird verständlich, daß sie durch alle Kulturen hindurch mit den höchsten Werten und den wesentlichsten Erfahrungen, zu denen der Mensch fähig ist, verbunden wurde. Die Sonne wurde erlebt als göttliche Urkraft, als göttliches Urlicht, das in allem Existierenden lebt und wirkt. Sie wurde zum Sinnbild befreiender Erkenntnis aus der Dunkelheit des Unwissens und damit zum Symbol des Bewußtseins wie auch der höchsten menschlichen Bewußtseinserfahrung überhaupt, der Erleuchtung, in der der Mensch sich seines wahren, göttlichen, sonnenhaften Wesens als Licht, Leben und Liebe bewußt wird.

Unsere Seele scheint tief in ihrem Innern die Erinnerung an ihren Ursprung aus der Ur-Energie, dem Ur-Feuer bewahrt zu haben und erkennt im Licht der Sonne etwas Wesensgemäßes. Das zeigt sich in vielen Visionen, Träumen und religiösen Offenbarungen der Menschheit.

Der folgende Traumbericht einer 45jährigen Frau läßt in einfachen Naturbildern die umfassende Bedeutung des Sonnenlichtes erahnen: »Ich bin irgendwie oben, auf einem großen Feld, einem Plateau, ähnlich den Feldern oben bei uns, aber eine ganz große Weite, keine Häuser. Eine Art Uranfangslandschaft mit einer tiefen Ruhe, eine tönende Stille. Darüber ein hoher, blauer Himmel, tiefblau, aber nicht dunkelblau, so intensiv, und eine Wärme. Und dann strahlt die

Sonne. Ihre Strahlen, ihr Licht erfassen mich, so als würden sie auf mich zeigen, wie ein Scheinwerfer, der einen in Licht taucht, aber eben ein himmlisches Licht, nicht kalt und hell, sondern warm, ohne verbrennend zu sein, gleißend, ohne zu blenden. Überirdisch und zugleich irdisch, unbeschreiblich und zugleich in jeder meiner Zellen spürbar. Ich fühle mich wie ein Kind, weil ich so intensiv aufnehmen kann, und bin so glücklich über diese Offenheit; mit allen Poren nehme ich das Licht, den Himmel auf, habe das Bedürfnis, meine Arme nach oben zu strecken, empfangend, und spüre zugleich, wie ich barfuß auf der Erde stehe. Während ich aufnehme, mich in der Sonne bade, suche ich zugleich, mir dieses außergewöhnliche Erlebnis bewußt zu machen, und dabei fällt mir noch im Traum als treffende Beschreibung ein: ›Die güldene Sonne, voll Freude und Wonne.‹

Später, als ich zurückgehe, treffe ich dann in unserer Straße auf die Sonne mir genau gegenüber, ein leuchtender Ball, wieder warm, diesmal Abendstimmung, aber noch nicht Untergang der Sonne. Das Erleben ist jetzt normaler, aber immer noch voller Freude. Ich denke: So kann man es jederzeit erleben, wenn man die Sonne sucht. Ich brauche mehr Zeit. Ich brauche die Natur und ich brauche den Geist. Dann wird mir, ebenfalls noch im Traum, klar, daß sich irgend etwas in meinem Leben zu verändern beginnt. Etwas wird klarer, ich habe den Eindruck, mehr entscheiden zu können, auch einmal Nein sagen zu können. Glücklich bin ich, wenn ich aus meiner Zurückhaltung komme, aktiv sein kann, reden, schreiben, denken, essen, schlafen, laufen, mich bewegen, fühlen kann und vielleicht irgendwann einmal wieder richtig herzhaft lachen.

Nach dem Aufwachen bin ich noch lange voller Empfinden, Gefühle, Gedanken, vor allem einem warmen hellen Glück und Dankbarkeit. Ich habe einen Anflug von jenem Gefühl, das ich früher hatte, wenn in der Kirche Danklieder gesungen wurden. Etwas Erhebendes, zugleich etwas wie Scham, so kindlich und überschwenglich zu sein. Ich spüre, da ist ein Bedürfnis in meinem Herzen, zugleich Angst: Das ist doch alles nur ein Rausch, ein Strohfeuer.«

Aufgrund unserer inneren Sonnennatur sind wir alle zu allertiefst

Licht-Sucher. Alles in uns strebt zum Licht, sucht das Licht, möchte im Licht sichtbar und offenbar werden. Und wenn wir nur geduldig und tiefer weiter fragen, was sich denn da zeigen und offenbaren will, was denn da so vehement ans Licht drängt, dann entdecken wir, daß es unsere tiefste Wahrheit und Wirklichkeit ist, die ihrer selbst bewußt werden will: die Schöpfung, die Gottheit, das Leben selber.

Wär' nicht das Auge sonnenhaft...

Das Erkennen und Ein-Sehen wird symbolisch oft mit dem Auge verknüpft, offenbar deswegen, weil uns unser Auge von allen Sinnen die meisten klar unterscheidbaren Informationen über die Welt und die Menschen vermittelt. Etwa 80 Prozent unserer Sinnesreize werden von den Augen aufgenommen. Nichts hat für uns deshalb eine so überzeugende Kraft, wie das, was wir »mit eigenen Augen« gesehen haben. Viele Begriffe weisen auf diesen engen Zusammenhang hin, z. B. Einblick, Durchblick, Einsicht.

Die Bedeutung des Ich-Bewußtseins in der Menschheitsgeschichte

In der biblischen Schöpfungsgeschichte ist es der göttliche Geist, der über den Wassern schwebt. Darunter war die Erde wüst und leer, und Finsternis lag über der Urflut. Dann sprach Gott: »Es werde Licht!« (Fiat lux) Und es ward Licht. Dieser Lichtzeugungsakt durch den Geist ermöglicht die weitere Gestaltwerdung der Welt wie des Bewußtseins.

Licht und Finsternis werden getrennt, es entstehen Tag und Nacht, Morgen und Abend, das Helle und das Dunkle, das Obere und das Untere. Hiermit wird, wie in vielen anderen Mythen auch, deutlich gezeigt, wie mit der Entwicklung des Bewußtseins zugleich auch eine Trennung in die Polaritäten stattfindet – mit einer zunächst wahrscheinlich notwendigen Aufwertung des lichten Bewußtseins und einer Abwertung des dunklen Unbewußtseins.

Das Ich-Bewußtsein ist, wenn wir eine einfache Definition nehmen wollen, der sich selbst bewußt werdende Aspekt des Universums, des schöpferischen Mysteriums. In dem Moment, in dem jenes geheimnisvolle Wesen, das wir sind, beginnt, sich selbst bewußt zu erfassen und zu benennen, sagt es dazu: »Das bin ich und das erlebe ich«. Das Erleben von Selbst-Bewußtsein, wie wir es kennen, scheint immer mit dem Gefühl eines individuellen Ichs, eines Subjekts, das bewußt ist, gekoppelt zu sein. Deshalb ist es sinnvoll, beide Begriffe miteinander zu verbinden und von Ich-Bewußtsein zu sprechen, denn sie treten immer gemeinsam auf. Es scheint das größte Wunder von allen zu sein, das die Schöpfung bisher hervorgebracht hat. Das Ich-Bewußtsein ist, wenn wir genauer hinschauen und es von den falschen Zuschreibungen befreien, nicht ein häßliches, dunkles, böses »Ego«, sondern im Gegenteil etwas unendlich Lichtes, Reines, Zartes, Kostbares, ein Juwel, das aus der Dunkelheit des Unbewußten emporgestiegen ist und Licht, Glanz, Staunen in diese Welt gebracht hat. Aber es hat leider in unserer Gesellschaft noch lange nicht jene Würdigung erhalten, die ihm zusteht. Es ist mit ihm wie mit dem Leben überhaupt: Es scheint uns wie selbstverständlich gegeben und von daher fast nicht achtenswert. Erst wenn das Licht des Geistes getrübt, verwirrt wird, spüren wir seine Kostbarkeit.

Die Entwicklung des Ich-Bewußtseins ist für die Evolution ein gigantischer Sprung gewesen. Nicht nur, daß auf diese Weise das Universum sich seiner selbst bewußt wird, sondern weil erst das Zusammenspiel zwischen Organismus und Ich-Bewußtsein alle Kulturwerke, die Philosophie, die Religionen und Künste, die Wissenschaft und die Technik hervorbringen konnte. Durch das Ich-Bewußtsein als sein Auge und Erkenntnisorgan kann der Organismus intelligente Leistungen reflektieren, durchführen und in ungeahntem Ausmaß kreativ werden. Dabei haben sich Technik und Geist in hohem Maße gegenseitig gefördert. Die Bedeutung von technischen Entdeckungen und Entwicklungen für die menschliche Bewußtseinsentwicklung ist unabsehbar. Feuermachen, das Rad,

Waffen, Werkzeuge und Haushaltsgeräte, der Pflug, die Schrift, das Buch, das Mikroskop, die Elektrizität, die chemische Analyse, der Computer: Ohne diese hätten wir niemals eine einigermaßen adäquate Vorstellung von uns selbst, unserem Körper und den inneren Prozessen finden können. Beispielsweise bliebe ohne diese Entwicklungen die Funktion unserer Organe oder die Rolle unseres Nervensystems und des Gehirns absolut unverständlich. Psychologie und Hirnforschung sind deswegen sehr junge Wissenschaften, bei denen wir fast noch am Anfang stehen.

Am Anfang war das Staunen

Mit dem Staunen fängt alles Philosophieren an. Die klassischen Denker der griechischen Antike, Plato und Aristoteles, sahen im Staunen, im Sichwundern den Anfang aller Philosophie. Während der alltägliche Mensch alles einfach so hinnimmt, wie es ist, wundert sich der philosophische Mensch bereits darüber, daß überhaupt etwas ist (und nicht nichts ist) oder wie es möglich ist, daß so etwas wie Selbst-Bewußtsein entstehen konnte. Wir sind uns paradoxerweise des Wunders unserer Bewußtheit und unserer damit verbundenen Fähigkeit, Einsicht und Erkenntnis über uns selbst und die Dinge der Welt zu gewinnen, meist sehr unbewußt. Wir interessieren uns für alles mögliche auf der Welt, aber ganz selten nur für jene wundersame Fähigkeit, die alles sonnengleich mit dem Licht des Bewußtsein erleuchtet. Das hängt mit der eigentümlichen Selbstverborgenheit des Bewußtseins zusammen, die uns noch im MYSTOS-Kapitel weiter beschäftigen wird. Was wir als normales, waches, klares Bewußtsein erleben, ist eine mit nichts sonst auf der Welt vergleichbare Höchstleistung unseres Nervensystems. Wenn schon alles, was die Evolution hervorgebracht hat, erstaunlich genug ist, so ist doch diese Fähigkeit des Organismus, sich seiner selbst bewußt zu werden, das erstaunlichste Phänomen überhaupt. Offenbar lief die gesamte Entwicklung in einem unbewußten, vielleicht schlafähnlichen, vielleicht traumhaften, instinktiv gesteuerten Zustand ab, und die ganze Vielfalt und Schönheit des Lebens war vorhanden, ohne daß dies jemand wirklich wach und bewußt erkannte. Und dann kam irgendwann dieser ungeheure Entwicklungssprung, daß sich die Atome und Moleküle unseres Organismus so anordneten, daß Sprache, Denken und Selbst-Bewußtsein entstehen konnten! Bis heute wissen wir nicht, was Bewußtsein eigentlich ist und wie es zustande kommt, aber die Wissenschaft beginnt zu erkennen, daß das sich selbst bewußt werdende Ich den differenziertesten Aspekt der bisherigen evolutionären Entwicklung darstellt. Der amerikanische Astrophysiker Brian Swimme beispielsweise schreibt:

Das Universum ist ununterbrochen dabei, sich zu entfalten, und fährt stetig fort, sich durch das menschliche Bewußtsein seiner selbst offenbar zu werden...Der Mensch bietet den Raum, in dem das Universum seine überwältigende Schönheit empfinden kann...Denk dir das folgendermaßen: Vor der Ankunft des Menschen waren die Erde und das Universum schon grandiose Wirklichkeit. Es gab jedoch noch nichts, was diese Herrlichkeit in all ihrer Tiefe empfinden und würdigen konnte. Durch uns ist einiges im Universum imstande, sich erleben zu lassen...Im Innersten des Menschen erlebt das Universum vor Staunen über all diese Wunder...

Brian Swimme[19]

Die Stufen der Bewußtseinsentwicklung

Verschiedene Philosophen und Psychologen – z.B. Jean Gebser[20], Erich Neumann[21], zuletzt Ken Wilber[22] – haben versucht, unter Berücksichtigung der Erkenntnisse der Ethnologie, der vergleichenden Religionswissenschaft, der Entwicklungspsychologie, der Psychologie und der Tiefenpsychologie bestimmte Aspekte des menschlichen Bewußtseins und die Stadien seiner Entwicklung zu beschreiben. Diese Entwicklung läßt sich nicht nur aufgrund konkreter klinischer Beobachtungen und Forschungen am Menschen von seiner Geburt bis zu seinem Tode, sondern in gewissem Rahmen auch anhand der Bilder und Symbole der Religionen und der Kulturentwicklung rekonstruieren. Meist geht man heute davon aus, daß sich die großen Stadien der menschlichen Bewußtseinsentwicklung im individuellen Leben wiederholen, d. h. jeder Mensch durchschreitet von seiner Geburt bis zu seiner Reife in relativ gesetzmäßiger Abfolge und bis zu bestimmten individuellen Grenzen die gleichen Stufen, die die Menschheit als Ganzes durchschritten hat. Dabei kann man für eine bestimmte Gesellschaft und Kultur zwar den gegenwärtigen allgemeinen Bewußtseinsstand angeben – wie er sich in der Art der politischen Organisation, dem durchschnittlichen Lebensstil, den geistigen und religiösen Werten spiegelt –, aber innerhalb jeder Gesellschaft gibt es darin eine große Spannbreite.

Für eine grobe Orientierung lassen sich dabei drei Phasen der Bewußtseinsentwicklung unterscheiden. Auf eine relativ unbewußte, undifferenzierte Phase (präpersonale Phase) folgt eine Differenzierung des Bewußtseins in verschiedene Polaritäten (personale Phase). In der dritten Phase (integrative, transpersonale Phase) finden diese Polaritäten schließlich ihre Synthese. Hierbei gilt, daß die nachfolgende Phase die vorangegangene transzendiert und integriert, was heißt, daß zwar jeweils eine neue weitere Bewußtseinsdimension, ein vertieftes Welt- und Selbstverständnis gewonnen wird, die Zustände und Erfahrungsdimensionen der unteren Phasen aber natürlich erhalten und wirksam bleiben.

Die folgende kurze Übersicht über die Entwicklung des Bewußtseins in der Menschheitsgeschichte orientiert sich – mit geringfügigen Abweichungen – vor allem an der umfassenden Zusammenschau aller bisher vorliegenden Erkenntnisse, die Ken Wilber auf der Basis vieler anderer Forscher in seinen Werken herausgearbeitet hat.[23]

Die präpersonale Phase der Bewußtseinsentwicklung

Diese Phase wird auch als archaisch, pleromatisch-uroborisch, vegetativ-animalisch bezeichnet. Auf der Ebene eines präpersonalen Welt- und Selbsterlebens gibt es noch keine deutliche Unterscheidung zwischen Ich und Welt, Ich und Du, Innen und Außen. Die Dimensionen von Zeit und Raum spielen keine Rolle. Es besteht keine klare Vorstellung vom Leben und Sterben, es gibt nur unmittelbare Seins-Erfahrung, keine vorausgenommenen existentiellen Ängste, alles ereignet sich überwiegend in einem dauernden gegenwärtigen Strömen und Kreisen des Lebens. Dementsprechend gibt es auch kein ausreichend abgegrenztes Erleben, das sich einem anderen Objekt gegenüber als deutlich abgegrenztes »Ich« empfinden könnte, vielmehr besteht eine Art vorbewußtes Einheits- und Ganzheitserleben, das in der psychologischen Literatur als Symbiose oder Dualunion beschrieben wird.

Auch wenn auf dieser Ebene ein gewisses Bewußtsein (Wachbewußtsein, Körperbewußtsein, Empfindungsbewußtsein, Gefühlsbewußtsein) durchaus vorhanden sein kann, wie es auch bei höheren Säugetieren sehr wahrscheinlich ist, gibt es hier noch kein klares Ich-Bewußtsein, nur allererste Ansätze und »Keime«, aus denen sich später das Ich-Bewußtsein differenziert. Wir können über solche Zustände nur relativ wenig aussagen, weil sie »präpersonal« wie auch »präverbal« sind und sich einer sprachlichen Formulierung, die immer auf unterscheidbaren Polaritäten beruht, entziehen. Erst später, nachdem der Mensch ein ausreichend stabiles, integrationsfähiges Bewußtsein erworben hat, ist es ihm möglich, sich auf regressive Weise diesem frühen Bewußtseinszustand zu nähern, ohne von ihm aufgelöst zu werden und damit seine Bewußtseinsfähigkeit zu verlieren. Eine solche Regression wird in manchen Therapieformen (z. B. Psychoanalyse, Hypnosetherapie oder holotropes Atmen) angestrebt. Dabei bleibt aber immer fraglich, ob das, was in solchen Zuständen erfahren wird, tatsächlich dem ursprünglichen Zustand entspricht, weil es ja vor dem Hintergrund der Erfahrung eines erwachsenen Menschen und eines ausgereiften Gehirns erlebt wird.

Dieser Phase wird das Symbol des Uroborus, der Kreisschlange, die sich selbst in den Schwanz beißt, zugeordnet. Es ist das große Runde und Eine, die ursprüngliche Einheitswirklichkeit, die fortwährend in sich kreist und sich durch die Äonen hindurchbewegt, ohne von sich selbst zu wissen. Es ist der Zustand des Bewußtseins vor dem biblischen Sündenfall. Die Gegensätze sind noch nicht bewußt getrennt. Diese Phase und auch noch die nächsten stehen symbolisch weitgehend unter der Dominanz des BIOS, der Erde, Natur, der Körper- Trieb- und Instinktwelt. Es läßt sich vermuten, daß dies der bewußtseinsmäßige Zustand des Urmenschen bis etwa 200 000 Jahre vor Christus war und in mancherlei Hinsicht dem Zustand des Kindes bis vielleicht ins erste Lebensjahr hinein entspricht.

Die personale Phase der Bewußtseinsentwicklung

Diese Phase insgesamt ist bisher am besten erforscht, und sie entspricht weitgehend den Erfahrungen des durchschnittlichen Menschen heute. Es lassen sich drei Unterphasen deutlicher voneinander abgrenzen:
– Die magische Phase
– Die mythische Phase
– Die rationale Phase
Diese Abgrenzung ist aber vor allem eine logische. Im alltäglichen Leben und in der Bewußtseinsentwicklung treten diese Bewußtseinszustände häufig sehr vermischt, vielfältig wechselnd und auch gleichzeitig nebeneinander auf. Diese Phasen haben gemeinsam, daß sie mit einer zunehmenden Differenzierung, Unterscheidung der Polaritäten wie Innen und Außen, Subjekt und Objekt verbunden sind. Erst in der dritten großen Phase – der integrativen, transpersonalen Phase –, in der sich das Bewußtsein selbst zu reflektieren und seine Abwehrvorgänge zu durchschauen beginnt, kommt es wieder zu einer Integration der getrennten Aspekte und zu einer ganzheitlichen Erlebensweise, die schließlich in der mystischen Einheitserfahrung gipfelt.

Die magische Phase der Bewußtseinsentwicklung

Auf der magischen Bewußtseinsebene beginnen die ersten deutlichen polarisierenden Unterscheidungen, z. B. zwischen Subjekt und Objekt, zwischen Ich und Welt. Allerdings wird diese Unterscheidung durch zahlreiche Überlagerungen erschwert, durch die das Erleben der Innen- und Außenwelt immer wieder miteinander verschmilzt. Zum einen gelingt es dem magisch erlebenden Menschen nicht, bestimmte Seiten seines Wesens als zu sich gehörig zu erkennen. Dabei kann es sich um tabuisierte, angstbesetzte Eigenschaften von ihm handeln oder auch um starke Affekte und Triebe, die so autonom sind, daß er sie nicht genügend kontrollieren kann. Diese (noch) nicht integrierten oder abgespaltenen Seiten erscheinen ihm als Wesenheiten, Dämonen, Geister, die sich seiner bemächtigen. Zum anderen aber erlebt er bestimmte Vorgänge seiner Umwelt nicht als von ihm unabhängig und autonom, sondern als auf ihn bezogen. Er verfällt immer wieder in einen »egozentrischen« Standpunkt, er glaubt, alles drehe sich um ihn – was in gewisser Hinsicht ja stimmt. Er glaubt, alle möglichen Leute würden dauernd an ihn denken und sich mit ihm beschäftigen und er könne die Welt mit der Kraft seiner Vorstellungen und Gedanken direkt beeinflussen.

Auch der moderne Mensch lebt noch in weit größerem Ausmaß in magischen Vorstellungen und Beziehungen, als ihm bewußt ist. Es läßt sich leicht zeigen, daß wir überall dort, wo wir unbekannten, unverständlichen oder auch besonders emotional belastenden, bedrohlichen Situationen gegenüberstehen, wo unsere wunden Punkte (Komplexe) berührt werden und wir uns hilflos fühlen, sehr schnell auf magische Bewältigungsstrategien zurückgreifen. Wir denken und erleben meist nur in unseren ruhigsten, entspanntesten und klarsten Momenten rational, »vernünftig« und »reif«. Sobald wir in Spannung, Streß und Angst geraten, greifen wir in mehr oder weniger starkem Ausmaß auf magisch-symbolisches Denken zurück und verwenden magische Techniken der Daseinsbewältigung. Wir fühlen uns dann schnell vom bösen Schicksal oder den bösen Gedanken anderer Menschen »verfolgt«. Wir erflehen uns himmlischen Beistand oder zelebrieren magische Rituale, wir wollen Kontakt mit

Verstorbenen und höheren Geistern aufnehmen, lassen uns ein Horoskop erstellen, überprüfen die aktuelle Gestirnkonstellation, gehen zu Handlesern, Wahrsagern und befragen Orakel.

Die mythische Phase der Bewußtseinsentwicklung

Während auf der magischen Bewußtseinsebene immer noch eine recht ausgeprägte Verschmelzung zwischen Innen und Außen, Mensch und Umwelt vorherrscht, geht der Differenzierungsprozeß auf der mythischen Stufe weiter, indem der Mensch zunehmend seine begrenzte Macht und seine Hilflosigkeit erfährt und seine Omnipotenzphantasien zurücknehmen muß, aber auch neue selbstgestalterische Fähigkeiten entdeckt. Er beginnt Sprache und Zeitgefühl zu entwickeln und sich in differenzierter Weise Vorstellungen und Gedanken über den Ursprung der Dinge, des Universums, des Menschen und der Tiere, über die Naturvorgänge, seinen Körper, die Nahrung, die Sexualität, über Mann und Frau und die Bedeutung seines Lebens und Sterbens zu machen. Auch hier projiziert er natürlich noch vieles aus seiner eigenen Innenwelt auf die Außenwelt, aber es ist nicht mehr er selbst, der das alles gemacht hat, sondern er erkennt zunehmend die Autonomie und Eigengesetzlichkeit der Vorgänge sowohl in ihm als auch in der Außenwelt. Er erinnert sich an Vergangenes und nimmt Zukünftiges vorweg. Er wird sich seiner Sterblichkeit deutlicher bewußt und sucht auf vielerlei Weise, dem Tod zu entgehen bzw. den Bereich des Todes zu ergründen (Einbalsamierung, Vorstellungen eines Totenreiches, eines Gerichtes, das die Taten seines Lebens beurteilt etc.). Er ist nicht mehr vollständig von seinen Trieb- und Instinktbedürfnissen bestimmt, kann sie aufschieben und kultivieren.

Wenn er sich fragt, woher er eigentlich kommt, realisiert er, daß er sich in der Welt vorfindet, ohne daß er weiß, warum und zu welchem Zweck. Er stellt sich vor, daß er von einem göttlichen Ur-Elternpaar oder einer Ur-Mutter ebenso hervorgebracht wurde, wie seine eigenen Kinder von ihm hervorgebracht werden. Er stellt sich vor, daß die Welt ebenso gemacht wurde, wie er die Dinge zu machen imstande ist: durch eine bestimmte Absicht, einen Plan, einen schöpferischen Willensimpuls und konkrete Handlungen. Er vermutet, daß es hinter oder über allem noch ein unbekanntes Jenseits, einen Himmel, eine Hölle, eine Überwelt und eine Unterwelt geben müsse, in denen sich alle diese verursachenden inneren und äußeren Kräfte, Gottheiten und Teufel, aber auch seine ihn eigentümlich bewegende Seele befinden. Durch Rituale, Opferhandlungen und Gebete versucht er, die vielen Kräfte und Gottheiten, von denen sein Leben abhängt, günstig zu stimmen. In der Auseinandersetzung mit diesen unbekannten Naturkräften außen und den unbewußten Kräften innen – die oft noch im Außen vermutet werden – lernt er deren Charakteristika und Eigenarten immer besser kennen und unterscheiden. Im Götterhimmel und Menschenleben der griechischen Mythologie wie auch in vielen anderen Mythologien sind derart differenzierte Lebenserfahrungen zusammengefaßt, daß sie auch für den modernen Menschen noch eine schier unerschöpfliche Quelle der Weisheit und Inspiration sein können, vorausgesetzt, er versteht sie symbolisch.

Der mythische Mensch ist nicht mehr überwiegend egozentrisch, sondern soziozentrisch orientiert, d. h., seine Gruppe und das eigene Gesellschafts- und Glaubenssystem mit den entsprechenden Führungspersönlichkeiten stehen im Mittelpunkt. Er identifiziert sich mit ihnen und den kollektiven Werten. Gruppenfremde Menschen werden als bedrohlich und feindselig empfunden. In kollektiven Massenbewegungen (großen Sportveranstaltungen, Demonstrationen, Kundgebungen), die in bezug auf den individuellen Menschen oft eine stark gleichmachende Wirkung haben, lassen sich die Elemente des mythologischen Bewußtseins (z. B. starke Emotionalisierung, hohe Identifizierung mit der eigenen Gruppe, dagegen Bekämpfung und Verteufelung der anderen, fremden) immer wieder beobachten.

Wie schwierig und mühsam es auch für uns noch ist, die mythische Bewußtseinsebene zu überwinden, erfährt jeder, der versucht, seine eigenen religiösen Glaubensüberzeugungen zu hinterfragen, die in der Regel einem magisch-mythischen Vorstellungssystem entstammen. Die Autorität und Unfehlbarkeit des Papstes oder den

Offenbarungs- und Wahrheitscharakter der Heiligen Schrift zu bezweifeln ist für viele ein Sakrileg, das mit schweren Ängsten und Schuldgefühlen bezahlt werden muß. Obwohl Papst und Heilige Schrift als symbolische Größen des LOGOS zu sehen sind, ist doch die vorherrschende Bewußtseinslage ihnen gegenüber mythisch. Der LOGOS wird auf eine gottähnliche Gestalt oder eine Jahrtausende zurückliegende Offenbarung projiziert und nicht als eine eigene geistige Kraft, die man selber nutzen kann, gesehen.

Der Beginn der mythischen Phase wird in der Menschheitsgeschichte etwa mit dem Beginn des Ackerbaus auf 7000–5000 vor Christus datiert. Symbolisch-mythologisch dominieren die Symbole des BIOS und des EROS. Das Leben ordnet sich in der Gemeinschaft nach dem zyklischen Verlauf der Jahreszeiten, es werden Blutopfer gebracht, um die Fruchtbarkeit der Erde und den Fortbestand des Lebens zu sichern. In den Mythen treten aber auch erste Heldengestalten auf, die sich aus dem Bereich des Mutterarchetyps und der Situation des kollektiv Eingebundenen herauslösen und Mut zur individuellen Entwicklung haben.

Die rationale Phase der Bewußtseinsentwicklung

Die Phase des rationalen Bewußtseins setzte etwa 2500 vor Christus ein, gekennzeichnet vom Beginn der abendländischen Philosophie und der patriarchalen Kultur. Sie steht zunächst unter dem Symbol des HEROS, des Heldenkampfes. Der Mensch und sein Bewußtsein versuchen sich immer mehr aus der Abhängigkeit von den äußeren Naturmächten und den inneren Kräften der Triebe und Affekte zu lösen. Es kommt zu einer zunehmenden Konstanz und Stabilität des Ich-Bewußtseins, damit verbunden ist eine vermehrte Fähigkeit zur Weltbemächtigung. Das Ich-Bewußtsein orientiert sich zunehmend am LOGOS, mit seinen Grundsymbolen des Himmels, der Sonne und des Lichtes.

Historisch und entwicklungsmäßig gesehen war es zunächst ein immenser Fortschritt für die Menschheit, sich aus dem magischen und mythischen Denken mit all seinen Vorurteilen, dem Aberglauben, der Machtausübung und Gewalttätigkeit, der Angst und dem

Zwang zu befreien und sich an den Prinzipien der Vernunft, Logik und der wissenschaftlichen Überprüfbarkeit zu orientieren. Erst die Fähigkeit, einen relativ unpersönlichen, unparteiischen, auch über eigene Gruppengrenzen hinweg reichenden Standpunkt einnehmen zu können, ermöglichte letztlich die Konstituierung der Menschenrechte, dem höchsten verbindlichen moralischen Wertesystem, über das wir heute verfügen. Ebenso wurde die Demokratie auf diesem Boden möglich und die Entwicklung der Wissenschaft, einer in vielerlei Hinsicht idealen Institution, weil sie international und methodisch wertneutral angelegt ist und sich der Freiheit und Unabhängigkeit des Denkens und dem Wohl der Menschheit verpflichtet fühlt.

Die Entwicklung des rationalen und damit von subjektiven, emotionalen Einflüssen relativ unabhängigen Denkens ist eine evolutionäre Errungenschaft, die den Menschen erst wirklich zum Menschen macht. Diese Fähigkeit ist die Grundlage von Weisheit, Gerechtigkeit und Toleranz und eines beginnenden globalen Denkens, das über seine eigenen Grenzen hinauszuschauen vermag. Überall dort, wo sie nicht vorhanden ist, herrschen Angst, Zwang, Gewalt.

Die Mechanismen der Bewußtseinsbildung (Unterscheidung, Polarisierung, Abwehr der unbewußten und emotionalen Komponenten, Reduktion der Vielfalt) haben aber in dieser Phase eine starke Neigung, sich zu verselbständigen und zu verabsolutieren. Zu sehr noch ist man fasziniert von den enormen Möglichkeiten, die das freie Denken verspricht. Man glaubt, den Schlüssel zu allen Geheimnissen des Lebens und dessen Kontrolle in der Hand zu haben. Sehr komplexe und vielschichtige Phänomene des menschlichen Lebens, die sich nicht auf einen einfachen logischen Nenner bringen lassen, werden auf einige wenige Faktoren reduziert. In der Psychologie kennt man den Begriff Rationalisierung als Bezeichnung für einen sehr häufig angewendeten Abwehrmechanismus, mit dem unbequeme, peinliche, angsterzeugende Aspekte der Persönlichkeit so erklärt werden, daß sie ihren irritierenden, das Selbstwertgefühl störenden Charakter verlieren. Man interpretiert sich die Ereignisse so, daß sie ins eigene System passen. Das geschieht nicht nur im

Kleinen, sondern auch im Großen der religiösen, politischen und wissenschaftlichen Systeme: Das Unpassende, das das System aus dem Gleichgewicht bringen könnte, wird als nicht vorhanden wegerklärt. Ein klassisches Beispiel dafür ist das Verhalten der Schulpsychologie während der zwanziger und dreißiger bis in die siebziger Jahre des 20. Jahrhunderts hinein. Sie verleugnete unbewußte seelische Vorgänge, weil sie sich einer direkten quantifizierenden Beobachtung entzogen, und ließ als einzigen Gegenstand psychologischer Forschung nur all jene menschlichen Eigenschaften und Verhaltensweisen gelten, die man unmittelbar und objektiv von außen erfassen konnte. Eine solche Haltung entspricht aber noch nicht einer im besten Sinne wissenschaftlichen Haltung, sondern eher einem magischen Abwehrzauber, der sich mit einem wissenschaftlichen Gebaren tarnt. Ein wirklich wissenschaftliches Denken dagegen ist bestimmt von dem Bemühen um ein Erkennen und Verstehen des eigenen Wesens und der Welt, so wie sie sind. Dazu gehört die dauernde Bereitschaft, Einstellungen und Vorstellungen in Frage zu stellen, sie mit den Erfahrungen anderer Menschen zu vergleichen, zu überprüfen, sie zu modifizieren und zu erweitern. Wissenschaftliches Denken muß alles einbeziehen können, es müssen gerade auch Prozesse, die sich im Innern des Menschen abspielen, seine inneren Erfahrungen, seine Gefühle und Phantasien, seine Kreativität und seine religiös-transpersonalen Seiten, die ja für den Menschen oft von entscheidender Bedeutung sind, mit adäquaten Methoden untersucht werden.

Die integral-transpersonale Phase der Bewußtseinsentwicklung

In der nächsten Phase wird der Einseitigkeits- und Abwehrcharakter der rationalen Phase überwunden. Das Denken kann sich selbst betrachten, in Frage stellen und seine eigenen typischen Begrenzungen erkennen (Erkenntnis- und Wissenschaftskritik). Das Denken wird nunmehr zu einer von mehreren bewußt eingesetzten Funktionen und Hilfsmitteln auf dem Wege zu einem vertieften oder erweiterten Bewußtsein.

Ein solches Bewußtsein vermag das wissenschaftliche Denken und den LOGOS mit den anderen Prinzipien, dem BIOS, HEROS und EROS zu versöhnen. Natur- und Geisteswissenschaften, Philosophie, Psychologie, Kunst, Religion, Liebe und alltägliches Leben sind nicht mehr sich ausschließende oder anfeindende Bereiche, sondern werden als zur Erlebensgesamtheit des Menschen zugehörig verstanden und gefördert. Im integralen Bewußtsein werden die verschiedenen Polaritäten des Daseins wieder in ihrer inneren Abhängigkeit voneinander und als Einheit gesehen. Die Spannung der im Bewußtsein als unterschiedlich erlebten Polaritäten kann aus dieser Einsicht heraus positiv ausgehalten werden, ja als Lebensmotor und Grundlage schöpferischen Tuns sogar genossen werden. Unterschiedliche Aspekte des Lebens können gleichzeitig und gleichberechtigt nebeneinander bestehen, und zugleich kann das Verbindende und Übergreifende erahnt werden. Die Komplexität des Lebens wird zugelassen. Es kann zu einer neuen Harmonie der Polaritäten kommen, nicht einer Harmonie des Gleichen und Gleichartigen, sondern einer Kontrast-Harmonie.

In diesem Zulassen des Komplexen und Vielschichtigen des Daseins wird auch der egozentrische Standpunkt des Menschen notwendigerweise relativiert. Der Mensch kann sich immer mehr mit dem Gesamt des Lebens, das er ist und repräsentiert und das in ihm zum Ausdruck kommt, identifizieren. Körper, Seele und Geist werden als Einheit erlebt, und diese wiederum werden auch als Ausdruck überpersönlicher, transpersonaler Aspekte empfunden. Ken Wilber rechnet das integrale Bewußtsein aus systematischen Gründen noch nicht ganz zur transpersonalen Phase, sieht es aber auch als einen Übergang dorthin. Er beschreibt weitere transpersonale Phasen der Bewußtseinsentwicklung, die aber zunehmend unanschaulich werden und deren Gemeinsamkeit in der immer subtiler werdenden Erfahrung der Einheitswirklichkeit liegt.

Schattenaspekte des LOGOS

Die wesentlichen Schattenseiten des LOGOS sind seine Neigung zur Vereinfachung und Reduktion von komplexen Zusammenhängen und die Abspaltung und Abwertung des »Unteren«, der Erde und der Materie (vgl. Ausführungen im BIOS-Kapitel). Daraus entstehen häufig idealisierte Schemata und Ordnungshierarchien, die logisch und theoretisch einleuchtend erscheinen, aber praktisch nicht lebbar sind. Menschen orientieren sich dann nach Glaubenssätzen, Dogmen, Modellen und Methoden, die sie in ein geistiges Gefängnis sperren und den natürlichen Zugang zu ihrer körper-seelischen Ganzheit zerstören. Die verschiedenen Religionen und Philosophien legen von der Gewalt, die damit verbunden sein kann, erschütterndes Zeugnis ab.

Das Leben spielt sich auf vielen Ebenen gleichzeitig ab, nicht nur auf der geistigen. Die höchsten Einsichten und die höchsten Formen des Bewußtseins lassen sich meist nur kurzfristig und in sonstigen günstigen Situationen aufrechterhalten (Rückzug, Ruhe, guter Gesundheitszustand, Ausgeschlafensein, sichere Lebens-Grundsituation, förderlicher gesellschaftlicher Hintergrund). Viele sogenannte geistige Führer, Meister und Gurus predigen ihren Schülern eine illusionäre Lebensform, die sie nur deshalb vorleben können, weil ihre Schüler und Förderer sie finanziell unterstützen und ihnen die Anstrengungen und Konflikte des normalen Berufs-, Partnerschafts- und Elterndaseins abnehmen. Auf diese Weise können sie sich natürlich leicht so tun, als sei ihre Lebensform tatsächlich realisierbar.

Entsprechend der dem LOGOS typischen Eigenheit, sich selbst als das Höchste zu betrachten, werden die geistigen Aspekte der Individuation häufig überbewertet und ihre konkrete Verwirklichung vernachlässigt. Das erkennende Bewußtsein ist als Vorreiter und Motivator für unsere Entwicklung von entscheidender Bedeutung, weil uns durch dieses erst die Ganzheit und das Wunder des Lebens bewußt werden. Die wichtigsten Fortschritte der Menschheit wurden aber von Menschen, die mitten im Leben standen, geleistet und nicht von weltabgewandten, dem rein Geistigen zugewandten Einsiedlern. Die geistige Einsicht in die All-Einheit muß sich verwirklichen in den anderen Aspekten, in der Liebe (EROS), in der alltäglichen Lebendigkeit (BIOS), in der schöpferischen Tat (HEROS).

Der LOGOS-orientierte Persönlichkeits- und Lebensstil

Menschen, die dem LOGOS-Faktor nahestehen, lieben es, das Leben aus einer ruhigen, neutralen Distanz heraus zu betrachten, es nach logischen Prinzipien zu ordnen, zu analysieren und zu verstehen. Da es ihnen vor allem darauf ankommt, einen »kühlen Kopf« zu bewahren, findet man sie bevorzugt an kühlen und schattigen Orten, an denen es wenig ablenkende oder erhitzende Reize gibt. Sie gehen gerne mit Daten, Skizzen, Formeln und Modellen um, sie planen Abläufe und einzelne Schritte für ein Projekt und bevorzugen ein systematisches Herangehen an ihre Aufgaben. An den von ihnen mitgeführten typischen Arbeitsmitteln: Bücher, Tabellen, Manuskripte, Fachzeitschriften, Bleistift und Papier, Diktiergeräte und tragbare Computern sind sie leicht zu erkennen. Mit ihrer Aufmerksamkeit sind sie selten im »Hier und Jetzt« anzutreffen, sondern sie arbeiten innerlich an zu lösenden Fragestellungen und Problemen. Von ungeklärten geistigen Problemen und Konflikten scheinen sie wie magisch angezogen zu sein. Und wenn es keine Probleme gibt, suchen sie so lange danach, bis sie eines gefunden haben. Eine Welt ohne Probleme ist für sie langweilig. »Wo ist das Problem und wie ist die Lösung?« könnten ihre Grundfragen sein, wobei es sich in der Regel um allgemeinere praktische, technische, wissenschaftliche oder philosophische Problemstellungen handelt, weniger um persönliche Beziehungs- und Gefühlsprobleme, die ihnen wegen ihrer Komplexität, emotionalen Diffusität und persönlichen Nähe eher unangenehm sind. Sie sind zwar umfassend lern- und wißbegierig, aber Denksysteme, Theorien und Fakten interessieren sie meistens mehr als Menschen und allzu konkrete Situationen. Wenn man ihnen mit allzu persönlichen, emotionalen Fragen »auf den Leib rückt«, reagieren sie irritiert, verstummen und ziehen sich schnell zurück. Sie lassen sich vor allem durch vernünftige Argumente überzeugen; rein emotionale Begründungen oder gefühlsmäßig getroffene Entscheidungen finden sie wenig akzeptabel. Naturgemäß sind sie häufig eher introvertiert, wirken neutral bis ernst, reserviert, nachdenklich oder grüblerisch und können von ihren Gedanken so absorbiert sein, daß sie ihre Außenwelt nicht mehr richtig wahrnehmen (»der zerstreute Professor«).

Typische Berufsgruppen sind: Naturwissenschaftler, Physiker, Mathematiker, Ingenieure, Informatiker, Geisteswissenschaftler, Philosophen, Psychologen (Diagnostiker), Juristen, Theologen, Bibliothekare, Buchhalter, Kritiker, Kontrolleure.

Wenn die Beziehung zum EROS-Prinzip gut ist, können sie gesellige Menschen sein, die mit Geist und Witz, elegant und charmant, schnell und leicht Kontakt herstellen können. Sie können sich leicht in Wort und Schrift ausdrücken, wobei die Leichtigkeit etwas Inspiratives, manchmal aber auch etwas zu Rasches, Oberflächliches und Sprunghaftes mit sich bringen kann.

Ein fehlender EROS kann sich bei ihnen auch als Unbezogenheit, Mißtrauen und Vorsicht gegenüber der Welt, den Menschen und ihren Motiven äußern. Sie beobachten kritisch und nehmen sensibel wahr, was sie von anderen hören und sehen. Sie analysieren es sofort detektivisch auf ihre verborgenen, problematischen oder negativen Aspekte hin. Sie sind kontaktunsicher, und es dauert lange, bis man mit ihnen in einen warmen, herzlichen Kontakt treten kann. Sie haben an sich selbst hohe Ansprüche und erwarten diese indirekt auch bei anderen. Sie strahlen Kontrolle, Beherrschung, aber auch Perfektionismus und Souveränität aus und verursachen bei anderen Menschen oft Minderwertigkeitsgefühle und Hemmungen. Man fühlt sich von ihnen intensiv beobachtet und im Hinblick auf eigene Schwächen gnadenlos »durchschaut«. In bezug auf ihre eigenen Schattenseiten haben sie oft aber einen sehr dunklen und blinden Fleck, und sie reagieren sehr empfindlich, wenn sie damit konfrontiert werden. In ihrer schlimmsten Ausprägung führt die fehlende emotionale Beziehung zur Kälte, Sadismus, Hartherzigkeit, kalter Berechnung.

Wenn die Beziehung zum HEROS-Faktor positiv ist, können sie revolutionäre Neu-Denker sein, die mit ihrer Logik immer tiefere und weitere Bereich durchdringen und erschließen wollen. Wenn eine förderliche Beziehung zum HEROS-Faktor fehlt, fehlt ihnen die progressive, Grenzen überschreitende und ins Neuland vordringende Energie. Ihr Denken hat dann vielleicht etwas Gehemmtes, Zaghaftes, Zauderndes und Zögerndes, es fehlt ihnen die Entschlußkraft, und sie können grüblerisch die immer gleichen Gedanken denken, umkreisen, vertiefen, ohne zu einem definitiven Ergebnis zu kommen. Sie bevorzugen vielleicht traditionelle Gedankengebäude und Glaubenssysteme, die sie weiter differenzieren und ausbauen, die aber ihr grundsätzliches Sicherheitsbestreben nicht gefährden, sondern festigen. Sie werden zu gewissenhaften, strengen Hütern etablierter Werte und Tugenden wie Ordnung und Sauberkeit.

Wenn ihr Denken durch BIOS gut geerdet ist, erhält es einen lebensnahen, pragmatischen Bezug. Die konkrete, praktische Anwendung wird dann nicht aus dem Auge verloren. Die fehlende förderliche Beziehung zum BIOS-Faktor zeigt sich vor allem in ihrer Schwierigkeit, mit dem alltäglichen Leben und den körperlichen Bedürfnissen in gutem Kontakt zu sein. Wenn sie zudem intuitiv sind, neigen sie leicht dazu, »abzuheben«, nur noch »im Kopf« oder der Phantasie zu sein und den »Boden unter den Füßen zu verlieren« – »bodenloser Leichtsinn« kann die Folge sein. Sie sind dann vielleicht idealistische Träumer und Visionäre, und die Zukunft bedeutet ihnen mehr als die Gegenwart. Sie denken dauernd darüber nach, wie man die Dinge verbessern oder verändern könnte, scheitern aber an den vielen notwendigen kleinen Schritten und vergessen dabei noch ihre unmittelbarsten Bedürfnisse wie Hunger, Schlaf und Sexualität. Wir finden hier auch körper- und lebensfeindliche Asketen und Theoretiker, denen alles Materielle und Körperliche nur eine lästige Pflicht und Last ist und deshalb so gut wie möglich »abgetötet« werden muß. Das Schicksal der Erde und der Menschheit ist ihnen relativ gleichgültig, wichtig sind die universalen Ideen und ewigen Wahrheiten. Die Luft aber ist ein leicht bewegtes Element. So kann der nicht geerdete Geist unstet und rastlos suchend sein, alles betrachtend, alles beobachtend, aber niemals zufrieden und erfüllt. Das luftig-dünne Element und die Höhe machen einsam und kalt. Hier begegnen wir Eigenbrötlern und Sonderlingen.

Eine gute Beziehung zum MYSTOS kann ihrem Denken schöpferische Kraft und visionäre Intuitionen schenken. Dann sind sie oft an den letzten Fragen und Dingen der Existenz brennend interessiert und können viel Zeit der philosophischen Betrachtung und der Meditation widmen. Manche von ihnen streben die höchsten Stufen des menschlichen Bewußtsein an. Fehlt der Bezug zum MYSTOS, dann kann ihre Vorliebe für das »Objektive«, die Wahrheit, Gerechtigkeit und Ordnung leicht zwanghafte Züge annehmen. Sie wirken dann sehr trocken, ernst und nüchtern. Allem Spontanen, Emotionalen, Phantasievollen setzen sie Regeln, Vorschriften, Gebote und Verbote entgegen. Der Begeisterung und Leidenschaft begegnen sie mit Pflicht und Verantwortung, der Freude mit Sachlichkeit, dem Humor mit Sarkasmus und Zynismus, dem Geheimnisvollen und Rätselhaften mit Vernünftigkeit. Sie werden dann leicht zu rechthaberischen Prinzipienreitern und moralisierenden, besserwissenden Wahrheitsfanatikern.

LOGOS in Selbsterfahrung und Therapie

Der Logos ist die Grundlage fast aller psychotherapeutischen Verfahren und Selbsterfahrungsmethoden. Heilung und Selbstentfaltung sollen durch Einsicht, Erkenntnis, durch Verstehen und Bewußtmachen gefördert werden. Ganz speziell findet es Anwendung in den analytischen und tiefenpsychologischen Verfahren, in den verschiedenen Ansätzen der kognitiven Verhaltenstherapie und auch in der Logotherapie.

Bewußt gemacht werden sollen – allerdings nicht nur verstandesmäßig, sondern vor allem auch mit den damit verbundenen Gefühlen und Affekten – unbewußte Konflikte, Komplexe, traumatische Erfahrungen, seelische Entwicklungsprozesse, unbewußte Denkgewohnheiten, verdrängte Gefühle und Affekte, hemmende Einstellungen, Werte und Glaubensüberzeugungen, schattenhafte Persönlichkeitsanteile, natürlich auch Begabungen, unentwickelte Potentiale und positive Eigenschaften, die bisher nicht wahrgenommen und realisiert werden konnten. Da alle diese Bereiche in der Regel aus dem bisherigen bewußten Erleben ausgeschlossen waren, wird ihrem Bewußtwerden natürlicherweise Mißtrauen, Angst, auch Schuld und Scham entgegengesetzt. Die Psychoanalyse hat eine Vielzahl von Abwehrmechanismen beschrieben, mit deren Hilfe wir versuchen, solche Aspekte unseres Lebens fernzuhalten und die mit ihnen verbundene Angst und Scham besser zu bewältigen. Einige von ihnen sind in die Umgangssprache eingegangen und zum allgemeinen Erkenntnisgut geworden, wie z. B. Unterdrückung, Verdrängung, Projektion und Rationalisierung.

Die unbewußten Seiten unseres Wesens sind uns nicht direkt zugänglich, auch wenn wir uns sehr darum bemühen. Wir haben an den betreffenden Stellen einfach einen blinden Fleck. Sie können deshalb nur indirekt erfahren werden, z. B. in unseren Symptomen und Fehlleistungen, unseren Träumen und Phantasien, in spontanen, »verrückten« Einfällen, in unseren Lieblingsgeschichten, -filmen und -witzen. Da andere Menschen, die mit uns näher zusammenleben und uns besser kennen, in der Regel ihren blinden Fleck nicht an der gleichen Stelle haben, können sie uns auch einige deutliche Hinweise geben. Je mehr ehrliche Reaktionen wir von unserer Umwelt bekommen, desto besser können wir uns adäquat einschätzen. Hierin liegt auch einer der großen Vorteile der Selbsterfahrungsgruppen.

Helfer, deren Modell überwiegend vom Logos geprägt ist, haben häufig die Einstellung oder Phantasie eines Forschers, eines Wissenschaftlers, eines Archäologen oder eines Seelen-Chirurgen, der präzise und sauber in der Lage ist, den neurotischen Krankheitsherd aus dem Gesamtorganismus der Psyche herauszupräparieren und zu entfernen. Ihre Haltung ist dann häufig durch Struktursetzung, Distanz, Neutralität und Abstinenz gekennzeichnet. Das Behandlungssetting muß möglichst klar und eindeutig sein, damit keine

Störvariablen subjektiver und emotionaler Art von seiten des Helfers die (»wissenschaftliche«) Untersuchung des vorliegenden Phänomens erschweren. Die angewendeten Interventionen sind meist verbaler Art: Fragen stellen, Sachverhalte klären, präzisieren, sichten, ordnen, unbewußte Zusammenhänge und Hintergründe analysieren, deuten, erklären, rekonstruieren. Der Behandlungsraum wird oft reizarm, neutral, sachlich, nüchtern, übersichtlich eingerichtet sein; schwarze, weiße oder graue Farbtöne, Glas, Metall und andere kühle Materialien werden vorherrschen. Der Helfer wird formelle Kleidung bevorzugen (Anzug, Arztkittel). Komponenten, die auf Emotionen, Sinnlichkeit, Erotik und Persönliches hinweisen, werden nur sehr unauffällig vertreten sein.

Ein anderes Modell innerhalb des LOGOS ist beispielsweise der »Alte Weise«. Er hilft dem Klienten durch sein Wissen um menschheitsgeschichtliche und übergeordnete Zusammenhänge, seine Situation und sein Leiden unter einer erweiterten Perspektive zu sehen und dabei Entlastung zu erfahren. Der Klient erfährt, daß er mit seinen wesentlichen Geheimnissen, Phantasien, Gefühlen, Bedürfnissen und Konflikten nicht allein auf der Welt ist und daß es trotz so vieler trennender Unterschiede zwischen den Menschen auf einer tieferen Ebene doch auch erstaunlich viele Gemeinsamkeiten gibt.

An diesen beiden Aspekten des LOGOS-orientierten Helfers (des Wissenschaftlers und des alten Weisen) wird noch einmal deutlich, daß jeder Faktor des Pentalon-Modells aus einem Bündel sehr verschiedener Facetten mit ihren jeweiligen Vorzügen und Schattenseiten besteht, die alle ihre spezifische Bedeutung in Therapie und Selbsterfahrung haben können. So gibt es nicht nur den guten oder bösen Vater, auf den manche Theoriemodelle das LOGOS-Prinzip reduzieren, sondern es gibt eben den LOGOS-Faktor, der sich manchmal als Vater, manchmal aber auch als Wissenschaftler, als Philosoph, als Pfarrer, als Polizist, als Richter, als Lehrer, als Chirurg, als Politiker, als »Alter Weiser« in den menschlichen Beziehungen wie auch in den unbewußten Vorgängen, den Träumen und Übertragungsphantasien manifestiert und symbolisiert. Alle diese Facetten haben ihre jeweils spezifischen Interaktions- und Beziehungsmuster und ihre spezifischen Möglichkeiten, bei Problemen Hilfestellung zu leisten.

Die Schattenseiten des LOGOS liegen u. a. in einer lebensfernen, unpersönlichen, rollenhaften therapeutischen Beziehung, die die Klienten emotional und beziehungsmäßig verhungern lassen. Methoden, Regeln, Prinzipien und Abstraktionen werden dann über das Leben und das einzelne Individuum gestellt. Aus psychischem Leben werden – wie man aus der entsprechenden theoretischen Literatur leicht entnehmen kann – Objekte, Apparate, Behälter, Mechanismen und meßbare physikalische Vorgänge. Dadurch werden sadistisch-masochistische, paranoide und selbstentfremdende Interaktionen gefördert. Eine weitere spezifische Problematik dieses helfenden Beziehungsmusters ist der abwartende Umgang mit den »unteren« oder »niederen« Bereichen der Persönlichkeit (z. B. Sexualität, Oralität, Aggression, Besitzstreben und narzißtischen Bedürfnissen) oder mit dem »profanen« Alltag. Es besteht die Gefahr, daß damit verbundene Probleme und Bedürfnisse nicht ausreichend wahrgenommen und bearbeitet werden, weil sie als unwesentlich oder sogar als hinderlich und störend eingestuft werden. Auch das Umgekehrte kann der Fall sein: Helfer, die z. B. ihre eigenen Trieb- und Instinktseiten nicht leben, können versuchen, dies indirekt über ihre Klienten zu tun, indem sie sich mit deren diesbezüglichen Problemen ausgiebigst voyeuristisch beschäftigen. Damit können sie sich selbst ihrer »reinen« Geistigkeit weiter erfreuen, sich überlegen fühlen, den Klienten zum kleinen, ewigen Sünder und Normalmenschen stempeln und dennoch am »Sündhaften« und Allgemeinmenschlichen partizipieren. Hier findet sich auch der Heuchler-Schatten. Weil sie sich ihre eigenen Schwächen und Fehler nicht zugestehen können, zeigen sie statt weiser Menschlichkeit fassadenhafte Übermenschlichkeit, hinter der sich heimliche Aggression, rigider Dogmatismus, Menschenverachtung und Intoleranz verbergen. Dies mag sich beispielsweise in einer gnadenlosen »Entlarvungstendenz« oder einem harten Wahrheitsfanatismus äußern. Um sich in ihrer Menschlich-Allzumenschlichkeit nicht zeigen zu müssen, verbergen sie sich hinter einem Regelwerk der Abstinenz (Enthaltsamkeit von persönlichen Bedürfnissen).

Heilende »Abstinenz« ist eine Kunst, ein äußerst feiner und zuweilen sehr schwieriger Balanceakt zwischen toleranter Nicht-Einmischung und persönlicher, dialogischer Beziehung. Therapeutische Abstinenz ist nicht hauptsächlich eine äußerlich angenommene Haltung, die sich in einzuhaltenden Regeln, Schweigegeboten, bestimmten Settings o. ä. zeigt, sondern vielmehr eine innere Einstellung der Toleranz, Akzeptanz und Liebe, durch die die Freiheit, Selbstbestimmung und Würde der Klienten gewahrt und der Prozeß der Individuation gefördert wird.

Auch wenn die LOGOS-orientierten Richtungen in den letzten Jahren vielfältige Kritik – insbesondere wegen ihrer dogmatischen Einseitigkeit – erfahren haben, so bleibt die Selbsterkenntnis, die Bewußtmachung des Unbewußten, doch einer der wesentlichen Heil- und Wirkfaktoren. Jeder Mensch hat ein spontanes, natürliches Interesse, sich selbst in seiner Eigenart und als Resultat einer Entwicklung besser zu verstehen. Einsichtsfähigkeit und Bewußtheit sind sehr wahrscheinlich die höchsten psychischen Funktionen, die der evolutionäre Prozeß bisher hervorgebracht hat, und sie verhelfen uns wie keine andere Fähigkeit zur Freiheit und schöpferischen Verwirklichung unseres Potentials. Wir müssen uns nur bewußt halten, daß alle unsere Erkenntnisse beschränkt sind, daß wir uns niemals vollständig analysieren und verstehen können, daß wir selbst ständig im Fluß sind und immer wieder Neues über uns erfahren können.

Quintessenz

- ***Sei dir selbst ein Licht!***

Es wird überliefert, daß Gaudama Buddhas letzte Worte auf seinem Sterbebett waren: »Sei dir selbst ein Licht!« Damit betont er, wie entscheidend für dein Leben die gute Entfaltung des Logos ist. Es geht also darum, daß du deiner eigenen Erkenntnisfähigkeit trauen lernst. Natürlich kannst du nicht alle aus dir heraus allein lernen. Du bist angewiesen auf die Kenntnisse und Erfahrungen vieler anderer Menschen, und es macht viel Freude, von ihnen zu lernen. Deine Aufgabe aber ist, alles immer wieder mit deinen eigenen Erfahrungen zu überprüfen und nicht blindlings irgendeinem Glaubenssystem zu folgen. Die Haltung oder die Einstellung, die der Buddha dir hier nahelegt, ist wissenschaftlich im besten Sinne. Geh davon aus, daß alles, was du weißt und was andere Menschen wissen, Hypothesen, vorläufige Annahmen sind. Laß dich niemals von Theorien und Modellen versklaven; sie können immer nur einen allerkleinsten Teil des Lebens verständlich machen. Verwechsle nicht die Landkarte mit der Landschaft. Das Leben ist immer komplexer und vielschichtiger, als wir ahnen. Immer gibt es einen Bedeutungsüberschuß. Wenn eine Theorie nichts Neues mehr bringt und dein Bewußtsein einzuengen beginnt, dann mußt du dich davon lösen, damit sie dein Bewußtsein nicht unnötig beschränkt und du deine Freiheit und deine Lebensräume beständig erweitern kannst. Habe Mut, dich deines eigenen Verstandes zu bedienen, und wirf den geistigen Ballast von überholten Ansichten, Glaubenssystemen, Dogmen, Modellen über Bord.

• *Achtsamkeit: Entdecke das Kleinod in der Lotosblüte!*

Warte nicht auf die große Erleuchtung oder die letzte höchste Einsicht. Erkenne, daß dein jetziges klares Bewußtsein von dir selbst und der Welt bereits ein Juwel in höchster Vollendung ist. Freue dich daran und genieße es, so oft du nur kannst. Halte immer wieder einmal inne und nimm bewußt wahr, was du im gegenwärtigen Augenblick erlebst, nicht, um irgend etwas damit zu tun oder zu erreichen, sondern einfach nur, um das Licht des Bewußtseins, das dir den Tag und die Welt erhellt, möglichst dankbar auszukosten. Sei einfach ohne Absicht offen und achtsam. Versuche, dich unmittelbar mit dem, was ist, in Berührung zu bringen, ohne es irgendwie einzuordnen, zu vergleichen oder zu bewerten. Schau einfach hin, beobachte einfach, was ist und wie es ist. Streng dich nicht an und verkrampfe dich nicht, weil du etwas Besonderes erreichen willst. Befreie dich von dem Druck, jetzt gleich irgend etwas damit tun zu müssen. Das ist auch das Wesen der Achtsamkeits-Meditation, eine der hilfreichsten Dinge, die du für die Entfaltung des LOGOS lernen kannst. Meditation mag sich für dich vielleicht schwierig oder kompliziert anhören, und es gibt tatsächlich auch eine Vielzahl von Methoden, die dir nicht weiterhelfen. Sie sind zeit- und kulturabhängig und nur für wenige Menschen geeignet. Achtsamkeit ist einfach und unmittelbar, bedarf keiner Körperhaltungen, keiner Exerzitien, keiner Einschränkungen, ist überall möglich. Tiere können es, Kinder können es. Gönne dir nur immer wieder einmal dort, wo du bist, einfach mit allen deinen Sinnen und deinem Bewußtsein anwesend zu sein, um das Wunder des gegenwärtigen Augenblicks zu würdigen.

Wenn du zur Achtsamkeit eine kleine Hilfe brauchst: Laß dir Zeit, entspanne dich und geh in aller Ruhe deine vier Orientierungsfunktionen durch.

Wahrnehmung: Nimm bewußt wahr, was dir deine Sinne vermitteln, was du siehst, hörst, riechst, schmeckst, tastest, körperlich erlebst.

Fühlen: Fühle deine Gefühle, wie es dir stimmungsmäßig geht, ob dir der gegenwärtige Zustand angenehm oder unangenehm ist.

Denken: Nimm deine Gedanken wahr, das, womit du gedanklich gerade beschäftigt bist.

Intuieren: Laß deiner Phantasie freien Lauf und versuche zu erspüren, was sich hinter den äußeren Erscheinungsformen verbirgt. Achte auf symbolische Ereignisse und merkwürdige Zusammenhänge.

Mit Hilfe deiner vier Orientierungsfunktionen bekommt du einen gesamtheitlichen Eindruck dessen, was jetzt gerade ist.

- ## *Der innere Zeuge: Erschließe dir den Zugang zum reinen Bewußtsein!*

Durch deine Achtsamkeit kannst du auch leicht beobachten, daß es einen Zustand in dir gibt, der sich immer gleich bleibt und von den verschiedensten Inhalten des Empfindens, Fühlens, Denkens und Phantasierens nicht berührt wird. Sie erscheinen in ihm wie die Wolken am blauen Himmel. Das ist der innere Zeuge, dein ungetrübtes, klares Bewußtsein. Es ist wie ein reiner Spiegel, der nichts ausschließt, der nichts festhält. Je mehr du empfindest, daß dies auch ein Teil deines Wesens ist, desto freier und gelassener fühlst du dich. Die Erfahrung des inneren Zeugen ist der wesentliche Zugang zum transpersonalen Bewußtsein.

- ## *Erkenne dich selbst!*

Erkenne dich selbst und entdecke dein wahres Selbst. Tu das nicht aus einem Pflichtgefühl heraus, sondern aus Freude und Neugier an dem unbekannten Wesen, das du bist. Das geht aber nur, wenn du dich grundsätzlich annimmst und dich frei machst von Selbstvorwürfen und destruktiver Selbstkritik. Das Wenigste, was du bist und was in dir ist, hast du selbst erzeugt, das meiste ist Ausdruck deiner angeborenen Natur, die sich fortwährend entfaltet, ohne daß dein Bewußtsein eingreifen kann. Beobachte mit wohlwollender Achtsamkeit deine inneren Vorgänge, deine Motive, deine Bedürfnisse und frage dich immer wieder: Wer bin ich eigentlich wirklich? Was fühle ich eigentlich wirklich? Was will ich eigentlich wirklich? Du kannst dies für dich allein tun, vielleicht mit Hilfe von Büchern, in denen dir systematisch Fragen gestellt werden, vielleicht mit Hilfe eines Tagebuchs oder durch Beobachtung deiner Träume, in denen sich deine Wünsche, Ängste, Konflikte, Sehnsüchte und Begabungen spiegeln. Nutze vor allem aber auch die Möglichkeiten, die dir durch den Kontakt mit anderen Menschen gegeben sind. Überwinde deine Scheu, über deine inneren Vorgänge mit anderen Menschen, mit Partnern und Freunden zu sprechen. Du kannst sicher sein: Je ehrlicher und offener du bist, desto mehr entdeckst du, daß auch andere zu dir ehrlich und offen sind und häufig ähnlich empfinden wie du. Das Allerpersönlichste ist meist auch das Allgemeinste. Unsere tiefsten Bedürfnisse und Ängste sind die gleichen wie bei allen anderen Menschen.

- *Lerne die Kreativität und Weisheit der Symbole kennen!*

Lerne, die Welt auch unter symbolischer Perspektive zu sehen. Es gibt zwei Arten des Denkens, die beide notwendig sind und sich ergänzen: die rationale und die symbolische. Das rationale Denken ist dir meist vertraut, das symbolische weniger, zumindest hast du wahrscheinlich kein Bewußtsein dafür entwickelt. Die symbolische Betrachtung ist ganzheitlicher, vieldeutiger und intuitiver. Du kannst mit ihrer Hilfe Dinge wahrnehmen, die sich nicht unmittelbar logisch ableiten lassen, du kannst »ins Herz der Dinge lauschen«. Sie macht dein Leben vielfarbiger, lebendiger, kreativer. Du kannst überall damit anfangen. Du brauchst dich nur zu fragen: »Was könnte das symbolisch, d. h. bildhaft oder im übertragenen, weiteren Sinn heißen?« »Was drücke ich beispielsweise damit aus, daß ich heute diese Kleiderfarbe gewählt oder diese Körperhaltung eingenommen habe?« »Was sagen meine Träume, Hobbys, meine Lieblingswitze, meine Lieblingsgeschichten über mich, wenn ich sie symbolisch sehe?« Die symbolische Betrachtungsweise bedarf allerdings einer gewissen Lockerheit und auch des Humors, denn es gibt immer viele Möglichkeiten, die gleiche Sache zu betrachten, und du kannst nie sicher sein, ob deine Deutung die richtige ist.

- ## Nutze die vielen Möglichkeiten der Selbsterfahrung!

Eine sehr gute Möglichkeit der Selbsterkenntnis bieten Selbsthilfe- und Selbsterfahrungsgruppen und analytische Therapien. Was du dadurch lernst, ist Introspektionsfähigkeit, die Achtsamkeit auf deine seelischen Vorgänge, die Fähigkeit, dich in deinen hintergründigen Wünschen und Motiven, in deinen unbewußteren Reaktionen zu spüren und besser kennenzulernen. Zu dieser differenzierten Achtsamkeit findest du aber nicht nur oder hauptsächlich durch ein Analysieren, Erklären und Deuten von unbewußten Zusammenhängen, sondern schon allein dadurch, daß du in einer zwischenmenschlichen Situation ermutigt wirst, dich in deiner Wahrheit und Wirklichkeit zum Ausdruck zu bringen. Es gibt einfach keine bessere Möglichkeit, um Bewußtheit zu gewinnen und zu differenzieren, als die Formulierung von eigenen Wünschen, Phantasien, Gefühlen, Empfindungen und deren Mitteilung an einen anderen Menschen, der versucht, sich einzufühlen, zu verstehen, der nachfragt, vertieft. Das hängt damit zusammen, daß andere Äußerungsformen wie z. B. nonverbales, körpersprachliches, mimisches Verhalten nicht klar und eindeutig genug sind. Du kennst das ja auch aus deinen sonstigen Beziehungen: Es reicht dir nicht aus, wenn dir ein Mensch freundlich, zärtlich zugewandt ist, du willst auch gesagt bekommen, wie er zu dir steht, daß er dich mag oder liebt. Das konkrete Aussprechen wirkt klärend, erlösend, befreiend.

- ## Die Wahrheit macht dich frei!

Bemühe dich um Wahrhaftigkeit, Aufrichtigkeit, Ehrlichkeit in jeder Hinsicht, vor allem dir selbst gegenüber. Sei, wie du wirklich bist, und ermutige andere Menschen, auch die zu sein, die sie sind. Es ist in vielen Fällen nicht möglich und auch nicht gut, anderen gegenüber in jeder Hinsicht offen und ehrlich zu sein, zumal sich deine Einstellungen und Überzeugungen immer wieder ändern können. Du mußt deshalb sorgfältig abwägen, wieviel du von deiner Wahrheit und Wirklichkeit anderer Menschen zeigst. Diplomatie ist eine hohe Kunst. Aber für dich selbst bleibe bei der Wahrheit und versuche deine Wahrheit immer tiefer kennenzulernen. Sie wird dich frei machen. Wenn du auf dem Boden deiner Wahrheit angekommen bist, wirst du feststellen, daß sie mit Liebe, Lebendigkeit, Stärke und dem schöpferischen Mysterium untrennbar verbunden ist und daß es dir ein tiefes Bedürfnis ist, immer mehr danach zu leben.

- ***Gewinne inneren Abstand von dir selbst!***

Durch das ständige Bemühen, deine Gefühle, Ängste, Phantasien und Wünsche wahrzunehmen, zu fühlen, auszudrücken und zu formulieren, also zu »objektivieren«, entwickelst du allmählich die zur Lebensbewältigung so ungemein wichtige Fähigkeit der Distanzierung. Das darf aber nicht mit den krankmachenden Distanzierungen von sich selbst verwechselt werden, die durch Abspaltung und Verdrängung wesentlicher Gefühle zustande kommen und die zu einer Selbstbetäubung und Abstumpfung führen. Die reife Distanzierungsfähigkeit zeichnet sich dadurch aus, daß du die Eigenart deines Wesens immer mehr und deutlicher wahrnehmen kannst und daß du – gerade durch eine tiefgreifende Akzeptanz – innerlich ein wenig mehr Abstand davon gewinnst. Du kannst dich gelassener, gewährender, humorvoller nehmen und brauchst dich nicht so verbissen und ernsthaft zu verteidigen.

- ***Stehe zu deinem Nicht-Wissen!***

Gestehe dir ein, daß du in vielen Dingen so gut wie nichts weißt. Das Wissen der Menschheit verdoppelt sich alle fünf bis zehn Jahre. Es gibt kein einzelnes Wissensgebiet mehr, daß du vollständig erfassen könntest. Über die meisten Dinge des Lebens hast du nur oberflächliche Vorurteile. Die Weisheit »Ich weiß, daß ich nichts weiß« ist eine einfache Tatsache, die auf jeden Menschen zutrifft, auch auf dich.

Dies sollte dich aber nicht resignieren lassen, sondern dich von der Last des Rechthabens und Besserwissens, mit der du dir und anderen Menschen das Leben schwermachst, befreien. Aus der Einsicht in deine Unwissenheit heraus kannst du naiv und neugierig an alle Dinge der Welt herangehen. Stehe auch zu deinen Fehlern und Irrtümern und mache dir klar, daß alle Menschen durch Versuch und Irrtum lernen und du immer erst hinterher wissen kannst, was das Richtige gewesen wäre. Auch wenn andere Menschen vielleicht so tun, als seien sie fehlerlos und als wüßten sie etwas ganz genau, kannst du sicher sein, daß dies nur vordergründig so aussieht. Das Leben, die Natur und alles Lebendige in ihr sind ein einziges großes Mysterium. Alles ist ein ständiger Prozeß der Entwicklung und des Wandels. Was heute gültig ist, ist morgen überholt. Niemand ist in der Lage, ganz sicher zu wissen, was in einem bestimmten Augenblick das Richtige und das Beste ist. Sicherheit existiert nirgends. Mit dieser Offenheit und Freiheit mußt du leben lernen.

• *Schenke deinen Gedanken schöpferischen Frei- und Spielraum!*

Du kannst in deinen Gedanken und Phantasien ganz frei sein. In deinem Verhalten bist du vielfältig eingeschränkt, nicht aber in deinen Gedanken. Du hast vielleicht gelernt, daß du bestimmte Gedanken, Empfindungen und Gefühle nicht haben solltest, daß sie schlecht und verboten sind. Sie sind aber unbewußt doch vorhanden, und es kostet dich viel Energie, sie dauernd zu verdrängen. Mach dich frei von allen Ängsten, von allen Schuldgefühlen, von aller Scham, von allen gedanklichen Verboten und Geboten. Laß dir von niemandem mehr befehlen, was du denken sollst und was nicht. Befreie dich auch von deinen eigenen inneren Fesseln, die du dir auferlegt hast, deinen Meinungen und Urteilen, deinen heiligen Überzeugungen, deinen Prinzipien, deinen inneren Autoritäten. Es gibt nichts auf der Welt, was du nicht denken und nicht wissen darfst. Genieße das wundervolle Gefühl der inneren Freiheit und laß es dir niemals mehr nehmen.

• Lerne, so lange du kannst!

Lernen ist vielleicht für dich durch deine Kindheit und die Schule mit unangenehmen Assoziationen verknüpft. Du mußtest vieles lernen, was du nicht wirklich verstehen konntest oder was dich nicht interessiert hat, und du wurdest dauernd bewertet. Jetzt bist du in einer neuen Situation. Du kannst alles lernen, wozu du Lust hast: neue Sprachen, ein Musikinstrument, schöne Gedichte, ein neues Spiel. Lernen ist kein Zeichen von Ungenügen und Dummheit, sondern Ausdruck von Intelligenz und Lebensfreude. Es hält dich jung. Von den meisten Dingen kennst du nur die Oberfläche. Du wirst erstaunt sein, was es alles gibt, wenn du etwas tiefer gehst. Wage es, viele Fragen zu stellen, auch wenn du befürchtest, du könntest »dumm« wirken. Oft wirst du die Erfahrung machen, daß andere Leute sich nur nicht getraut haben, das gleiche zu fragen. Jeder der hier in diesem Buch beschriebenen Faktoren, jeder einzelne Begriff und jedes einzelne Symbol können dir neue Welten eröffnen. Wenn du nicht weißt, was du Neues lernen kannst, dann kannst du beispielsweise mit Symbolen, Mythen und Märchen anfangen. Sie sind eine ständig sprudelnde Quelle von Weisheit und Inspiration.

• Lebe nach den Tugenden, die dich überzeugen!

Tugend und ethische Werte scheinen langweilig zu sein und das Leben einzuschränken. Du verbindest sie meist mit Druck, Last und schlechtem Gewissen. Es kann aber auch sehr befriedigend und erfüllend sein, »ein guter Mensch« zu sein, der sich trotz seiner Schattenseiten bemüht, etwas zum Wohlergehen seiner Mitmenschen und der Mit- und Umwelt beizutragen. Lerne von Menschen, die du bewunderst, weil sie sich ethisch so verhalten, wie es dir gefällt. Mut, Gerechtigkeit, Toleranz, das rechte Maß, Loyalität, Vertrauenswürdigkeit, Zuverlässigkeit, Integrität, Solidarität, Freiheit, Güte, Dankbarkeit etwa sind Tugenden, die nicht viel kosten und doch viel Positives bewirken können. Überprüfe deine moralischen

Werte daraufhin, ob sie dich überzeugen und dir entsprechen. Entwickle deine eigene Lebensethik, an die du dich dann auch zu halten bemühst. Überprüfe deine Einstellung an allgemein anerkannten Maßstäben wie z. B. den Grund- und Menschenrechten.

5 MYSTOS:
Das schöpferische Mysterium

Müsset im Naturbetrachten
Immer eins wie alles achten;
Nichts ist drinnen, nichts ist draußen:
Denn was innen, das ist außen.
So ergreifet ohne Säumnis –
Heilig öffentlich Geheimnis.
Goethe[24]

Das schöpferische Mysterium des Lebens verwirklicht sich in jedem
Augenblick in uns, in allen anderen Wesen und in allem Existierenden. Ziel der Individuation und der Lebenskunst ist, dieses Mysterium, das wir sind, das uns trägt und steuert, als die Mitte und das
Ziel unserer Existenz zu erfahren und es ganzheitlich-schöpferisch
zum Ausdruck zu bringen.

- Bist du dir bewußt, daß du selbst das Mysterium bist, das du dein
  Leben lang suchst?

- Weißt du, daß das Universum und deine Seele von solch unendlicher Tiefe sind, daß es dir niemals gelingen wird, sie vollständig
  zu erfassen und zu verstehen?

- Bist du bereit, dich für die mystische, geheimnisvolle und paradoxe Seite des Lebens zu öffnen?

- Bist du bereit, deinem inneren Selbst, das dir verborgen ist, aber
  dich schon immer getragen und geführt hat, wirklich zu vertrau-
  en?

- Kannst du die Gnade erfassen, die mit dem Vorrecht verbunden
  ist, ein bewußter, freier Mensch auf dieser Erde und in diesem
  Universum zu sein?

Aspekte und Symbole des MYSTOS-Prinzips

Es ist wichtig, daß wir ein Geheimnis haben und die Ahnung
von etwas nicht Wißbarem. Es erfüllt das Leben mit etwas
Unpersönlichem, einem Numinosum. (numen = göttliches
Wesen ohne konkrete Gestalt, aber mit Wirkkraft, Anm. d.
Verf.) Wer das nie erfahren hat, hat Wichtiges verpaßt. Der
Mensch muß spüren, daß er in einer Welt lebt, die in einer
gewissen Hinsicht geheimnisvoll ist, daß in ihr Dinge gesche-
hen und erfahren werden können, die unerklärbar bleiben, und
nicht nur solche, die sich innerhalb der Erwartung ereignen.
Das Unerwartete und das Unerhörte gehören in diese Welt.

C. G. Jung[25]

MYSTOS, das fünfte Prinzip des Pentalon-Modells, repräsentiert die Essenz, den Ursprung, die Mitte und das Ziel, die Einheit und Ganzheit des schöpferischen Mysteriums, aus dem alle anderen Prinzipien hervorgehen, sich differenzieren und in das sie sich wieder integrieren.

MYSTOS steht für das schöpferische Mysterium. Diese Bezeichnung erscheint mir vor allen anderen Namen für die letzte, unerkennbare Wirklichkeit die beste, weil sie zwei Hauptmerkmale dieses letzten Einen zusammenfaßt, nämlich, daß es sich hierbei um einen überaus schöpferischen Prozeß handelt und daß dieser Prozeß uns in seinem letzten Wesen ein Geheimnis bleibt.

Obwohl dieses höchste Sein, wie wir noch näher erläutern werden, unfaßbar und unnennbar ist, ist es doch hilfreich, wenn man sich um eine möglichst passende Benennung bemüht. Der stimmige Name kann unsere religiöse Einstellung in positiver Weise unterstützen, wie der unpassende Name unsere religiöse Haltung auch in unglücklicher Weise einschränken, wenn nicht sogar verderben kann. So haben beispielsweise die Begriffe Kraft oder Energie überwiegend physikalischen, unpersönlichen Charakter. Das schöpferische Mysterium offenbart sich uns aber nicht nur in der äußeren physikalischen Erscheinungswelt, sondern vor allem durch die Vermittlung unserer lebendigen Seele, die immer nur in individueller, persönlicher Form existiert. Wenn wir Göttin oder Gott dazu sagen, dann entstehen in uns meist Vorstellungen von einem großen Wesen entweder weiblichen oder männlichen Geschlechts, eine Art gute Mutter oder guter Vater, das uns als ein allmächtiges Gegenüber erscheint, das wir aber selbst nicht sind. Wenn wir Geist dazu sagen, legt das Assoziationen nahe, die im Gegensatz zur körperlichen und materiellen Basis unserer Existenz stehen. Wenn wir Transzendenz sagen, dann erzeugt das leicht die Vorstellung, es würde sich um etwas handeln, das sich irgendwie über oder außerhalb unseres alltäglichen Lebens befindet. Wenn wir Selbst dazu sagen, dann wird zwar deutlich, daß es unseren innersten Wesenkern betrifft, es vermittelt aber auch etwas Egozentrisches und schließt von seinem assoziativen Umfeld her den anderen Menschen und die Welt aus. Wenn wir es das Unbewußte nennen, dann fließen Assoziationen mit ein, die mit der Vorsilbe »Un« verbunden sind. Das »Un« hat für uns einen verneinenden, meist negativen Charakter, wie wir an den Worten Unfall, Unglück, Unperson oder Unwert sehen. Ist das, woraus wir leben, wirklich gut bezeichnet mit einem Wort, das mit »Un« beginnt und eine Verneinung darstellt? Gut geeignet erscheinen mir Begriffe wie Geist-Energie, Sein, Leben, Liebe, Schöpfung, am stimmigsten aber der Begriff des schöpferischen Mysteriums.

Die antiken Mysterien waren religiöse Rituale in denen der Einzelne mit den Geheimnissen des Lebens, des Sterbens, der Wiedergeburt und der Transzendenz in Berührung kam. Der Eingeweihte (griechisch mystes) wurde zum Schweigen und zur Geheimhaltung verpflichtet. Dies hatte verschiedene Gründe: Die Besonderheit der Erfahrung sollte nicht profaniert, sondern als »heilig«, als etwas ganz Außerordentliches bewahrt werden. Gleichzeitig wurde dadurch natürlich die Zusammengehörigkeit der Gruppe verstärkt und die Attraktivität des Kultes nach außen erhöht. In bestimmten Geheimorganisationen diente das Schweigen auch dem Schutz vor Verfolgung. Darüber hinaus gibt es noch wichtigere Aspekte des Schweigens. Das Schließen von Lippen und Augen (griech. myein:

sich schließen) hat in den mystischen Traditionen vor allem den Sinn der Introversion und Introspektion. Dem Mysterium, dem verborgenen Geheimnis der Seele, des inneren Selbst und des Göttlichen kann man nur nahekommen, wenn man »in sich geht«, die Aufmerksamkeit nach innen richtet und die üblichen alltäglichen Gedanken und Phantasien zum Schweigen bringt. Darüber hinaus läßt sich die letzte Erfahrung ohnehin nicht angemessen oder vollständig in Worten, Begriffen oder Symbolen zum Ausdruck bringen und nicht mitteilen, so daß dieses Geheimnis aufgrund seiner Natur immer ein Geheimnis bleiben wird. Das Schweigen ist der einzig adäquate Ausdruck, den wir angesichts des Mysteriums haben.

Das Entscheidende am MYSTOS-Faktor ist seine Paradoxität als offenbares, »heilig-öffentliches« (wie Goethe es nennt) Geheimnis: Einerseits ist das, worauf er sich bezieht, das eigentlich Wirkliche und Wesentliche, das, was wir immer schon in jedem Augenblick sind und woraus wir unmittelbar leben, das, was in jedem Moment so ist, wie es ist. Andererseits ist und bleibt es uns, gerade weil es die Essenz ist, in gewisser Weise immer verborgen, es ist damit ein offenbares und zugleich unzugängliches schöpferisches Mysterium. Warum ist dies so?

Das offenbare Geheimnis

Es gibt eine alte indische Parabel, die anschaulich unsere Schwierigkeiten beschreibt, das Ganze zu erfassen. Der nach Erkenntnis strebende Mensch wird darin mit fünf Blinden verglichen, die einen Elefanten (das Mysterium) betasten und sagen sollen, was das Wesen des Elefanten sei. Der eine, der ein Ohr des Elefanten betastet, sagt: »Der Elefant ist wie eine Schaufel«. »Nein, der Elefant ist wie eine Schlange«, meint der, der den Rüssel in der Hand hält. »Wie ein Baum ist der Elefant!« sagt der nächste, der mit beiden Händen ein Bein des Tieres umfaßt. »Wie ein Besen ist er« sagt der, der das Schwanzende zwischen den Fingern hat. »Unsinn, wie ein spitzer Speer ist der Elefant!« sagt der letzte, der sich gerade am Stoßzahn des Elefanten einen blauen Fleck geholt hat. Und sie geraten in einen heftigen Streit über den Elefanten. Jeder will recht haben und hört nicht, zu welchen Ergebnissen der andere gelangt ist. Und weil sie einander nicht zuhören, sich die Erfahrungen des anderen nicht sagen lassen und sie nicht überprüfen, vermögen sie niemals auch nur annähernd zu erfahren, wie ein Elefant in seiner ganzen Gestalt und Wahrheit sein könnte.

Im Pentalon-Modell wird ja der Versuch gemacht, einige wesentliche Aspekte der Ganzheit zu erkunden und einige der Seiten des »Elefanten« bewußtzumachen. An dieser Stelle soll aber etwas genauer dargestellt werden, weshalb das schöpferische Mysterium ein Mysterium für uns ist und immer bleiben wird. Die an sich einfachen Tatsachen, die jeder bei sich leicht beobachten kann, wenn er einmal darauf hingewiesen wurde, laufen allerdings unserem üblichen Denken zunächst so sehr zuwider, daß wir sie entweder nicht glauben oder sofort wieder ignorieren wollen. Aber nach der anfänglichen Verwirrung wird sich zeigen, daß wir durch einen heilsamen Prozeß hindurchgegangen sind, der uns mit vielem versöhnt, was wir zuvor abgewehrt haben und was uns unverständlich geblieben ist. Wir werden etliche leidvolle, unrealistische Vorstellungen und überhöhte Forderungen an uns selbst aufgegeben und auch etwas gewonnen haben, nämlich ein Staunen und Wundern darüber, an welch einem geheimnisvollen und wundersamen Prozeß wir beteiligt sind.

Der Mensch ist ein überaus komplexes System

Obwohl wir Menschen in vieler Hinsicht sehr ähnlich sind – wir haben einen ähnlichen Körper, ähnliche Bedürfnisse und vermutlich ähnliche Gefühle, Gedanken, Empfindungen und auch Erfahrungen –, sind wir doch einzigartig und einmalig. Es gibt kein Wesen auf dieser Welt, das eine identische genetische Ausstattung hat, die gleichen Erlebnisse hatte und sich in der gleichen Situation befindet wie wir. In jedem Augenblick sind wir einzigartig, sind wir anders als alle anderen Menschen, sind wir etwas anders, als wir selbst kurz vorher noch waren. Jede aktuelle Situation ist einmalig und wird in dieser

Weise niemals wiederkehren. Die Welt, die wir in diesem Augenblick erleben, ist eine grandiose einmalige Inszenierung, die in dieser Weise nur für uns gültig ist und in dieser Weise nur von uns so wahrgenommen wird!

Wenn wir verstehen wollten, wer wir sind und warum wir uns in einer aktuellen Situation so erleben und verhalten, wie wir es tun, müßten wir eine riesige Menge an Daten kennen und miteinander in Verbindung setzen können. Wir müßten uns beispielsweise fragen:

– Wie ist meine genetische, evolutionäre Ausstattung? Was hat sich im Laufe der Jahrmillionen an allgemeinen körperlichen und psychischen Eigenschaften herausgebildet und in meinem Organismus genetisch verankert? Welche Rolle spielt das speziellere Erbe, die einzigartige Kombination von Genen, die ich von meinen Eltern mitbekommen habe? Was bedeutet es, daß ich einen männlichen oder weiblichen Körper habe? Welchen Einfluß hat meine körperliche Eigenart und Konstitution auf mein Leben?

– Wie sieht der soziokulturelle Hintergrund, in den ich hineingeboren wurde, aus? Was bedeutet es für meine Identität, in welches Land, in welche Nation und Gesellschaft mit welcher politischen, religiösen und kulturellen Geschichte, Sprache und Einstellung ich mit meiner Eigenart hineingeboren wurde, was für eine Landschaft und was für ein Klima ich vorfinde und welche Bedeutung und Aufgabenverteilung Mann und Frau darin haben?

– Wie ist meine persönliche Lebens- und Lerngeschichte gewesen? Wie waren meine frühkindlichen Erfahrungen und meine spätere Entwicklung? Wie war die Familiendynamik? Welche Erlebnisse und Traumata hatte ich und wie habe ich sie verarbeitet? Welchen Charakter und welchen Lebensstil, welches »Lebensscript« habe ich aus all diesen Erfahrungen mit mir und der Umwelt entwikkelt?

– Wie ist meine aktuelle Lebenssituation? Inwieweit bestimmt meine gegenwärtige berufliche, partnerschaftliche und allgemeine Lebenssituation mein Erleben und Verhalten? Mit welchen Männern und Frauen mit welchen Eigenarten komme ich zusammen?

Wie beeinflussen wir uns gegenseitig? Wie ist die Familien- und Beziehungsdynamik? In welcher Alters- und Lebensphase stehe ich? Wie ist mein körperlicher und psychischer Gesundheitszustand? Welche Bedeutung haben aktuelle Trends und aktuelle Zeitströmungen für mich?

– Über welches kreative Entwicklungspotential verfüge ich? Was möchte ich in meinem Leben noch verwirklichen? Wohin geht meine Sehnsucht? Welche Motivation, welches Interesse habe ich an Neuem, am Lernen und daran, mich weiterzuentwickeln?

Diese kurze Auflistung, die leicht erweitert werden könnte, deutet an, daß wir zu jedem Zeitpunkt eine überaus komplexe Mischung aus Genetik, Prägungen, Lernerfahrungen, aktuellen Umwelt- und Systemeinflüssen und einem nicht einzuschätzenden Wachstumspotential sind. Es wird schon an dieser Stelle deutlich, wie oberflächlich die meisten Theorien über den Menschen, sein Erleben und Verhalten sind. Auch wenn man natürlich berücksichtigen muß, daß eine gewisse Reduzierung auf einige zentrale Faktoren – auf ein paar typologische Merkmale, auf ein paar zentrale Triebe, Bedürfnisse und Konflikte, auf einige Eltern- und Familienkonstellationen oder auf einzelne traumatische Erfahrungen – häufig sinnvoll und notwendig ist, um sich überhaupt orientieren zu können, so ist doch unverständlich, wieso sich die verschiedenen wissenschaftlichen, medizinischen, therapeutischen Schulen und Richtungen angesichts dieser Tatsachen heute noch bekämpfen und abwerten müssen und ihre eigenen Positionen als die einzig wahren herauszustellen bemüht sind.

Neurose ist das Leiden einer menschlichen Seele mit ihrer ganzen, weltweiten Kompliziertheit, die so ungeheuerlich ist, daß man jede Neurosentheorie schon von vornherein ruhig als beinahe wertloses Aperçu (geistreiche Bemerkung, Anm. des Verf.) bezeichnen kann...

C. G. Jung[26]

In vielen Selbsterfahrungen und Psychotherapien bemühen wir uns, unsere Biografie und Vergangenheit besser zu verstehen und aufzuhellen. Wir haben oft ein starkes Bedürfnis zu wissen, wer wir sind, woher wir kommen, wie und wieso wir so, wie wir sind, geworden sind. Wir suchen nach einer Erklärung, die uns hilft, unsere Eigenart zu akzeptieren, unsere Geschichte anzunehmen, Schuld- und Schamgefühle zu entlasten. Wir möchten verdrängte Erinnerungen und Gefühle bewußtmachen und hoffen, dadurch mit unserem Leben besser zurechtzukommen. So wichtig dies für uns auch ist: Wir können auf diesem Wege niemals zu einer letzten endgültigen Wahrheit finden, auch wenn wir ein Leben lang Analyse machen. Die Komplexität unserer Existenz ist viel zu groß für jede Analyse. Außerdem sehen wir alles aus unserer persönlichen Sicht und unseren persönlichen Erinnerungen, die immer subjektiv gefärbt sind. Wir blenden zudem unsere eigene aktive Beteiligung an problematisch verlaufenen Situationen schnell aus, da wir es vorziehen, uns in solchen Zusammenhängen lieber als Opfer zu sehen. Wenn wir uns zu lange mit der Vergangenheit beschäftigen, besteht darüber hinaus die Gefahr, daß wir entscheidende Schritte in der Gegenwart versäumen. Vor allem versäumen wir aber möglicherweise, den Blick zu heben und ein kosmisches Bewußtsein zu entwickeln, unser Dasein aus der Perspektive der Evolution des Universums zu sehen und unsere Existenz auch als Ausdruck des schöpferischen Mysteriums zu verstehen.

Die unbewußte Selbstregulation des menschlichen Organismus

Die Unmöglichkeit, diese Komplexität des Menschen auch nur annähernd im Einzelfall erfassen und analysieren zu können, wird nun noch weiter erhöht durch die Tatsache, daß der Organismus sich selbst steuert und dies zum allergrößten Teil auf unbewußte Weise tut.

Die Gesamtheit der körperlichen, chemischen und psychischen Prozesse unseres Organismus wird – daran ist nach den Ergebnissen der Psychologie, Biologie und der Hirnforschung heute kein

Zweifel mehr möglich – überwiegend unbewußt organisiert und gesteuert. Diese Tatsache erscheint uns im Hinblick auf die körperlichen Vorgänge einigermaßen plausibel. Üblicherweise kommen wir nicht auf die Idee, wir würden unsere inneren Zellvorgänge, die Immunabwehr, unser Wachstum, unsere Verdauungsprozesse, den Stoffwechsel oder die Funktion unserer Organe bewußt steuern. Wir wären damit auch – wenn dies überhaupt möglich wäre – hoffnungslos überfordert. Daß sich auch bestimmte elementare Triebbedürfnisse – wie z. B. Schlaf, Hunger, Durst, Sexualität – relativ autonom ohne unser bewußtes Zutun melden und uns zwingen, ihnen zu folgen, können wir vielleicht auch gerade noch akzeptieren. Wir brauchen aber nur ein wenig weiterzudenken, um zu erkennen, daß diese Autonomie fast ebenso auch für die psychischen Abläufe in uns gilt. Wir müssen uns nur fragen: Steuern wir bewußt unsere Hirnvorgänge, steuern wir die Aktivität unserer Neuronen oder den Einsatz bestimmter Transmitterstoffe? Schalten wir bewußt ganz bestimmte Hirnzentren ein, weil wir ganz bestimmte Gedanken oder Gefühle empfinden wollen? Machen wir das alles bewußt und absichtlich?

Wir wissen heute, daß alle unsere Gefühle, Gedanken, Empfindungen, die wir haben, und unsere Entscheidungen, die wir dauernd treffen, bereits vorhanden und entschieden sind, bevor sie uns bewußt werden. Bevor wir irgend etwas bewußt wahrnehmen, fühlen, denken oder wollen, hat der Organismus bereits entschieden, was er ins Bewußtsein treten läßt und was nicht. Gedanken, Gefühle, Willensimpulse: Wir treffen mit unserem Ich-Bewußtsein keine Wahl, welche davon auftauchen oder nicht. Sie erscheinen nur in unserem Ich-Bewußtsein wie auf dem Bildschirm eines Computers, sie werden uns durch das Ich-Bewußtsein nur bewußt, aber sie werden nicht vom Ich-Bewußtsein hervorgerufen und auch nicht von ihm gesteuert. Das bewußte Erkennen ermöglicht dem Organismus zwar eine zusätzliche Kontrolle und Einschätzung, aber die letzte Entscheidung darüber, ob wir eine Sache, wenn sie uns bewußt geworden ist, machen oder nicht machen, wird nicht vom Bewußtsein gefällt, sondern ist das Ergebnis einer Vielzahl überwiegend unbewußter rationaler wie gefühlsmäßiger Bewertungsvorgänge, die vom Zustand des ganzen Organismus und seiner gegenwärtigen Situation abhängen. Es ist nicht das Ich-Bewußtsein, das entscheidet, sondern es ist immer der ganze Organismus, der gleichzeitig in einer unauflösbaren Wechselwirkung zur gegenwärtigen Um- und Mitwelt steht.

Moderne Systemtheoretiker und Hirnforscher vertreten die Auffassung, daß es eine wesentliche Funktion unseres Gehirns ist, die unendliche Menge an Reizen, die wir mit Hilfe unserer Sinne von unserer Innen- und Außenwelt aufnehmen, zu reduzieren, zu selektieren, auszufiltern, damit wir uns überhaupt zurechtfinden können. Ohne daß wir es bemerken, entscheidet unser Gehirn ständig darüber, was wichtig oder unwichtig, bedrohlich oder weniger bedrohlich ist. Das, was wir als uns selbst und die Welt draußen erleben, was uns als relativ konstant, stabil und konsistent erscheint, ist das Ergebnis eines unglaublich rasch und effizient ablaufenden Verarbeitungsprozesses, von dem uns die allermeisten Vorgänge unbewußt bleiben.

Daß der Organismus auch ganz gut ohne eine allzu große Beteiligung des Ich-Bewußtseins auskommt, können wir bei manchen durchaus komplexen Leistungen ersehen, wie z. B. beim Autofahren. Wenn wir beim Autofahren ganz in ein interessantes Gespräch vertieft sind, kann es sein, daß wir nach zwei Stunden Fahrt am Ziel angekommen sind, ohne daß wir sehr viel vom Fahren selbst mitbekommen haben. Die ganze Zeit über hat unser Organismus die Umwelt, das Wetter, die Straßenverhältnisse, die Wegweiser, die anderen Autos und deren Fahrverhalten usw. registriert, die Informationen verarbeitet und das Auto bedient, gleichzeitig hat er alle Körpervorgänge aufrechterhalten und uns sogar noch ermöglicht, das Gespräch zu führen. Aber nur der allerkleinste Teil der erforderlichen Aktivitäten in den vergangenen zwei Stunden ist uns davon bewußt gewesen.

Wem auch an diesen Beispielen noch nicht recht einleuchtet, in welch umfassender Weise der Mensch unbewußt selbstreguliert wird, der mag daran denken, daß das Ich-Selbst-Bewußtsein, wie wir es kennen, ein relativ junges Ereignis der Evolution, vielleicht nicht älter als 10 000 bis 20 000 Jahre ist. Der ganze menschliche Organismus hat sich ohne einen bewußten Eingriff durch das Individuum im Laufe von vielen Millionen Jahren selbst herausgebildet. Das komplexeste Gebilde des ganzen Universums, das wir bisher kennen, unser Gehirn, hat sich gebildet, ohne daß ein Ich-Bewußtsein in unserem Sinne beteiligt gewesen ist! Und daran hat sich bis heute wenig geändert. Zu keinem Zeitpunkt der bisherigen Menschheitsgeschichte wie unseres individuellen Lebens haben wir etwas getan, das nicht primär und überwiegend von dieser unbewußten Intelligenz hervorgebracht worden wäre.

In manchen modernen psychologischen oder esoterischen Richtungen wird die illusionäre Hoffnung geweckt, der Mensch verfüge über ein grenzenloses Potential, er könne fast alles erreichen, er könne sich fast beliebig neu programmieren, wenn er nur wirklich wolle. Man müsse sich seine positiven Zielvorstellungen nur ausreichend lang und intensiv ausmalen und gestalten, entsprechende zielgerichtete Affirmationen suggerieren und dann dem Kosmos oder dem Unbewußten übersenden. Das Unbewußte wird dabei als eine Art Sklave, als ein zaubermächtiger dienstbarer Geist verstanden – wie der Geist aus Aladins Wunderlampe –, der nichts Besseres zu tun hat, als unsere – häufig banalen – Zielvorstellungen baldmöglichst auf wundersame Weise zu verwirklichen. Auch findet man in solchen Zusammenhängen oft den Hinweis auf die unerschöpflichen kreativen Möglichkeiten, die in uns schlummern, man hört davon, daß wir nur 10 Prozent unserer geistigen Kapazitäten ausschöpfen und daß wir endlich die restlichen 90 Prozent einsetzen sollten.

Das sind natürlich alles naive Vorstellungen, die aus der hartnäckigen Fehleinschätzung und hybriden Überschätzung der Möglichkeiten unseres Ich-Bewußtseins herrühren. Das Unbewußte ist natürlich kein Sklave unter der meisterlichen Herrschaft unseres Ich-Bewußtseins, sondern es verhält sich genau umgekehrt. Außerdem verfügt unser Organismus keineswegs über unerschöpfliche Reserven. Für ihn ist bereits unser alltägliches Leben eine Höchstleistung. Die kreativen Leistungen, die er erbringen muß, um sich in dem überaus komplexen alltäglichen Leben eines erwachsenen

Menschen immer wieder neu zu orientieren, neu zu lernen und anzupassen, schöpfen einen großen Teil seiner Leistungsfähigkeit aus. Das Steuern eines Autos durch eine fremde Stadt während der Hauptverkehrszeit: das ist eine unfaßbare Fähigkeit, die in gewisser Hinsicht viele andere Leistungen, wie z. B. eine meditative Versenkung, bei weitem übersteigt. Unter der Perspektive der unglaublich komplexen Leistung, die unser Organismus tagtäglich vollbringt, sind auch viele unserer Einseitigkeiten, kleinen Schwächen, Fehler und Mängel absolut bedeutungslos. Die Aufgabe, die er jeden Tag und jede Nacht neu zu bewältigen hat, einfach indem er unser bewußtes Leben ermöglicht, ist so immens, daß Fehler, Irrtümer und Funktionsstörungen unvermeidlich sind. Man muß sich eigentlich über alle Maßen wundern, daß unser Gehirn diese unglaublich komplexe Leistung so lange und konstant überhaupt durchhalten kann und nicht viel häufiger »abstürzt«, so ähnlich wie ein Computersystem zusammenbricht, wenn es zu viele und teilweise widersprüchliche Informationen verarbeiten muß. Unsere dauernde Selbstkritik wegen aller möglichen kleinen Fehler und Schwächen, die wir alle täglich begehen, ist unter dieser Perspektive einfach nur über alles engstirnig und kleinkariert.

Wir selbst sind das Mysterium!

Neben der Komplexität und der weitgehenden Unbewußtheit unseres Wesens gibt es noch einen dritten, alles entscheidenden Grund, weshalb wir das Mysterium unserer Seele und unseres Daseins nicht erfassen können.

Wir können das Wunder und Mysterium unseres Lebens nicht erfassen, weil wir dieses Wunder und Mysterium selbst sind!

Erkenntnistheoretisch gesehen liegt dies daran, daß kein System die Funktion, die es ausführt, auf sich selbst anwenden kann. Gleichzeitig ist das System immer komplexer als die von ihm erzeugte Funktion. Das Auge kann sich selbst direkt nicht sehen, das Messer kann sich nicht selbst schneiden, die Hand kann sich nicht selbst umfassen (man denke auch an das klassische Zen-Koan vom Klatschen der einen Hand!), die Psyche oder das Gehirn, das das

Bewußtsein ermöglicht, kann sich selbst nicht unmittelbar erkennen. Alles, was wir jemals über uns selbst und das Universum erfahren können, sind lediglich Vorstellungen, Bilder, Symbole, Repräsentationen, Konstruktionen, die im Laufe eines langen, mühsamen Lernprozesses in uns entstehen. Und diese Vorstellungen sind immer einfacher als die Wirklichkeit. Auch unser Ich ist eine solche Konstruktion, eine Vorstellung, die wir über uns haben. Wer oder was wir wirklich sind, entzieht sich unserer Kenntnis. Wir haben es niemals mit einer »objektiven« Wirklichkeit zu tun. Wir haben nur unsere Vorstellungen über uns und die Welt, die unter dem Einfluß einer anderen Zeit, einer andern Sprache, einer anderen Gesellschaft und anderer Lebensumstände auch entsprechend anders gewesen wären. Wie hoch und wie tief unsere Erfahrungen und Aussagen über die Natur des Universums und der Seele auch sein mögen, auch die allerhöchsten mystischen, transpersonalen Erfahrungen, so überzeugend sie uns als letzte Wahrheit erscheinen mögen, sind doch immer nur sehr vereinfachte Symbole, Bilder, Vorstellungen und Modelle unserer Psyche. Wir können diesen Beschränkungen auf keine Weise entgehen. Sobald wir den letztmöglichen Grad an Innenschau erreicht haben, tritt uns eine eigentümliche Stille und Leere entgegen. Diese Stille und Leere gleicht dem weißen Rauschen des Fernsehers, wenn er keine Bild- und Tonsignale mehr empfängt. Sie zeigt uns an, daß an dieser Stelle unsere Erkenntnis- und Erfahrungsmöglichkeiten ein Ende haben und wir hier an der Schwelle zum Mysterium stehen, die wir aber niemals überschreiten können.

Wenn man all diese Erkenntnisse eine Weile auf sich wirken läßt, wird man davon ganz merkwürdig berührt. Da gibt es einen unfaßbar intelligenten evolutionären Schöpfungsprozeß, der ein unfaßbar komplexes Gebilde wie den menschlichen Organismus mit seinem Gehirn und dem Bewußtsein hervorgebracht hat, und es weiß nichts davon, beziehungsweise es kann diese seine eigene Natur niemals ganz erkennen. Alles, was existiert, erschuf sich, entfaltete sich, ohne daß ein Bewußtsein in unserem Sinne beteiligt war. Ich glaube vor diesem Hintergrund besser zu verstehen, was die Phantasien der

Menschen über die unbekannten fremden Wesen aus dem Universum, den »Aliens«, bedeuten. Wir selber sind die Aliens, die Fremden aus dem Universum, die sich selbst unbekannt und damit auch bedrohlich erscheinen, die gerne ihren Ursprung erfahren würden, aber niemals erfahren werden, die sich zu ihrer Heimat zurücksehnen, aber diese Heimat niemals finden werden, weil sie an einem für unsere Erkenntnis unerreichbaren Ort ist. Selbst wenn wir als unsere Heimat das Universum angeben, so ist das doch nur ein Name, eine Vorstellung. Wir können nicht sagen, um was es sich beim Universum eigentlich wirklich handelt, was das alles wirklich ist, was wir Strahlung, Energie und Materie nennen.

Aber diese systembedingte prinzipielle Unmöglichkeit, unseren Ursprung zu erkennen, ist glücklicherweise nur die eine Seite der Medaille. Die andere Seite dagegen ist die phantastische Einsicht, daß wir das Mysterium unseres Seins deswegen nicht erkennen können, weil wir dieses Mysterium selber sind. Das ist das große Paradoxon: das Mysterium ist uns das fernste und das naheste zugleich. Fern ist es unserer bewußten Erkenntnis, nahe ist es, weil wir es sind. Damit stehen wir nicht außerhalb des Mysteriums und müssen nun verzweifelt versuchen, von unserem jetzigen alltäglichen und profanen Zustand in einen ganz besonderen und spirituellen zu transzendieren, sondern wir stehen bereits unmittelbar und unvermeidbar und in jedem Augenblick mitten im Mysterium. Wir sind das Mysterium. Wir sind eine unmittelbare Manifestation, eine Offenbarung des großen Geheimnisses. Jeder Versuch, das Mysterium, die Transzendenz, den Stein der Weisen irgendwo anders zu finden, vielleicht in einer anderen Zeit, an einem anderen Ort, in einem anderen Bewußtseinszustand, verstärkt nur unser Nicht-Gewahrsein dessen, daß wir es bereits sind. Dies zu erkennen ist das Ziel vieler mystischer Wege. Es mag veränderte Bewußtseinszustände geben, die uns diese Tatsache vielleicht besser einsehen lassen, aber dies sind meist nur flüchtige, vorübergehende Zustände, während unser alltägliches Bewußtsein die beste, stabilste und umfassendste bewußte Erfahrung des Mysteriums bietet. Unser Ich-Bewußtsein ist der Ort, in dem es sich selbst spiegeln kann.

Das Bewußtsein Gottes ist das Selbstbewußtsein des
Menschen, die Erkenntnis Gottes die Selbsterkenntnis des
Menschen. Gott ist das offenbare Innere, das ausgesprochene
Selbst des Menschen; die Religion die feierliche Enthüllung
der verborgenen Schätze des Menschen, das Eingeständnis sei-
ner innersten Gedanken, das öffentliche Bekenntnis seiner
Liebesgeheimnisse.

Ludwig Feuerbach[27]

Auch wenn wir dieses schöpferische Mysterium der Einheit und
Ganzheit, das wir sind, in seiner Essenz paradoxerweise gerade deshalb nicht direkt erkennen, nicht sehen, nicht hören, nicht tasten
und nicht schmecken können, weil wir es sind, so können wir es uns
doch erschließen durch Selbstbeobachtung, durch Nachdenken,
durch intuitives Erahnen und meditative Betrachtung. Vielen mani-
festierten Aspekten dieses schöpferischen Mysteriums begegnen
wir dauernd in unseren Erfahrungen, die wir machen, in unseren
Gedanken, Phantasien, Gefühlen und körperlichen Empfindungen,
in unseren Trieben und in unserem alles begleitenden Bewußtsein.
Sie alle sind unmittelbarer Ausdruck dieses Mysteriums, wenn auch,
um uns überhaupt zugänglich zu sein, in gefilterter Form. Alles, was
wir sind, in diesem Augenblick und in jedem anderen, *ist* das Mysterium.

Darüber hinaus hat das schöpferische Mysterium eine unablässige
Tendenz, sich selbst immer mehr in seiner umfassenden Natur zu
erkennen, sich seiner selbst bewußt werden zu wollen (vgl. LOGOS-
Kapitel). Es offenbart sich unentwegt durch schöpferische Impulse,
durch unsere Sehnsüchte und Hoffnungen, es entwirft und projiziert
Bilder, Symbole und Modelle, in denen es sich wiedererkennen kann
und die seinem Wesen so nahe wie möglich kommen.

Die höchsten religiösen Werte

Die in uns wirkende Weisheit, Kraft und Ganzheit des schöpferischen Mysteriums zeigt sich in den Symbolen und Begriffen unserer höchsten Werte, wie sie in den Religionen und Philosophien dargestellt werden, z. B. als das unergründliche Geheimnis, Wunder und Mysterium, als göttliches Wesen, als das Universum, als die Ur-Energie, die kosmische Intelligenz, das Sein, das Eine ohne ein Zweites, die Schöpfung, das Leben, als alles durchflutendes oder inneres Licht, die goldene Blüte, das Atman, Tao, Alpha und Omega, das göttliche Prinzip, als Göttin und Gott, als das innere Licht, der göttliche Funken, die allumfassende Liebe, der innere Meister, der/die Alte Weise, als Sophia, Magier, göttlicher Heros oder als das göttliche Kind. In den Märchen ist es die »schwer zu erreichende Kostbarkeit«, der Schatz oder das Wasser des Lebens, in der Kabbala ist es das »En Soph«, in der Astrologie ist es die Einheit der kosmischen und planetaren Energiefelder, in der Alchemie der »Stein der Weisen«.

Die Summe der Paradoxien

Weil das schöpferische Mysterium die Summe aller Polaritäten und Paradoxien ist, eine Synthese aus Vergangenheit, Gegenwart und zukünftigen Entfaltungsmöglichkeiten, aus Hellem und Dunklem, Gutem und Bösem, aus »Männlichem« und »Weiblichem«, stellt es sich auch in vereinigenden Symbolen dar, wie dem Mandala, dem chinesischen Yin/Yang-Symbol, dem TAO oder den vielen Darstellungen der sexuellen Vereinigung von Mann und Frau. Die diesen Symbolen entsprechende seelische Erfahrung wird meist in scheinbar widersprüchlichen Worten beschrieben: Sie ist die abgründige Leere und gleichzeitig die schöpferische Fülle, sie ist die tiefe Stille und die göttliche Musik, sie ist gleichgültige Ur-Natur und überquellende, allumfassende Liebe, sie ist Alles und Nichts, sie ist unendlich weich, mild und sanft, gleichzeitig unzerstörbar fest und tragfähig.

Der Schatz des All-Tags und des Da- und Lebendigseins

Schließlich kann sich das schöpferische Mysterium – da es das Kostbarste ist, was es überhaupt gibt – auch in all dem symbolisieren, was uns im Alltäglichen als kostbar und wertvoll fasziniert: Geld und Gold, Diamanten und Perlen, Reichtum und Macht, Ruhm und Ehre, Schönheit und Attraktivität. Letztlich steht hinter allem, was uns irgendwie wichtig ist, auch hinter unseren Leidenschaften, Abhängigkeiten und Süchten und unserem so neurotisch erscheinenden Egoismus, unserem Narzißmus, unserem Bedürfnis nach Bedeutsamkeit und Großartigkeit, nichts anderes als die Sehnsucht des schöpferischen Mysteriums nach Selbst-Erfahrung. Meist erkennen wir diesen drangvollen Sehn-Suchts-Charakter nicht als das, was er eigentlich ist. Aufgrund der eigentümlichen Selbstverborgenheit unseres Wesen können wir nicht spüren, daß das, was wir im Geld, im Besitz und in der Schönheit faszinierend finden und was wir auf diese Bereiche projizieren, zum großen Teil etwas ist, das wir in uns selbst tragen. Dieses ganz Besondere und Außerordentliche unserer Existenz wird im Äußeren gesehen, wo es zwar auch ist, aber eben nicht ausschließlich und nicht vor allem.

Unser größter Schatz ist nämlich die oft am wenigsten gewürdigte und am wenigsten bewußte Tatsache, daß wir überhaupt leben, lebendig sind, daß sich in unserer einzigartigen individuellen körperlichen Gestalt das schöpferische Mysterium manifestiert hat, daß wir Bewußtsein, Kraft und Freiheit haben, es zu verwirklichen, und daß wir uns in Liebe mit unseren Mitlebewesen und der Schöpfung verbunden fühlen können. Die Großartigkeit, der Glanz und die Schönheit unseres unbekannten Wesens sind unsere wahre Größe, unser wahrer Glanz und unsere wahre Schönheit. Daß wir dies nicht unmittelbar erkennen können, macht die tiefe Tragik des Menschseins aus. Denn wie anders könnte die Welt aussehen, könnte unser alltägliches Leben aussehen, wenn wir dieses Wunder besser spüren könnten, wenn wir wirklich begreifen würden, daß unsere Existenz auf diesem Planeten und dieses Bewußtsein, das wir haben, wahrscheinlich der größte Schatz und das umwälzendste Ereignis in dem uns bisher bekannten Universum sind. Die einzig wichtigen Fragen, die sich daraus ergeben, könnten eigentlich nur sein: Wie kann ich leben, um das Wunder unserer Existenz auf diesem erstaunlichen Planeten Erde richtig zu würdigen? Wie kann ich mich für dieses Geschenk dankbar erweisen?

Eine solche Einstellung, die uns bewußt sein läßt, daß wir Teil und unmittelbarer Ausdruck des Universums sind, daß sich in uns die Schöpfung selbst erfährt – und zwar immer nur in den unendlichen Formen und Facetten individueller Wesen –, sollte nicht erst am Ende unserer seelischen Entwicklung stehen, sondern am Anfang. Sie sollte die Grundhaltung sein, aus der heraus wir leben, denn sie ist die einzig adäquate. Sie sollte die Basis sein, mit der wir unsere Kinder auf dieser Erde begrüßen, mit der wir unsere Kinder erziehen und mit der wir leben und sterben.

Das Mandala, die vollendete Einheit

Das Mandala (sanskrit=heiliger Kreis) ist *das* große universale Symbol, das auf das schöpferische Mysterium hinweist. Überall auf der Welt, wo Menschen versuchen, etwas Alles-Übergreifendes, Einheitliches und Ganzheitliches zu gestalten und in eine klar gegliederte Ordnung zu bringen, greifen sie spontan auf die Mandala-Form zurück. Wir finden Mandalas in unendlichen Variationen vor allem in den religiösen Traditionen, aber auch in der Kunst, der Architektur, der Wissenschaft, in der Gestaltung von Räumen, Fenstern, Gärten, Kirchen, in der Natur, z. B. in Blüten. In den Religionen symbolisiert es das Göttliche und das Universum, seine Einheit, Polarität und Vielgestaltigkeit, sein Geheimnis und seine Offenbarung. In der Analytischen Psychologie C. G. Jungs wird das Mandala auch als ein Symbol der Ganzheit unseres Wesens, unseres Selbst verstanden. Jung hatte entdeckt, daß Mandalas spontan in unseren Träumen und Phantasien auftauchen können, insbesondere dann, wenn wir uns in kritischen Lebensphasen befinden oder einer Neuorientierung bedürfen. Er hatte ihr Auftauchen als Selbstheilungs- und Selbstverwirklichungstendenzen der Psyche verstanden. Über viele Jahre hatte er selbst Mandalas gemalt, ohne zunächst etwas von der zentralen Bedeutung der Mandalas als Meditationsgegenstand zu wissen, die sie z. B. in der östlichen Kultur seit Jahrtausenden haben. Er spürte intuitiv, daß das Mandalamalen ihm half, in die Fülle seiner Phantasien Ordnung und Orientierung zu bringen. Er hatte den Eindruck, daß seine Mandalazeichnungen seiner jeweiligen inneren Verfassung entsprachen.

Nur allmählich kam ich darauf, was das Mandala eigentlich ist: »*Gestaltung – Umgestaltung des ewigen Sinnes ewige Unterhaltung*«. *Meine Mandala-Bilder waren Kryptogramme (von griechisch kryptos: Text mit geheimer Nebenbedeutung, Anm. d. Verf.) über den Zustand meines Selbst, die mir täglich zugestellt wurden. Ich sah, wie das Selbst, d. h. meine Ganzheit, am Werke war. Das konnte ich allerdings zuerst nur andeutungsweise verstehen; jedoch schienen mir die Zeichnungen schon damals hochbedeutsam, und ich hütete sie wie kostbare Perlen. Ich hatte das deutliche Gefühl von etwas Zentralem, und mit der Zeit gewann ich eine lebendige Vorstellung des Selbst. . . . Erst als ich die Mandalas zu malen anfing, sah ich, daß alles, alle Wege, die ich ging, und alle Schritte, die ich tat, wieder zu einem Punkte zurückführten, nämlich zur Mitte. Es wurde mir immer deutlicher: das Mandala ist das Zentrum. Es ist der Ausdruck für alle Wege. Es ist der Weg zur Mitte, zur Individuation.*[28]

Die Häufigkeit, mit der Mandalas überall auf der Welt erscheinen, weist darauf hin, daß ihre Gestalt unserer Psyche in hohem Maße entspricht und auch unser ästhetisches Empfinden tief befriedigt. Philosophische und psychologische Anschauungsmodelle haben deshalb oft auch eine Mandalaform und meist nicht mehr als 3–5 Elemente. Mit drei bis maximal fünf Elementen einer Theorie können wir relativ gut umgehen, sie prägen sich leicht ein. Alles andere wird zu unübersichtlich und zu komplex. Wir finden solche Anschauungs-modelle in den östlichen Religionen (eben z. B. als Mandala), aber auch in der abendländischen Antike und insbesondere auch in der Mystik des Mittelalters.

Das Mandala – und damit auch das Pentalon-Modell – nimmt sowohl an der Symbolik der geometrischen Grundfiguren Punkt, Linie, Dreieck, Quadrat und Kreis als auch an der Symbolik der Zahlen (insbesondere der ersten fünf und der Null) teil. Wesentliche Aspekte der Individuation und der Lebenskunst lassen sich bereits in der Zahlen- und Formsymbolik des Mandala finden, weshalb sie im folgenden kurz zusammengefaßt werden soll.

Das Mandala hat folgende Grundelemente: einen äußeren Kreis, einen Mittelpunkt (das innere Zentrum) und eine den Mittelpunkt umgebende Vierer-Struktur, die oft als Kreuz oder Quadrat darge-stellt wird. Die einfachste Form des Mandala ist ein Kreuz im Kreis. In den klassischen Mandaladarstellungen wird diese Grundstruktur vielfältig variiert. Viele Mandalas verwenden weitere Unterteilun-gen, die meist ein Vielfaches der Zahlen zwei und drei sind, also z. B. 6, 8, 12 und 16. Die ersten fünf Zahlen und die ihnen zugeordneten Grundformen erscheinen aber von ihrer symbolischen Bedeutung her als die wichtigsten. In den meisten Fällen variieren und differen-zieren die nachfolgenden Zahlen lediglich die in den ersten Zahlen enthaltenden Aspekte und bringen wenig essentiell Neues.

Null: Sein oder Nicht-Sein, das ist hier die Frage

Die Kreisform des Mandala, dem sich die Zahl Null zuordnen läßt, läßt sich in zweifacher Weise verstehen. Zum einen als uranfängliche, laten-te, nicht-duale Ganzheit, als das schöpferische Mysterium des Seins, bevor es ins Sein getreten ist. Zum anderen kann man den Kreis – ins-besondere wenn man von seinem unsichtbaren Mittelpunkt als der latenten Ursprungseinheit ausgeht – als den im Leben verwirklich-baren und verwirklichten Teil der Ursprungseinheit und -ganzheit ansehen. Damit stoßen wir auf eine paradoxe Doppeldeutigkeit, die im Wesen der Symbole und der Einheitswirklichkeit liegt und mit der wir lernen müssen zu leben. Der Kreis ist Anfang und Ende zugleich.

Vor oder hinter unserem bewußten Erfahren und Wissen gibt es eine Einheitswirklichkeit, in der die Dinge des Lebens in äußerst komplexer Form miteinander verbunden sind und sich in einem ständigen Prozeß des Austausches befinden. Die letzte Wirklichkeitsdimension, aus der heraus wir leben, ist aber so komplex und paradox, daß kein Bild, kein Wort, kein Ausdruck gefunden werden kann, um sie zu bezeichnen. Die indischen Upanishaden beschreiben diese Dimension mit einer doppelten Verneinung »Neti neti« (nicht nicht; es ist dies nicht, es ist jenes nicht). Die höchsten Symbole des Menschen sind deshalb auch die am wenigsten gestalt- und differenzierbaren, die unanschaulichsten, in gewisser Weise zugleich die einfachsten: der Kreis, die Leere, die zugleich die Fülle ist, das Nichts, das zugleich Alles ist, die Einheit ohne Zweiheit, das Sein, der Kosmos, die reine Energie, der Geist, das höchste Bewußtsein.

Aus der Sicht unseres auf Polaritäten angewiesenen Bewußtseins erscheint diese Dimension als negativ, als eigentlich gar nicht vorhanden, obwohl es das eigentlich positive, das eigentlich wirklich vorhandene ist, während unsere im Bewußtsein aufscheinenden Vorstellungen eher illusionären Charakter haben, weil in ihnen die Komplexität des Daseins auf einen minimalen Ausschnitt reduziert wird.

Der TAOTEKING beginnt mit seinen berühmten dunklen Worten, die sich genau auf dieses eigentliche Sein vor oder hinter der Welt der bewußten Erscheinungen beziehen:

Das Tao, das enthüllt werden kann, ist nicht das ewige
TAO.
Der Name, der genannt werden kann, ist nicht der ewige
Name.

LAO TSE[29]

Eins: Alles ist Eins

Die Eins – im Mandala als Mittelpunkt dargestellt – symbolisiert dem Wesen nach das gleiche wie die Null: die unaussprechliche Einheit und Ganzheit all dessen, was ist. Sie symbolisiert damit auch den höchsten von uns gesuchten und erfahrbaren Wert. Diese höchste

Bedeutung der Zahl Eins ist auch in unserem Alltagsdenken noch präsent. Der oder die Erste zu sein heißt für uns: der oder die Beste, Attraktivste zu sein, Macht, Bedeutung, Ruhm, Ehre und Einfluß, Energie und Potenz zu besitzen.

Die Eins bezeichnet aber auch den Anfang einer Sache, den ersten Schritt ins Dasein, die Initiation. Sie verkörpert damit das aktive Prinzip im Vergleich zur Null, die mehr das passive Prinzip darstellt. So gesehen bezeichnet sie die erste Bewegung des schöpferischen Mysteriums, das sich nun zu manifestieren beginnt.

Die unoffenbare Ursprungseinheit läßt sich somit durch die Zahl Null symbolisieren, die sich offenbarende, manifestierende Ursprungseinheit mit der Zahl Eins. Über dieses Verhältnis von Null und Eins sagt der TAOTEKING im gleichen oben erwähnten ersten Text weiter:

> *Das Offenbare und das Unoffenbare, obgleich verschieden im*
> *Namen, sind eins im Wesen.*
> *Diese Einheit ist das Geheimnis des TAO,*
> *das Unergründliche des Urgrunds,*
> *Ausgang aller Offenbarwerdung.*

LAO TSE[30]

Zwei: Alles hat zwei Seiten

Wie wir bei den Zahlen Null und Eins eben schon gesehen haben, ist es fast unmöglich, nicht in ein polares Denken zu verfallen, wenn wir beginnen, uns etwas bewußt machen zu wollen. Sobald die Ursprungseinheit in Erscheinung tritt, manifestiert sie sich zugleich in Polaritäten. Alles Existierende vollzieht sich für uns in der Spannung und im Wechsel polarer Aspekte. Wir können nie das eine ohne das andere haben. Ohne Polarisierung gibt es keine Orientierung in unserer Welt.

In den verschiedenen philosophischen, psychologischen und religiösen Systemen stoßen wir immer auf universale Polaritätspaare, von denen einige hier aufgezählt seien: Sein und Nicht-Sein, Materie und Energie, Leben und Tod, Dynamik und Stabilität, Ein und Aus, Ja und

Nein, Innen und Außen, Introversion und Extraversion, Oben und Unten, Links und Rechts, Hinten und Vorne, Vor und Zurück, Aufstieg und Abstieg, Progression und Regression, Loslassen und Handeln, Vergangenheit und Zukunft, Jung und Alt, Körper und Geist, Weiblich und Männlich, Gut und Böse, Wahrheit und Täuschung, Schönheit und Häßlichkeit, Macht und Liebe, Bewußtes und Unbewußtes.

Drei: Aller guten Dinge sind drei

Die Dreizahl findet in Mandalas meist in doppelter Hinsicht Verwendung. Oft symbolisiert sie die Vereinigung der Polaritäten in einem dritten Punkt nach dem Muster: These, Antithese, Synthese oder Mutter, Vater, Kind. Dieser Bedeutungsaspekt findet sich auch in der Kreuzsymbolik, wenn die beiden Balken als zwei sich durchdringende und vereinigende Polaritäten angesehen werden.

Das Erreichen dieser Synthese ist aber häufig sehr schwierig und mit vielfältigen Leiden und Spannungen verbunden. In der Kreuzsymbolik des Christentums wurde insbesondere diese Konflikthaftigkeit dargestellt. Der gekreuzigte Jesus wurde zum Sinnbild des mit unserer Existenz verbundenen Leidens, die insbesondere durch die fast unüberwindliche Spannung zwischen dem Guten und Bösen, dem Geistigen und dem Triebhaften, dem Göttlichen und dem Menschlichen gekennzeichnet ist.

Sehr häufig werden aber auch Aspekte und Entwicklungsstufen in einer Dreierfolge aufgezählt: Anfang, Mitte, Ende; Vergangenheit, Gegenwart, Zukunft oder Unterwelt, Erde und Himmel. Viele psychologische Modelle haben eine solche Aufteilung, z. B. Körper, Seele und Geist, oder Es, Ich und Über-Ich im Strukturmodellmodell der Psychoanalyse oder auch Kindheits-Ich, Erwachsenen-Ich und Eltern-Ich in der Transaktionsanalyse. Im LOGOS-Kapitel haben wir drei Stufen der Bewußtseinsentwicklung beschrieben: die undifferenziert-präpersonale, die differenziert-personale und die integrativ-transpersonale.

Insgesamt ist die Drei eine aktive, dynamische Zahl, die vor dem Hintergrund polarer Spannung auf ein bestimmtes, vereinigendes Ziel hindeutet und hindrängt.

Vier: Die Quadratur des Kreises

Ein weiteres grundlegendes Element des Mandala ist die Vierzahl und damit verbunden das Quadrat. Die Vier ist im Vergleich mit der Drei nicht so dynamisch, dafür kompletter. Man könnte in ihr eine Ausdifferenzierung der in der Drei angestrebten Vereinigung der Polaritäten sehen. Sie ist eine Art »Quadratur des Kreises«: das, was im Kreis latent als Möglichkeit der Entfaltung verborgen ist, findet im Quadrat seine konkrete Verwirklichung und Bewußtwerdung. »Vier Elemente, innig gesellt, bilden das Leben, bauen die Welt« (Friedrich Schiller)[31]

Fünf: Die Quintessenz

Die vier Elemente, die sich im Quadrat polar gegenüberstehen, finden ihre Synthese – je nach Blickwinkel – im äußeren Kreis oder im Mittelpunkt. Der Ursprung und das Ziel fallen in eins. Das schöpferische Mysterium ist ständig vorhanden, am Anfang, in der Mitte, am Ende und immer und zu jeder Zeit dazwischen. Das fünfte Element bezeichnet damit die Summe, die Ganzheit, die Quintessenz, das alle vier Aspekte integrierende, transzendierende Eine. Es ist die Achse, um die sich alles dreht. Es ist das unerkennbare und doch dauernd sich selbst offenbarende Mysterium auf den verschiedenen Ebenen der Evolution und der Entwicklung, der MYSTOS im Pentalon-Modell. Es offenbart sich in unendlich vielen Aspekten, ohne darin jemals vollständig aufzugehen. Es bleiben immer noch unendliche, nicht vorhersehbare Möglichkeiten (Mutationen, Quantensprünge), die für Überraschungen sorgen. In die Mitte des Mandala als fünftem Punkt werden in der Tradition häufig Symbole des höchsten Wertes eingefügt: z. B. ein Diamant, eine goldene Blüte, eine Gottheit wie z. B. Jesus, Buddha, eine mythologische Gestalt wie z. B. Hermes-Mercurius, das göttliche Kind oder das sich vereinigende göttliche Paar.

Die heilige Hochzeit

Die umfassende Bedeutung, die die sexuelle Vereinigung von Mann und Frau sowohl als konkrete Handlung als auch als transzendentes Symbol für den Menschen hat, wird dadurch verständlich, daß aus ihr unser Dasein und Leben hervorgeht. Hinzu kommt, daß sie die wohl am dringlichsten und unmittelbarsten erlebte Gegensatzspannung, nämlich die zwischen Mann und Frau, überwindet. Aus diesen beiden Gründen ist sie das Hauptthema, das Männer wie Frauen bewegt, die einen wohl mehr auf der körperlichen, die anderen mehr auf der partnerschaftlichen Ebene. Wenn man sich längere Zeit mit dieser Thematik beschäftigt, dann scheint es, als ob sich in allem und jedem, im Untersten und Obersten, im Höchsten und Tiefsten, im Heiligsten und Profansten, dieses ewige Thema spiegelt. So wundert es nicht, daß der Vorrat an diesbezüglichen eindeutigen Anspielungen unerschöpflich scheint und daß Sigmund Freud in allen Symbolen des Unbewußten immer nur das gleiche zu erkennen glaubte. Auch wenn man zugesteht, daß es noch ein paar andere Sachen im Leben gibt, so muß man doch sehen, daß sich das meiste, was im Leben Spaß macht, irgendwie aus dieser Quelle speist. Wenn der tapfere Held am Ende nicht seine Geliebte befreien kann, wenn der abstrakte Logos seinen Geist nicht in eine materielle Form ergießen kann, dann macht alles keinen rechten Spaß und Sinn. Das dies so ist, braucht uns nicht zu wundern, wenn uns klar wird, daß der Urknall bereits der erste Orgasmus war und wir die Kinder dieses schöpferischen Aktes sind. In unseren eigenen Orgasmen erinnern wir uns an jene ekstatische Schöpfungskraft, mit der sich das All und Eine in die Existenz brachte.

Ein zweiunddreißigjähriger Mann hat am Anfang einer sehr intensiven Liebesbeziehung den folgenden Traum:

»Ich schlafe ganz leidenschaftlich und lustvoll mit meiner Partnerin. Nach und nach wird mir deutlich, daß wir beide in einer Kirche sind und mitten auf dem Altar liegen. Ich kann zwar nicht sehen, ob andere Leute anwesend sind, aber es ist mir peinlich, daß es hier so öffentlich ist, auch befürchte ich, daß der Pfarrer kommen und uns des Sakrilegs beschuldigen könnte.«

Zum einen zeigt das Unbewußte dieses Träumers, daß die Sexualität eine religiöse und heilige Handlung ist. Das Unbewußte hat noch ein Wissen vom Mysterium der Sexualität: Der Mensch verbindet sich mit einem anderen Menschen ebenso wie mit seinem Körper und dem des anderen, damit mit dem Körperlich-Erdhaften und letztlich mit der Erde selbst. Insofern stellt die Sexualität eine Verbindung zu seinen Wurzeln dar, zur eigenen Tiefe, zum eigenen Unbewußten und dem der Menschheit. Und zugleich, das spüren wir oft sehr deutlich, zieht uns der Eros der Sexualität über das Konkret-Körperliche hinaus in seelisch-geistige, religiöse Dimensionen, verbindet uns mit der übermenschlichen Schöpferkraft und Schöpfungsenergie. Insofern stellt die Kirche eigentlich genau den richtigen Ort dar, um das mysterium coniunctionis, das Wunder der Vereinigung der Gegensätze, zu zelebrieren.

Zum anderen zeigt der Traum in der Reaktion der Peinlichkeit und der Angst vor dem Pfarrer und dem begangenen Sakrileg aber unsere tiefe Gespaltenheit, die dadurch entsteht, daß diese heilige Handlung vom Über-Ich, von unserer Kultur und Religion aus der Kirche ausgeschlossen worden ist. Der Träumer hat somit teil an der Angst der meisten Menschen vor der immensen Kraft des EROS. Die Angst vor Eros und Sexualität hat natürlich etwas Archetypisches, denn immerhin geht es in der Ekstase der Sexualität ja um Ich-Auflösung. EROS und Ekstase sind ein »fascinosum«, also faszinierend und ein »tremendum«, also erzittern lassend, zugleich. Wenn Sexualität als heiliges Mysterium erlebt wird, geht das Ich aus ihr verändert hervor. »Todeshochzeit« nennt z. B. Erich Neumann dieses Phänomen und meint damit, daß das Ich sich selbst aufgeben muß, also in gewisser Weise stirbt, um das ekstatische, mysteriöse Wesen des Selbst zu erfahren und danach verändert wiedergeboren wird.

Aber vor allem spiegelt sich in obigem Traum eine Über-Ich-Angst des Träumers und unser aller Über-Ich-Angst, was gut erkennbar ist an der Scham und Peinlichkeit, die er empfindet. Jahrtausendelang haben weltliche und geistliche Mächte die Sexualität verteufelt, und das hat seine Spuren in uns hinterlassen. Ungeheure menschliche

Energien sind in das Bestreben geflossen, EROS, Sexualität, Körperlichkeit, Schönheit und Freude irgendwie zu entmachten. Religiöse Lehrer, Philosophen, Politiker, Richter, Asketen und viele mehr beschäftigten sich zu Tausenden mit dieser Aufgabe. EROS wurde zur Sünde des Fleisches und zur Eitelkeit der Welt. Im besten Fall wurde er bemäntelt, verschwiegen, in seiner göttlichen Kraft verharmlost und verdüstert, oder er wurde herabgewürdigt und verteufelt. Im schlimmeren Fall wurden Menschen bestraft, die es wagten, dem EROS zu folgen, man denke etwa an die Steinigung der Ehebrecherin (Johannes 7, 53–8,11). Vor diesem Hintergrund wagt es der Träumer, so wie viele andere auch, nicht mehr ganz offen zu seinem erotischen Verlangen und dessen Befriedigung zu stehen. Und sein Bewußtsein weiß nichts mehr vom Mysterium der Vereinigung, der heiligen Hochzeit, die als religiöses Ritual gefeiert wird. Die Heilige Hochzeit wird in den unterschiedlichsten Mythologien als rituelle Vereinigung zwischen Gott und Göttin, König und Königin, Priester und Priesterin, göttlicher, priesterlicher oder königlicher Gestalt und Mensch oder zwischen zwei Menschen beschrieben. Ihr Wesen ist, das zugleich ein konkreter sexueller Akt und ein symbolisches Ritual stattfinden. Die körperliche Vereinigung bekommt dadurch eine Tiefendimension als Mysterium coniunctionis, als Mysterium der Vereinigung und der Verbundenheit, nach der wir uns in der innigen körperlichen Vereinigung vermutlich immer sehnen. Das körperliche Um- und Ineinandersein wird zu einem inneren, seelischen, geistigen und mystischen Erleben, das eine persönliche Beziehung wie auch eine Vereinigung mit dem Transzendenten, dem Universum oder Kosmos, dem Göttlichen, dem Ewig-Seienden darstellt.

Das innere Kind: Zum Lebendigsein begabt

Ein weiteres und eines der treffendsten und schönsten Symbole für das lebendige schöpferische Mysterium in uns ist das göttliche Kind.

Es personifiziert Lebensmächte jenseits des beschränkten
Bewußtseinsumfanges, Wege und Möglichkeiten, von denen
das Bewußtsein in seiner Einseitigkeit nichts weiß, und eine
Ganzheit, welche die Tiefen der Natur einschließt. Es stellt
den stärksten und unvermeidlichsten Drang des Wesens dar,
nämlich den, sich selber zu verwirklichen. Es ist ein mit allen
natürlichen Instinktkräften ausgerüstetes Nichtanderskönnen,
während das Bewußtsein sich stets in einem vermeintlichen
Anderskönnen verfängt. Der Drang und Zwang zur Selbst-
verwirklichung ist Naturgesetzlichkeit und daher von unüber-
windlicher Kraft, auch wenn der Beginn ihrer Wirkung
zunächst unansehnlich und unwahrscheinlich ist.

C. G. Jung[32]

In unseren Träumen finden wir recht häufig das Motiv des Kindes, nicht immer ist es lebendig, freudig und spontan, häufig ist es vernachlässigt und einsam. Dies weist darauf hin, daß wir unsere kindlichen Bedürfnisse und Möglichkeiten, die ja auch auf das schöpferische Mysterium und unsere Ganzheit hinweisen, nicht genügend wahrnehmen. Vielleicht verdrängen wir unsere Sehnsucht nach einfühlsamer Liebe, warmer Geborgenheit, hilfreicher Fürsorge und Unterstützung, um anderen gegenüber sicher, stark und unabhängig zu erscheinen. Oder vielleicht trauen wir uns nicht, unsere kindliche Lebensfreude, Neugier und Phantasie zu zeigen, um uns nicht in den Augen anderer lächerlich zu machen.

Bei diesem inneren Kind geht es aber nicht nur um unsere Vergangenheit und unsere damals erlittenen kleineren und größeren Traumata, sondern vor allem um unsere unmittelbare Gegenwart, es geht um die Frage, wie wir mit unserer Lebensessenz, unserem innersten Wesen umgehen. Erscheint das verlassene oder bedrohte Kind in unseren Träumen, dann sollten wir sehr wachsam sein und zu verstehen suchen, welche innere Not und Sehnsucht sich in ihm darstellt. Wie können wir das tun?

Zunächst natürlich müßten wir das Kindliche in uns überhaupt ver-

missen, müßten trauern und darunter leiden, daß uns etwas Lebens-
wichtiges verlorengegangen ist. Wir müßten spüren, daß wir aufgehört haben, die Welt mit offenen, neugierigen Augen zu betrachten
und ständig neue Fragen an sie zu richten. Wir müßten spüren, daß
wir aufgehört haben zu spielen, zu tanzen, zu lachen und zu weinen.
Wenn wir unser verlorenes Kind mit ganzem Herzen vermissen, wird
diese Sehnsucht nach ihm unsere Suche steuern.

Schauen wir uns in unseren Lebensbereichen um, ob wir irgendwo
eine Spur von ihm entdecken können. Wann waren wir das letzte Mal
so richtig ausgelassen, albern, haben jemandem einen Streich
gespielt, haben uns ganz ungeniert gehenlassen? Wann haben wir
uns das letzte Mal über eine Kleinigkeit »wie ein kleines Kind«
gefreut? Bei welcher Tätigkeit haben wir Zeit und Raum um uns herum total vergessen? Wann haben wir zuletzt von großen, neuen Möglichkeiten geträumt und wunderschöne Luftschlösser gebaut? Wann
waren wir das letzte Mal voller Trotz, voller Zorn, aber auch voller
Bewegungslust und Sinnlichkeit, voller Zärtlichkeit und Liebesbedürftigkeit?

Wenn unsere Lebensräume bereits so erwachsen eingerichtet
sind, daß für diese »Kindereien« kein Raum mehr bleibt, dann müssen wir uns zurückversetzen in die Spiele, Sehnsüchte und Wünsche
unserer Kindheit. Was sind unsere frühesten Erinnerungen? Was
waren unsere Lieblingsphantasien, Lieblingsgeschichten, Lieblings-
märchen, Lieblingsfilme? Mit welchen Helden, Idolen, Personen
haben wir uns identifiziert? Welchen Beruf wollten wir ergreifen?
Was haben wir uns von unserem späteren Erwachsenendasein
erträumt? Wovor hatten wir am meisten Angst? Was stellten wir uns
vor, was wir tun würden, wenn wir endlich groß geworden wären?

Das geduldige Einlassen auf diese Fragen bildet nicht nur eine
Brücke zu unserem inneren Kind, sondern bietet auch wertvolle Auf-
schlüsse über unsere damalige seelische Situation. Jede unserer
Haupterinnerungen und jede unserer Lieblingsgeschichten stellt
eine kleine, in sich geschlossene Abbildung unserer damaligen
Begabungen, Hoffnungen und Ängste dar. Viele davon bestimmen
auch heute noch unbewußt unser Verhalten und Erleben, weil sie

unverarbeitet geblieben sind. Und wenn man sich leidenschaftlich mit der Wiedergewinnung des inneren Kindes beschäftigt hat, dann mag uns unsere Seele mit einem Traum beschenken wie dem folgenden einer 44jährigen Frau, in dem auch eine Reihe anderer Ganzheitssymbole auftauchen (Rundheit, Quadrat, Vierzahl, Fünfzahl).

»Ich bin auf einem orientalischen Markt oder Basar, unter freiem Himmel. Menschen drängen sich vorüber, alle weiß gekleidet, auch die Haare bedeckt, die Frauen mit weißen Tüchern, die Männer mit weißen Kappen. Es ist laut und lebendig. Von links hinten kommt eine Art Zug. Ein Junge wird von Männern hochgehalten und getragen. Der Zug kommt näher, und ich kann den Jungen genau sehen. Er wirkt erst, als sei er etwa zwei bis drei Jahre alt, dann wie zehn, dann wieder zwei bis drei, das Alter wechselt ständig. Wir schauen uns an. Er lacht ein bezauberndes, kindlich-unbefangenes, lebendiges Lachen. Sein Gesicht ist ganz rund, strahlend, sein Blick voller Freude. Ich habe den Eindruck, von seinem Blick ins Herz getroffen zu sein, und es kommt eine ganz starke, warme, strahlende Freude in mir auf und ein ganz starkes Gefühl von Sehnsucht. Dann höre ich Stimmen, wie ein Chor: ›Das ist dein Kind.‹ Ich sage voller Freude: ›Das ist mein Kind.‹ Wir lachen uns an, freuen uns, es winkt und lacht mir zu, während es weitergetragen wird und schließlich in einer Straße, die nach rechts oben verläuft, verschwindet.

Dann ist der Platz plötzlich menschenleer und jetzt der quadratische und zugleich runde Innenhof einer Moschee. Der Boden besteht aus lauter Quadraten. Mir fällt zuerst ihre Größe auf. Sie ist genauso groß, wie ich selber ein Quadrat als richtig empfinde und mit der Hand nachzeichnen würde. Wahrscheinlich zehn mal zehn Zentimeter. Dann sehe ich genau im mittleren Quadrat vier Zeilen geschrieben. Ich lese sie, kann den Inhalt aber nicht wirklich aufnehmen. Es geht um Liebe. Dann geht es um die vier: die vier Zeilen, die vier Seiten, die vier Eckpunkte. Das Quadrat erscheint jetzt auch in einer Mauer, die den Hof begrenzt. Ich denke, daß das die Gebets- oder die Klagemauer ist. Dann sehe ich wieder fünf Punkte betont.«

Die symbolische Zahlenspekulation, mit der die Träumerin ihren

Traum beendet, weist auf ihr Bedürfnis, die Ganzheit, die ihr lebendig und hoch emotional im Kind begegnet ist, in eine logische Ordnung zu bringen, was aber nicht ganz gelingt – und auch niemals jemandem gelingen kann – und was im Wechsel zur Zahl Fünf angedeutet ist. Aus dem Zusammenwirken – oder Zusammenprallen – der äußeren Welt, der Notwendigkeit, das Leben in der Materie zu leben, und der Fülle, die immer über das konkret Lebbare hinausgeht, entsteht eine schöpferische Spannung, die unser eigentlicher Lebens- und Entfaltungsmotor ist.

Hermes-Mercurius

Eine weitere Symbolgestalt, die in vielerlei Hinsicht der des Kindes ähnelt und die verborgene Ganzheit unseres Wesen, den MYSTOS, treffend darstellt, darf hier nicht unerwähnt bleiben: Hermes-Mercurius. Er erscheint manchmal als Kind, manchmal als Jüngling, manchmal als Alter Weiser, er ist zweigeschlechtlich. Seine paradoxe Gestalt mit seinen seltsamen, widersprüchlichen Eigenschaften ist besser als alle anderen in der Lage, die Essenz, das Wesentliche und das Schöpferische, zugleich aber auch das Problematische und Dunkle des MYSTOS zu symbolisieren. Hermes-Mercurius vermag auch eine versöhnende Brücke zu bauen zwischen einer rational-konkreten und einer mystisch-symbolischen Einstellung, wobei er allerdings ein Höchstmaß an Toleranz, Offenheit und Bereitschaft, Sachverhalte auch ungeklärt zu lassen, von uns fordert.

Hermes-Mercurius ist zunächst und hauptsächlich ein Gott leichter, beweglicher Dynamik, er ist der Grenzüberschreiter par excellence. In der griechischen Mythologie ist er als Götterbote unter verschiedenstem Auftrag ständig unterwegs. Er ist Mittler und Verbinder der verschiedenen äußeren und inneren Welten und bewegt sich leichtfüßig zwischen Tag und Nacht, Götterwelt und Menschenwelt, Menschenwelt und Unterwelt und läßt überall seine Beziehungen spielen. Er ist der »Gott« der Medien, die in irgendeiner Weise Botschaften, Nachrichten, Informationen vermitteln und verbreiten. Er gilt in der griechischen Mythologie auch als der Herr der Wege und Kreuzungen, als Gott der Menschen, die unterwegs sind aus welchen Gründen auch immer: Wanderer, Reisende, fahrendes Volk, Abenteurer, Kaufleute, Boten, Diener und Diplomaten, Agenten und Spione. Seine geflügelten Füße weisen auf seine Fähigkeit des Fliegens, der Schnelligkeit, der Ungreifbarkeit und des Transzendierens. Seine kommunikativen und vermittelnden Fähigkeiten ermöglichen es, scheinbar unversöhnliche Gegensätze miteinander zu verbinden.

Hermes ist als Diplomat und Vermittler auch ein Meister in der Kunst der Kommunikation und Manipulation. Durch seine Freundlichkeit und hohe Beredsamkeit, seine geistige Beweglichkeit und manuelle Geschicklichkeit, mit Hilfe von List, Verführung, Überredung und Täuschung bringt er die Menschen dazu zu glauben, was sie glauben sollen. Somit ist er auch der Schutzpatron der Gaukler, Taschenspieler und Täuschungskünstler, der Diebe und Betrüger. Er deutet die Fakten so, wie er es braucht – Hermeneutik ist die Kunst der Deutung –, und formuliert so, daß er nicht wirklich festzulegen ist und immer noch ein Hintertürchen offen hat, aus dem er dann flugs entweicht, wenn man glaubt, ihn dingfest gemacht zu haben.

In der klassischen Astrologie werden dem Planeten Merkur u. a. folgende weitere typische Berufe zugeordnet (außer den oben bereits erwähnten): Vermittler, Spekulanten, Erfinder, Schriftsteller, Kritiker, Schauspieler, Zauberkünstler, Journalisten, Entdecker, Flieger, Lehrer und Psychologen.

Ihnen allen gemeinsam ist eine gewisse grenzüberschreitende und vermittelnde Funktion. Innerhalb einer engeren konventionellen Moral und Ethik mögen die geschilderten Eigenschaften des Hermes eher negativ und amoralisch erscheinen, aber auf dem Felde der psychologischen Arbeit sind sie unumgänglich notwendig, um die erstarrten Persönlichkeits- und Lebenssysteme lockern und auflösen zu können. Aber auch alle Menschen, die sich auf dem Wege zu sich selbst befinden, bedürfen ihres inneren Hermes. Hermes-Mercurius ist nicht nur der »Ahnvater« und Gott aller hermetischen Künste, sondern auch zugleich ein Führer, der den Suchenden durch die verschiedensten Bereiche der unbewußten Dimensionen des Mysteriums der Seele zu führen vermag und ihn vor Gefahren, Verlockungen und Fallstricken schützt.

Hermes ist als Grenzenüberschreiter ein Freund des Chaos und ein Feind von künstlichen Begrenzungen und einschränkenden Ordnungen. Wir finden ihn überall dort wirksam, wo »Borderline«- und Grenzlinien-Zustände herrschen, wo es um Auflösung und Veränderung geht. Sein Lebenselement ist die Dunkelheit der Nacht, aber auch das Zwielichtige, Nebelhafte, Ungewisse, und sein Hauptcharakteristikum ist seine polare, paradoxe Natur, die ihn befähigt, sich nicht mit einem Gegensatz zu identifizieren, sondern zu Menschen und Dingen in einer eigentümlichen Distanz zu bleiben. Er ist schillernd, unstet, unbestimmbar, widersprüchlich, sich ständig an anderem Ort und in anderer Gestalt zeigend.

Hermes besitzt einen Zauberstab, den Caduceus (griech.: Kerykeion). Seine beiden polar angeordneten Schlangen weisen auf seine heilende, wandelnde, integrative Kraft, die Polaritäten versöhnende Fähigkeit hin. Die Flügel symbolisieren, wie schon bei den Schuhen, leichte Beweglichkeit, Luftigkeit, Geistigkeit, Bewußtheit, einen freien Zustand über den Gegensätzen. Mit ihm, den man zusammengefaßt als ein Symbol für die schöpferische, grenzenüberschreitende, gegensatzvereinigende »transzendente Funktion« der Seele auffassen kann, verzaubert Hermes uns, er inspiriert uns, verändert unser Bewußtsein, versetzt uns in Trance und schickt uns viele Symbole, Phantasien, Träume und Visionen.

Unser modernes Bewußtsein ist überwiegend vom LOGOS geprägt und fordert Eindeutigkeit, Klarheit, Logik, Ordnung. Das rationale Denken bedarf der Unterscheidung, Zergliederung, Isolierung, Abstraktion und Reduktion, und es muß immer dann scheitern, wenn es auf die komplexe Vielschichtigkeit des Lebens trifft, die eben ganz und gar nicht eindeutig, klar, logisch und geordnet, sondern vieldeutig, widersprüchlich, irrational und paradox ist. Um einen angemessenen Zugang zur Ganzheit des Lebens zu finden, bedarf es eines hermetischen, mercurialen Bewußtseins.

Die archetypische Symbolgestalt des Hermes-Mercurius repräsentiert die unserem rationalen Bewußtsein paradox und unverständlich erscheinenden Eigenschaften des schöpferischen Mysteriums und der Ganzheit und Einheit des Lebensprozesses. Diese Lebensganzheit ist ihrem Wesen nach vieldeutig und widersprüchlich, insofern sie unserem Bewußtsein unvereinbar erscheinende Gegensatzpaare in sich vereint, so z. B. Wahrheit und Täuschung, Weisheit und Dummheit, Freude und Leid, Heiliges und Profanes, Göttliches und Teuflisches usw. Überall dort, wo und in welcher Form auch immer das Mercuriale erscheint, begegnen wir der anderen Wirklichkeit, dem untergründigen Eins- und So-Sein unserer Existenz, die sich unserem festhaltenden Zugriff aber sofort wieder entzieht. Indem es einen Kontakt mit dieser ganzheitlichen Dimension des Lebens herstellt, vermag das Mercuriale unser zu eng eingestelltes Bewußtseinssystem aus seiner Einseitigkeitsverkrampfung zu befreien, es zu entspannen und zu erweitern, aber auch, es mit der Gefahr der Auflösung zu bedrohen, wenn es zu labil ist.

Umgekehrt wird überall da, wo es um Schwellensituationen und um Systeme geht, die an ihre Grenzen gekommen sind, der Archetyp des Hermes-Mercurius konstelliert, der dann Verwirrung, Desorientierung, Unsicherheit und Angst, aber auch befreiendes Lachen stiftet. So häufen sich beispielsweise in Zeiten gesellschaftlichen Umbruchs tricksterhafte Manifestationen: Die Narren, Verrückten, die Clowns, die Komödianten, Kabarettisten, Satiriker erwecken zunehmendes Interesse, alternatives Leben wird gesucht und erprobt, Gegensätzlichstes steht schroff nebeneinander, alles wird möglich, kurzum: die Welt dreht durch und wird ver-rückt. Und über allem fliegt Hermes und freut sich diebisch über das von ihm verursachte Chaos, das zugleich die Fülle dynamischen, neuen Lebens ist.

Schattenaspekte des MYSTOS

Da MYSTOS das Ganze des Lebens und der Seele repräsentiert, sind seine Schattenseiten so umfassend wie das ganze Leben. MYSTOS ist so hell wie die höchste Erleuchtung und so dunkel wie die gemeinste Perversion. Sein Schatten umfaßt die Schattenaspekte aller anderen Faktoren, so daß wir diese hier nicht wiederholen wollen. Es gibt aber noch einige spezielle Aspekte, die in den vorangegangenen Kapiteln nicht erwähnt wurden und insbesondere mit dem Charakter des Ganzheitlichen zu tun haben. In der Gestalt des Hermes-Mercurius sind wir ihnen schon etwas begegnet.

MYSTOS braucht seine Verankerung in den vier anderen Faktoren. Die höchsten Einsichten und die schöpferischsten Phantasien nützen letztlich wenig, wenn sie nicht verantwortlich im realen Leben (BIOS), in der verwirklichten Handlung (HEROS), im Verstehen (LOGOS) und in der Liebe (EROS) Ausdruck finden. Dementsprechend liegen die Problemseiten des MYSTOS vor allem im Fehlen dieser bindenden Aspekte. MYSTOS kann dann leicht zu Größenphantasien, zu Täuschungen und Illusionen, Inflationen, Verwechslungen von symbolischer Wirklichkeit und äußerer Realität, zu einem Rückfall in abergläubisches und magisches Denken verführen. Veränderte Bewußtseinszustände, seelische Grenzerfahrungen haben häufig einen stark faszinierenden und überzeugenden Charakter. Es fällt oft schwer, einen realistischen Abstand von solchen Erfahrungen zu gewinnen. Die Inflation, also die »Überschwemmung« des Ich und der Persönlichkeit durch unbewußte Inhalte kann zu einer Überbetonung der Phantasie und zu einer Dominanz magisch-mythischen Erlebens und Verhaltens führen. Zwischen Innen und Außen, Körperlichem und Psychischem, Ich und Du und besonders auch zwischen konkretem äußerem Objekt und innerer Erfahrung kann nicht mehr deutlich genug unterschieden werden. Es entwickeln sich magische und abergläubische Vorstellungen.

Im Extrem führt ein Rückfall in das prälogische Denken und Erleben zu psychotischen Verfolgungsängsten oder umgekehrt zu Allmachts- und Größenphantasien, in denen wir dann glauben, wir seien Gott oder das Universum persönlich – anstatt uns als einen Teil und als einen individuellen – und damit sehr beschränkten – Ausdruck desselben zu sehen. Wir glauben im Besitz der letzten Wahrheiten zu sein und fühlen uns berufen, als Propheten, Weisheitslehrer und Führer die Welt verändern zu wollen.

Archetypische Phantasien, ganz besonders Menschheits-Erlöser-Phantasien, haben zudem eine besonders starke suggestive Hoffnungs- und Überzeugungskraft. Ganze Menschenmassen und Völker können ihr epidemisch verfallen und sich für das auserwählte Volk halten. Die grauenhaften Wirkungen eines solchen Massenwahns konnten die Menschen unter der nationalsozialistischen Herrschaft erleben. Sie mußten die schrecklichen Abgründe eines solchen Größenwahns leidvoll erfahren, vom arischen Herren- und Übermenschen über die Sieg-Heil-Ideologie bis zum »tausendjährigen Reich« und all den totalen Endlösungs- und Endsiegvorstellungen, bis zum zu besiegenden Erzfeind und dem dunklen Chaos-Drachen, projiziert auf »den Bolschewisten« und »den Juden«.

Das beste Gegenmittel gegen solche destruktiven Größenphantasien ist Selbsterkenntnis und Bescheidenheit, wie wir sie bei älteren, gereiften Menschen finden, beispielsweise bei C. G. Jung, wenn er in hohem Alter schreibt:

Je älter ich wurde, desto weniger verstand oder erkannte oder wußte ich mich. Ich bin über mich erstaunt, enttäuscht, erfreut. Ich bin betrübt, niedergeschlagen, enthusiastisch. Ich bin das alles auch und kann die Summe nicht ziehen. Ich bin außerstande, einen definitiven Wert oder Unwert festzustellen, ich habe kein Urteil über mich und mein Leben. In nichts bin ich ganz sicher. Ich habe keine definitive Überzeugung – eigentlich von nichts. Ich weiß nur, daß ich geboren wurde und existiere, und es ist mir, als ob ich getragen würde. Ich existiere auf der Grundlage von etwas, das ich nicht kenne.[33]

Oder auch bei Carl Rogers an folgender Stelle:

Es ist für mich einfacher geworden, mich als einen entschieden unvollkommenen Menschen zu akzeptieren, der keinesfalls zu jeder Zeit so handelt, wie ich handeln möchte.[34]

Und an anderer Stelle:

Je mehr ich gegenüber den Realitäten in mir und im anderen offen bin, desto weniger verfalle ich dem Wunsch, herbeizustürzen und »die Dinge in Ordnung zu bringen«. Während ich versuche, mir und den Erfahrungsvorgängen, die sich in mir ereignen, zuzuhören, und je mehr ich versuche, die gleiche zuhörende Einstellung auf einen anderen Menschen auszudehnen, desto mehr Respekt empfinde ich vor den komplexen Problemen des Lebens. So werde ich immer weniger dazu neigen, hinzuzueilen, um Dinge in Ordnung zu bringen, Ziele zu setzen, Menschen zu formen, sie in die Richtung zu manipulieren und zu schieben, in die ich sie haben möchte. Ich bin weit mehr damit zufrieden, einfach ich selbst zu sein und einen anderen sich selbst sein zu lassen... [35]

Der MYSTOS-orientierte Persönlichkeits- und Lebensstil

MYSTOS-orientierte Menschen können – was ja auch bei allen anderen Faktoren gilt – auf den verschiedensten Bewußtseinsebenen und Reifungsstufen erscheinen: In ihrer undifferenzierten Form auf einem Bewußtseinsniveau, das noch kaum dem präpersonalen, magisch-mythischen Stadium entwachsen ist und in dem sich von daher noch alle möglichen Gegensätze der menschlichen Psyche in ständigem Streit, Konflikt und Wechsel befinden. In ihrer differenziertesten Form als ein Bewußtsein, das die Vielschichtigkeit und Paradoxität des Seins und des Selbst integriert hat. Gestaltungen für die differenzierte Form finden sich z. B. in den Beschreibungen des edlen Menschen im Taoismus, in den Geschichten des Zen, des Sufismus und des Chassidismus, auch in den Figuren des weisen Narren, etwa des türkischen Mulla Nasrudin. Die großen Religionsstifter gehören zumindest zum Teil hierher, insofern sie ein menschheits- und weltumspannendes Bewußtsein in den Mittelpunkt ihrer

Lehre stellten und nicht nur einen Aspekt des Lebens betonten. Im idealen Falle entspricht der MYSTOS-orientierte Persönlichkeits- und Lebensstil dem des individuierten Menschen, dessen Merkmale im nachfolgenden Kapitel zusammengefaßt werden sollen.

Bei den weniger differenzierten Formen ist zwar die schöpferische Fülle und Vielgestaltigkeit des MYSTOS vorhanden, aber es fehlt ein integrierender Kern, der der Fülle eine stabile Struktur, Form und Verantwortlichkeit gibt. Wir haben dann einen Menschen vor uns, der den Mythos des Narren, Tricksters und Schelmen lebt, wie er in vielen Kulturen bekannt ist. Der Archetyp des Tricksters findet sich auch in den modernen Clownsgestalten des Zirkus (Hanswurst, Dummer August) und vielen Comic-Figuren. Auch der Affe ist dafür eine häufige Symbolgestalt. Frenzel charakterisiert die literarische Gattung des Schelmen folgendermaßen:

Der Schelm (mhd. Schelm = Aas, Henker, Abdecker, ehrloser Mensch) ist nach älterem Sprachgebrauch kein Verbrecher, aber auch kein ehrenwerter Mensch, er hält die Mitte zwischen Schalk und Schurke. Er will nicht das Böse, ist auch nicht hemmungslos bösen Instinkten hingegeben, er reagiert nur auf die Bosheit der Umwelt ebenso böse und hat nicht die ideale Vorstellung, sich moralisch intakt durchzubringen, sondern er will überleben und auch nicht schlecht überleben. Der Schelm ist durch Herkunft oder Schicksalsschläge unter die Armen und die den Unbilden schutzlos Ausgesetzten geraten, darum kann seine Gegenwehr nicht frontal sein, sondern muß die List zur Hilfe nehmen: er überlebt durch seine Schlauheit. Seine Stärke beruht auf der Kenntnis der menschlichen Schwächen, die er auch an den Etablierten und Hochgestellten, den Starken, Mächtigen und Wohlangesehenen erkennt, durch seine Schachzüge ausnutzt und zugleich entlarvt. Er tut das ohne Plan, nur von Fall zu Fall, von Not gedrungen und von Verlockung verführt. Der Schelm hat kein Lebensziel, er will nicht zu höherem Standard aufsteigen, er möchte nur auf bequeme, ehrgeizlose Weise das Leben genießen. Er hat auch kein Programm und

will die Welt nicht verbessern. Seine Ziele liegen nah, er baut
sein Leben nicht, sondern läßt sich treiben und fühlt sich da
unbehaglich, wo es stetig und nach Ordnungen zugeht. Er bin-
det sich an keine Sache und kaum einen Menschen, er ist kein
Abenteurer, aber sein Leben verläuft abenteuerlich... [36]

Dadurch, daß es solchen Menschen nicht gelingt, den Übergang zum verantwortungsbewußten Erwachsensein zu schaffen und feste Ich-Bewußtseins-Grenzen aufzubauen, werden sie leicht von unbewußten Reaktionen beeinflußt. Dies mag sich einerseits in Phantasie- und Ideenreichtum, in Originalität und Kreativität, wie auch im Durchbruch paranormaler, synchronistischer Phänomene äußern, andererseits aber auch in vielfältigen psychischen Störungen, Fehlverhaltensweisen und merkwürdigen Persönlichkeitszügen. Manchmal wirken diese Menschen wie lebende Personifikationen des Unbewußten schlechthin, so daß in ihrer Paradoxität und inneren Widersprüchlichkeit die linke Hand nicht weiß, was die rechte tut.

MYSTOS in Selbsterfahrung und Therapie

MYSTOS findet sich in allen Selbsterfahrungsformen und Therapieverfahren, in denen das Grundbedürfnis nach dem Ganzheitlichen, Integrativen, dem Schöpferischen, dem Neuen, Faszinierenden, dem Wunderbaren, der ekstatischen Erfahrung, der Bewußtseinsveränderung und dem Religiösen betont ist. Im Zentrum steht die Herstellung einer Beziehung zum Unbewußten, zur inneren Welt der Imagination und mystischen Schau, die Entwicklung von Kreativität, Phantasie, Intuition und Spontaneität. Bevorzugte Methoden sind Traum-, Symbol- und Phantasiearbeit, das »Gespräch mit der Seele«, künstlerische Gestaltungen, Körperübungen, Tanz, Meditation, Rituale und Exerzitien. Aber auch magische und parapsychologische Methoden gehören hierher.

MYSTOS repräsentiert aber nicht nur die Ganzheit, sondern auch das schöpferische Wandlungsprinzip, den schöpferischen Impuls, den unberechenbaren spontanen Faktor X, der dann wirksam wird, wenn die Zeit dafür reif ist. Jede seelische Veränderung – sei es eine erhellende Einsicht, eine kreative Vision, die Öffnung einer neuen Gefühlsdimension, die Erinnerung eines Traumas oder der Impuls zu einer Verhaltensänderung – scheint angewiesen zu sein auf die »mercuriale« Fähigkeit der Seele, sich auf den dunklen Pfaden des Unbewußten zu bewegen und heimliche Verbindungen und Beziehungen zu knüpfen, die dann plötzlich und überraschend ins Bewußtsein treten. Insofern ist dieses Prinzip in praktisch allen Selbsterfahrungsmethoden und Therapierichtungen und in allen bisher beschriebenen archetypischen Faktoren in der einen oder anderen Form latent wirksam.

C. G. Jung ist ohne Zweifel einer der großen Pioniere des integrativen Denkens in der Psychotherapie gewesen. Psychotherapie und Individuation standen für ihn in einem engen Zusammenhang. Er hat die neurotische Erkrankung u. a. auch als Signal zur Sinnfindung und Individuation aufgefaßt und in ihrem Kern ein religiöses Problem gesehen, zumindest bei Menschen jenseits der Lebensmitte. Da der Individuationsprozeß ein individueller Ganzheitsprozeß ist und die zunehmende bewußte Erfahrung des inneren Selbst, des MYSTOS, zum Ziel hat, kam C. G. Jung schon früh zur Auffassung, daß jeder Klient eine individuelle Therapie brauche. Sein Ansatz ist schon immer eine integrative Psychologie und Psychotherapie gewesen. Dies zeigt sich praktisch in allen ihren Grundvorstellungen, z. B. im Prinzip der Einheit und Ganzheit des Menschen, im Prinzip der Polarität und der schöpferischen Spannung und Dynamik zwischen den Polaritäten, in der gegensatzverbindenden transzendenten Funktion, in der umfassenden Bedeutung der Bilder und Symbole, in denen sich die archetypischen Dimensionen menschlichen Erlebens und Verhaltens darstellen, und schließlich in der Hypothese des Selbst als dem unbewußten Organisator der Persönlichkeit.

Behandlungstechnisch war C. G. Jung auch integrativ orientiert, wie man an der Anwendung imaginativer, gestalterischer und kreativer Methoden in der Therapie und an vielen Äußerungen sehen kann:

> *Da jedes Individuum eine neue und einzigartige Kombination psychischer Elemente bildet, so muß die Erforschung der Wahrheit mit jedem Fall neu einsetzen, denn jeder »Fall« ist individuell und nicht ableitbar aus irgendwelchen allgemeinen und vorausgesetzten Formeln. Jedes Individuum ist ein neues Experiment des immer wechselnden Lebens und ein Versuch zu einer neuen Lösung und einer neuen Anpassung. Wir würden den Sinn einer individuellen Psyche verfehlen, wenn wir sie auf der Basis vorgefaßter Meinungen deuteten, wie sehr wir auch dazu neigen mögen.*[37]

Für C. G. Jung stand also nicht eine vorgefaßte Theorie oder Methode im Mittelpunkt der Therapie, sondern ganz allein das, was als Impulse vom Selbst her intendiert wird. Da aber jeder Klient an einer anderen Stelle seines Prozesses steht, andere Erfahrungen macht, über andere Fähigkeiten und Begabungen verfügt, wird der Weg, den das Selbst dieses Menschen zu seiner Verwirklichung einschlagen wird, unvorhersehbar, nicht organisierbar, vertraglich nicht abzusichern sein.

Häufig geht man in Selbsterfahrungen und Therapien von einer idealen Abfolge der einzelnen Schritte aus: Auf der Basis einer tragfähigen, vertrauensvollen Beziehung (EROS) nähert sich der Klient in einem regressiven Prozeß (BIOS) einem unbewußten Komplex, Konflikt oder Defizit an, erlebt und durchlebt diesen emotional, kann ihn dann benennen, einordnen und verstehen (LOGOS), und nach einer ausreichenden Zeit der Durcharbeitung wird er die Konsequenzen, die sich aus seiner neu gewonnenen Einsicht ergeben, in seinem Leben umsetzen (HEROS). Auf diese Weise werden verschiedene archetypische Aspekte durchlaufen. Dieses Modell erscheint sehr evident und hilfreich.

Aber so plausibel und richtig ein solches Modell im einen Fall sein kann, kann es doch in einem anderen Fall an der psychischen Wirklichkeit und Notwendigkeit der Klienten vorbeigehen. So ist es durchaus denkbar, daß es für einige Klienten eine ganze Zeitlang notwendig sein kann, konkrete Lebens- und Lernschritte zu vollziehen, ehe sie regredieren können oder bevor sie verstehen können, was unbewußt in ihnen vorgeht. Für andere Klienten hingegen ist es notwendig, daß sie für eine längere Zeit Verstehens-Zusammenhänge erarbeiten müssen, bevor sie sich in die Unmittelbarkeit der therapeutischen Beziehung oder des Lebens hineinwagen können usw. »Es gibt keine Theorie im weiten Felde der praktischen Psychologie, die nicht gegebenenfalls grundfalsch sein kann.« (C. G. Jung)[38] Das wichtigste, was der Therapeut in diesem Prozeß tun kann, ist, dem Klienten Halt, Unterstützung, Ermutigung zu geben, die jeweiligen Bereiche ganz zu erkunden und zu leben und ihm zu helfen, Vertrauen zu diesem schöpferischen Selbst-Findungs-Prozeß zu gewinnen und ihm, so gut es möglich ist, nicht zu schaden.

Es geht weniger darum, eine Vielzahl von Techniken und Interventionsarten zu lernen und zum Einsatz zu bringen, sondern vielmehr darum, Offenheit und Flexibilität für die jeweils konstellierten archetypischen Dimensionen zu entwickeln und sie nicht abzuwehren. Es geht darum, die Komplexität der menschlichen Psyche anzuerkennen, sich der Notwendigkeit vielfältiger Erfahrungs- und Beziehungsdimensionen für die Reifung und Heilung des Menschen bewußt zu bleiben, wie auch auszuhalten, daß das Gesamtsystem MYSTOS immer größer und komplexer sein wird, als wir jemals erfassen können.

Die Schattenseiten der MYSTOS-orientierten Selbsterfahrungs- und Therapieformen liegen nun gerade in deren Kreativität und Vielseitigkeit. Die Fülle der farbigen, einfallsreichen und spannenden Methoden könnte dazu verleiten, Therapie als ein unverbindliches Spiel aufzufassen. Gibt es irgendwo Schwierigkeiten und Widerstände, hat man schnell eine neue Methode, eine neue Idee bereit, die vielleicht weiterhelfen. Damit kann aber leicht einer anstehenden intensiven, ernstlichen und schmerzhaften Konfrontation mit sich selbst oder seinen Beziehungen ausgewichen werden. Es könnten auf diese Weise auch notwendige, geduldige Lernschritte großzügig und in künstlerischer Freiheit übersprungen werden.

Wenn durch solche Methoden lediglich ein brillantes, beeindruckendes Feuerwerk inszeniert wird, von dem schließlich nicht mehr bleibt als eine schöne Erinnerung oder ein sich rasch verflüchtigender Rauch, wäre das weniger problematisch. Schwierig, ja gefährlich werden sie, wenn sie emotionale Ein- und Durchbrüche provozieren, die nicht genügend aufgearbeitet werden können, und die Klienten nach einer solchen Erfahrung mit sich und ihren Emotionen alleingelassen werden. Das Eintauchen in die Tiefenschichten des Unbewußten kann äußerst faszinierend, aufregend und erneuernd sein, schnell kann aber aus einem Spiel mit dem Unbewußten ein »Horror-Trip« werden, wenn man für eine solche Begegnung mit seiner inneren Wirklichkeit nicht genügend und ernsthaft vorbereitet ist und nicht weiß, wie man solche Erfahrungen bearbeiten und integrieren kann.

Wenn Therapeuten dem grandiosen Schatten des MYSTOS verfallen, könnten sie glauben, sie seien alte Weise, Wunderheiler, Meister und Magier, sie hätten allheilende Wunderkräfte, eine alles durchschauende Intuition, mit der sie in weitaus kürzerer Zeit und viel effektiver als ihre Kollegen wunderbare Erfolge erzielen. Diesem Schatten kommt natürlich unsere Hoffnung, es gäbe eine einfache wundersame Lösung, für unsere Probleme sehr entgegen.

Quintessenz

- ### *Du bist das Mysterium!*

Du selbst bist das Mysterium und Wunder, das du suchst. Aber gerade weil du es bist, kannst du es nicht unmittelbar spüren. In dir als einmaligem, individuellem, unteilbarem, ganzheitlichem Wesen offenbart sich das schöpferische Mysterium. Es gibt nichts Wichtigeres für dich, als dies zu erkennen und es dir bewußtzumachen. Wenn du erkennst, was für ein Wunder du bist und daß nur im persönlichen

Bewußtsein des Menschen – also auch in deinem – die ganze Existenz sich selber bewußt werden kann, dann weißt du auch, was dein Sinn und deine Aufgabe in diesem Leben sind: Das Beste von dir leidenschaftlich zu leben, so ganz wie möglich.

• *Öffne dich für das Mysterium!*

Du kannst das Mysterium nicht richtig spüren, weil du es selber bist. Aber du kannst es ahnungsweise erfassen. Du kannst dir eine traditionelle Methode suchen, die zu diesem Zweck entwickelt wurde, z. B. Meditation oder Kontemplation, du kannst aber auch einen individuellen Zugang finden, wie es im Grunde alle religiösen Führer getan haben. Achte aber vor allem darauf, daß dein Zugang deinem Wesen, deiner Lust, Freude und Leidenschaft entspricht. Die Umkreisung des Mysteriums ist keine langweilige, trockene Sache, zu der du dich zwingen mußt. Das Mysterium ist die lebendige Essenz von dir und ist nicht nur in der Stille, sondern beispielsweise auch im Tanz, im Gesang, in der Sexualität und der Ekstase oder im alltäglichen Tun zu erfahren. Laß dir für alle Dinge Zeit. Öffne dich ihnen ganz, geh in ihnen auf. Erlebe sie vorbehaltlos.

• *Vertraue deinem Selbst!*

Vertraue dich den selbstregulierenden Tendenzen, der steuernden Weisheit deines Organismus, deines Selbst, des schöpferischen Mysteriums (oder welchen Namen du dieser in dir waltenden Intelligenz auch immer gibst) an. Achte auf die Impulse, die spontan in dir entstehen, wenn du dich achtsam, intensiv und ohne vorschnell zu bewerten auf eine Situation eingelassen hast. Welche intuitiven, instinktiven Reaktionen kommen aus deinem »Herzen« oder deinem »Bauch«? Vertraue darauf, daß alles, was für dich wirklich wesentlich ist, auch von deinem Selbst gefördert wird. Alles, was du jetzt bist, erlebst und willst, ist ja schon immer Ausdruck und Wille deines

Selbst gewesen. Du kannst dich ihm also ruhig hingeben. Es geht dann alles »wie von selbst«.

- ### *Hier und jetzt geschieht das Wunder des Lebens!*

Das Wunder des Lebens und das Wunder des schöpferischen Mysteriums sind immer nur im gegenwärtigen Augenblick, am gegenwärtigen Ort und im gegenwärtigen Bewußtseinszustand erfahrbar. Dies hier ist es! Übe dich in wohlwollender Achtsamkeit, mit der du alles, was jetzt hier ist, aufnimmst, ohne es vorschnell einzuordnen oder zu bewerten.

- ### *Verbinde dich mit deinem inneren Kind!*

Stelle eine liebevolle Beziehung zu deinem inneren göttlichen Kind her. Indem du dir gestattest, dein früheres Leid, deine Trauer und deinen Schmerz zu spüren, findest du auch Anschluß an alle Fähigkeiten, die dir zu einem glücklichen Leben verhelfen können: Liebesfähigkeit, Freude, Lust, Ekstase, Neugier, Experimentierlust, Abenteuerlust, Phantasie, Offenheit, Sinnlichkeit, Spontaneität, Spiel, Unmittelbarkeit des Erlebens, Unschuld und vor allem Humor und Lachen.

- ### *Entwickle deinen Sinn für die mystische Seite des Lebens!*

So intensiv das Mysterium sich auch in deinem Leben offenbaren mag, so hat es doch immer noch eine verborgene Seite, die weit über das hinausgeht, was du jemals erfassen kannst. Glaube niemals, alles erlebt zu haben und alles zu wissen. Bleibe bescheiden für das Geheimnis offen: Alles Vergängliche ist nur ein Gleichnis. Entwickle deinen Sinn für das Symbolische, z. B. mit Hilfe deiner Träume und Phantasien. Entdecke die Vieldeutigkeit und Paradoxie des Lebens.

- ### *Vor allem – sei dankbar!*

Staune darüber, daß du da bist und daß die Welt da ist. Es hätte alles auch nicht da sein müssen. Wenn die Dinge ein wenig anders gelaufen wären, dann hätte sich die Erde nicht gebildet, dann wäre kein Leben auf ihr entstanden, dann wärst du nicht vorhanden. Daß alles so ist, wie es ist, ist keine Selbstverständlichkeit, sondern ein außerordentliches Wunder, an dem du für eine kurze Zeit teilnehmen kannst. Unendlich viele Wesen haben keine Chance, ins Dasein zu treten, oder haben ihr Dasein beendet. Jetzt bist du an der Reihe. Mach was draus. Gib dein Bestes und vor allem: Sei dankbar für dieses einzigartige Geschenk. Es ist das Beste, was dir jemals passiert ist, und du wirst niemals mehr etwas Besseres bekommen. Feiere das Wunder des Lebens. Fördere es in seiner weiteren Evolution und Entwicklung so gut es dir möglich ist und laß so viele Menschen wie möglich an deiner Feier Anteil nehmen.

6 Der individuierte Mensch

Dieses Kapitel faßt zusammen, was sich über den individuierten Menschen sagen läßt. Wie könnte ein Mensch sein, der die verschiedenen beschriebenen Faktoren des Lebens gut integriert hat, sich dabei aber seiner Schattenhaftigkeit, seiner Unvollkommenheit und Begrenztheit wohl bewußt ist? Die folgende natürlich idealisierte Zusammenstellung ist die Essenz der Auffassungen verschiedener psychologischer Richtungen und Untersuchungen zu diesem Thema[39] untergliedert mit Hilfe der Faktoren des Pentalon-Modells.

MYSTOS: Ganzheitliche Identität

Individuierte Menschen sind offen für die Vielfalt und Ganzheit des Lebens. Sie suchen das Unbekannte und lieben das Geheimnisvolle. Sie haben die Fähigkeit, die fundamentalen Dinge des Lebens mit Ehrfurcht, Freude und gar Ekstase immer wieder frisch und naiv zu genießen. Sie können staunen. Sie möchten so viel wie möglich über sich, ihre Mitmenschen und das Leben erfahren. Ihre Charakterstruktur ist flexibel, und sie sind zu neuen Erfahrungen innerhalb einer gut etablierten Identität gern bereit. Sie leben bevorzugt in der Gegenwart, sie akzeptieren ihre Vergangenheit, binden sich aber nicht an sie und freuen sich auf die Zukunft. Sie haben einen guten Zugang zum Symbolischen, Religiösen und Transpersonalen wie zur Kunst. Sie erleben das Leben als sinnvoll. Sie möchten ihren persönlichen, wenn auch nur kleinen Beitrag zur Evolution des Universums leisten.

Ihr Erleben ist vorwiegend ganzheitlich. Sie bemühen sich, nicht nur isolierte Tatsachen wahrzunehmen, sondern auch den emotionalen, symbolischen Hintergrund und Zusammenhang, in dem sie auftauchen. Sie bemühen sich um eine ausgeglichene Verwendung ihrer Orientierungsfunktionen Denken, Fühlen, Empfinden und Intuieren.

Sie haben keine Angst vor partieller Regression und partiellem Kontrollverlust, wie sie im Spiel, im Umgang mit Imagination und Phantasie und veränderten Bewußtseinszuständen (z. B. Meditation und Trance) und in der Kreatitivät auftreten. Sie können sich entspannen und dem Fluß der Einfälle, Phantasien, Gefühle, Körperempfindungen folgen, ohne zu bewerten und zu beurteilen (»freie Assoziation«). Sie genießen es, ganz in eine Tätigkeit einzutauchen und sich selbst dabei zu vergessen (»Flow«).

Sie lieben es, kreativ sein zu können und neue Möglichkeiten auszuprobieren, und zwar sowohl im Bereich alltäglicher Handlungen (Kindererziehen, Kochen, Ordnung schaffen, Feste feiern) als auch im Bereich ihrer besonderen Talente und der Selbstverwirklichung.

Sie haben ein stimmiges Selbstbild (stimmige Vorstellungen von sich selbst, ihren Eigenschaften, Fähigkeiten und Schattenseiten). Sie haben eine gut entwickelte Fähigkeit zur Selbstbeobachtung, Achtsamkeit und Bewußtheit in bezug auf sich selbst und ihre körperlichen und seelischen Vorgänge. Den Kern ihrer Persönlichkeit empfinden sie als etwas Positives. Sie besitzen ein gutes Maß an Selbstachtung, Selbstliebe und Selbstschätzung und können gut für sich sorgen, sich auch verzeihen. Sie sind mit sich, ihren Defiziten, Traumata und ihren Schattenseiten versöhnt.

Sie erleben sich als relativ konstant und kohärent, d. h. sie empfinden die verschiedenen polaren Aspekte ihrer Person und ihres Organismus als zusammengehörige Einheit, und ihr Identitätsgefühl bleibt über verschiedene Zeitphasen, Situationen, Stimmungen und Aktivitätsgrade hinweg bestehen. Gleichzeitig empfinden sie sich als in einem Prozeß kontinuierlicher Veränderungen befindlich. Sie vertrauen den selbststeuernden Prozessen des eigenen Organismus wie auch denen anderer Menschen. Sie hören auf ihre innere Stimme, auf ihr Gefühl, ihre Intuition, ihre körperlichen Reaktionen. Sie gehen davon aus, daß das, was gerade ist, für sie selbst wie auch für andere Menschen der bestmögliche Zustand ist, auch wenn bessere Zustände denkbar wären.

Sie bemühen sich um Integrität, Authentizität, Echtheit, Aufrichtigkeit, Natürlichkeit und Toleranz. An Verstellungen, Verschleierungen, Masken und Unehrlichkeit haben sie kein Interesse. Sie wissen aber, daß es für viele Menschen in verschiedenen Situationen wichtig ist, ein förmliches Verhalten oder gesellschaftlich erwartetes Erscheinungsbild zu zeigen (Persona), und können unterscheiden, wann Takt und Diplomatie und wann Aufrichtigkeit notwendig sind. Sie verwenden wenig Zeit und Energie, um sich gegen sich selbst zu schützen. Sie sind überzeugt, daß ihr innerster Wesenskern gut ist und daß ihre Schattenseiten besonders dann destruktiv werden, wenn sie verdrängt und nicht anerkannt werden. So sind sie bereit, ihre Schattenseiten, ihre eigenen Defizite, Konflikte, ihre typische Persönlichkeitsstruktur und ihre typischen Abwehrmechanismen zu sehen, anzunehmen und mit ihnen verantwortlich umzugehen. Sie sind fähig, auch Zustände der Abhängigkeit, Schwäche, Hilflosigkeit, Ohnmacht, Überforderung, Erschöpfung usw. zugeben zu können. Erkrankungen und seelische Störungen haben sie akzeptiert, sie gehören in ihr Leben und brauchen nicht verborgen oder verdrängt zu werden. Sie haben Verständnis für die Art ihrer Schwierigkeiten und für deren Gewordensein entwickelt und sehen sie als Teil des eigenen Selbst und der eigenen Lebensgeschichte. Sie erwarten nicht mehr, daß ihr Leben sie für vergangenes Leid entschädigt.

Sie akzeptieren ihre Beschränktheit und ihre Endlichkeit und sind in der Lage, Trennungs- und Trauerprozesse zu durchleiden, ohne den Schmerz zu verleugnen. Sie sehen ihr Leben als »abschiedlich« und bemühen sich von daher, es so bewußt und so gut wie möglich zu leben. Sie verleugnen weder ihr Alter noch die damit verbundenen Einschränkungen.

HEROS: Tatkraft und Mut zur Autonomie

Selbstverwirklichte Menschen sehen vor allem sich selbst als Urheber ihrer eigenen Handlungen und fühlen sich nicht mehr unangemessen fremden Mächten (Schicksal, Umwelt, Eltern, negativen inneren Seiten und Komplexen) ausgeliefert. Ihre Fähigkeit, sich selbst auch als »Täter« und nicht überwiegend als »Opfer« sehen zu können, führt zu Einfühlung und Mitleid und dem Wunsch, verursachten Schaden wieder gut zu machen. Sie wissen, was sie gern tun, und versuchen dies, so gut es geht, zu ihrem Lebensinhalt zu machen. Sie werden hauptsächlich aus ihren eigenen inneren Wünschen und Antrieben heraus motiviert und haben ein deutliches Ziel vor Augen.

Sie übernehmen Verantwortung für das eigene Leben, die eigenen Impulse, Affekte und Handlungen und manchmal auch für Teile des Lebens anderer Menschen. Wenn sie wissen, was für sie das Richtige ist, tun sie es auch. Sie sind eher problem-zentriert als ego-zentriert, d. h., die Lösung einer Aufgabe steht im Mittelpunkt und nicht die Darstellung und Aufwertung ihrer eigenen Person. Sie finden es befriedigend, in einer Welt zu leben, die sie selbst maßgebend mitgestalten.

Sie kennen wenig Leistungsängste, lernen durch Versuch und Irrtum und sind bereit, zu ihren Fehlern zu stehen. Sie lehnen ein Denken in Kategorien von Erfolg und Mißerfolg, von Sieg und Niederlage, von besser und schlechter sein ab. Sie freuen sich an der gelungenen Bewältigung einer Aufgabe.

Sie können sich von anderen Menschen unterscheiden, einen abweichenden Standpunkt vertreten, ohne die Angst davor zu haben, nicht mehr geliebt, verlassen oder bestraft zu werden. Sie können Nein sagen ohne Angst und Schuldgefühle. Dies können sie insbesondere auch bei nahestehenden Personen wie Eltern, Partner, Kindern, Freunden und gegenüber Autoritätspersonen. Alte Familientraditionen und Muster, zugeschriebene Rollen und Aufgaben können aufgegeben werden. Zeitweilig haben sie ein starkes Bedürfnis nach Privatsphäre und Zurückgezogenheit. Sie sind relativ frei von äußerer Bestätigung, Spiegelung und Akzeptanz, von dem Bedürfnis, anderen gefallen zu wollen, vom Erfüllen traditionell erwarteter gesellschaftlicher Vorstellungen, relativ frei von »Eigentlich sollte/müßte ich«.

Sie besitzen kein hartes, strenges Über-Ich, das durch irrationale Pflichtgefühle und moralischen Perfektionismus gekennzeichnet ist

218

und das sie mit Autoaggressionen, Schuld-, Scham- und Angstgefühlen bestraft, wenn sie sich nicht gesellschaftskonform verhalten. Gleichzeitig haben sie ein deutliches und realitätsgerechtes Gewissen, das mit angemessenen Schuld-, Scham- und Angstgefühlen reagiert, wenn sie sich falsch verhalten. Insgesamt ist ihr Über-Ich tolerant, gütig und verständnisvoll und organisch in die Ganzheit der Persönlichkeit integriert. Sie haben keine Freude daran, anderen Menschen und Lebewesen zu schaden.

Sie sind relativ frei davon, andere Menschen zu idealisieren und an ihrem Glanz teilhaben zu wollen. Sie wollen kein anderer Mensch sein als der, der sie sind. Sie können sich selbst relativieren und benötigen keine übertriebenen, grandiosen Vorstellungen über sich und ihre Bedeutung im Gesamtgeschehen der menschlichen Existenz, um sich mit sich selbst gut zu fühlen.

Sie verfügen über konstruktive Aggressivität, die sich insbesondere als Mut, Initiative, Einsatzbereitschaft, Beharrlichkeit, Durchsetzungs- und Selbstbehauptungsfähigkeit zeigt. Sie haben keine Schwierigkeiten damit, ehrgeizig zu sein und zu rivalisieren. Sie erlauben sich, besser zu sein als andere, und sie dürfen auch innerhalb des eigenen Familiensystems besser und erfolgreicher sein als andere Familienmitglieder (Vater, Mutter, Geschwister, Vorfahren). Sie sind ehrlich, offen und können sich sehr direkt ausdrücken. Auch im aggressiven Ausdruck sind sie direkt, aber nicht verletzend.

Sie lieben es, effektiv zu sein, ganz in ihrem Tun aufzugehen, Erfolg zu haben, andere Menschen anzuleiten und ihnen Vorbild zu sein.

Sie besitzen die Fähigkeit, Bedürfnisse aufschieben und an die Gegebenheiten anpassen zu können. Sie können Nein sagen gegenüber eigenen Versuchungen und den Verlockungen anderer und die Frustration unerfüllter Wünsche und Bedürfnisse aushalten.

EROS: Liebevolles Verbundensein

Invidiuierte Menschen lieben das Leben, die Menschen und die Welt und möchten gerne etwas dazu beitragen, daß sich das Bewußtsein für die Schönheit des Lebens und das Gefühl der liebevollen Verbundenheit mit der ganzen Existenz bei sich selbst und anderen Menschen verstärkt. Sie sind überzeugt, daß sich Krieg, Gewalt, Hungersnöte, Umweltschäden und andere von Menschen verursachten Leiden beenden ließen, wenn die Menschheit es wirklich wollte und sich mehr der Außerordentlichkeit ihrer Existenz auf dieser Erde bewußt würde. Sie achten auf das Schöne, Gute, Wahre, Kraftvolle, Lebendige und Kreative und bestätigen es. Sie feiern das Wunder des Lebens. Sie haben einen ausgeprägten Sinn für Humor, der nicht verletzend, sondern aufbauend und erleichternd ist. Sie können die Doppel- und Vieldeutigkeit von Situationen schnell erfassen, ihre Komik entdecken und auch herzhaft über sich selbst lachen.

Sie haben ihre Vorstellungen von sich selbst und denen anderer differenziert, so daß sie die eigenen Gefühle, Gedanken und Phantasien von denen anderer deutlich unterscheiden können. Sie können akzeptieren, daß andere Menschen anders sind und anders fühlen. Sie unterstützen deren Eigenart, Andersartigkeit und Freiheit gern. Sie genießen es, die Selbstverwirklichung von anderen Menschen und deren Glücklichsein zu beobachten und zu unterstützen. Sie können die Zufriedenheit und Fülle anderer Menschen ertragen, ohne übermäßig neidisch oder eifersüchtig zu reagieren.

Sie sind zu tiefen und harmonischen zwischenmenschlichen Beziehungen imstande, gewöhnlich aber nur mit wenigen Menschen. Sie können ohne Angst vor Abhängigkeit stabile und dauerhafte Beziehungen zu einem intimen Liebespartner haben. Sie sind von anderen Menschen wenig abhängig und fürchten sie nicht. Sie haben kein Bedürfnis, von jedem geliebt zu werden.

Sie sind für die Probleme ihrer Mitmenschen aufgeschlossen und nehmen sich Zeit dafür. Sie haben die Fähigkeit, sich in die innere Welt eines anderen Menschen hineinzuversetzen und mit ihm fühlen zu können (Empathie). Sie können sich dabei vorübergehend und teilweise mit ihm identifizieren, ohne mit dem anderen ganz zu verschmelzen.

Sie möchten in einer offenen, aufrichtigen Weise miteinander kommunizieren. Sie streben eine macht- und herrschaftsfreie Beziehungsform und ein grundsätzlich gleichwertiges Beziehungsverhältnis auch bei unterschiedlicher Rollenaufteilung an. Sie haben kein Interesse daran, andere Menschen in irgendeiner Weise herabzusetzen, als »reif« oder »unreif«, »entwickelt« oder »unentwickelt« einzustufen.

Die Einschätzung und die Beziehung zur Herkunftsfamilie und Verwandtschaft ist realistisch, ausgewogen, wenig verurteilend, wenig idealisierend. Die Eltern sind keine machtvollen, entscheidenden Autoritätspersonen mehr in ihrem Leben. Sie beschäftigen sich nicht in unangemessener und dranghafter Weise mit ihnen. Sie können akzeptieren, daß sie als Kind von ihren Eltern vieles von dem nicht bekamen, dessen sie eigentlich bedurft hätten, und erwarten nicht, daß die Eltern sich noch wesentlich verändern sollten.

Sie sind gerne mit Gleichaltrigen befreundet und genießen es, Freunde zu haben. Sie können Beziehungs- und Nähegrade gut unterscheiden und abstufen, z. B. zwischen Bekanntschaft und intimer Freundschaft. Sie können sich in Gruppen wohlfühlen und sich als Teil einer Gruppe erleben, ohne die Angst zu haben, ihre Individualität und Unabhängigkeit zu verlieren.

Sie haben das Bestreben, etwas für die nachkommende Generation zu hinterlassen in Form eigener Kinder oder produktiver Werke. Sie leiten jüngere Menschen gerne an und geben ihnen ihre Erfahrungen weiter.

BIOS: Freude am Lebendigsein

Selbstverwirklichte Menschen haben ein liebevolles Verhältnis zu ihrem Körper und können dessen Eigenart, sein Aussehen, seine Qualitäten und seine Schwächen akzeptieren. Sie achten gerne auf ihre Gesundheit und pflegen sich. Sie können gute und lustvolle

»Tiere sein«, mit Sinnlichkeit, herzhaftem Appetit und Genuß, ohne Bedauern, Schamgefühle oder Entschuldigungen. Sie folgen ihren körperlichen Impulsen.

Sie leben gerne, intensiv und leidenschaftlich. Sie genießen das Gefühl von Lebendigkeit, von Aktivität, Kraft, Spontaneität, Enthusiasmus, Ekstase und drücken ihre Empfindungen und Gefühle gern ganzheitlich aus, z. B. in Körpersprache, Sexualität, Bewegung, Singen und Tanzen. Sie sind gern in der Natur und bewegen sich gern. Sie leben im Rhythmus ihrer inneren Uhr und können auch während des Tages immer wieder entspannen, ausruhen, nichts tun, schlafen, ohne ein schlechtes Gewissen dabei zu haben. Sie sehen Erholung und Entspannung als notwendig für ihre Gesundheit, ihre Lebenslust und Kreativität an.

Sie empfinden ihre Verbundenheit und Abhängigkeit vom Leben und von der Erde. Sie sind um das Wohlergehen ihrer Mit- und Umwelt sehr besorgt und fühlen sich gesellschaftlich wie global verantwortlich. Sie bemühen sich durch ihr eigenes Leben die Umwelt so gering wie möglich zu belasten und unterstützen entsprechende Alternativen und Initiativen. Sie achten alle Lebewesen und sind gegen jede Form von deren Ausbeutung und Mißhandlung. Sie fühlen sich eins mit dem Leben auf der Erde.

LOGOS: Leidenschaft zur Wahrheit

Individuierte Menschen haben ein hohes Interesse daran, sich selbst, andere Menschen und überhaupt die ganze Realität so gut und adäquat wie möglich wahrzunehmen und zu verstehen. Sie lernen gern und selbstmotiviert. Dabei empfinden sie selten Versagensangst. Insbesondere gegenüber ihrem eigenen Inneren, den eigenen geheimen Impulsen, Emotionen und Gedanken sind sie furchtlos. Sie gehen davon aus, daß auch bei anderen Menschen ähnliche Phantasien, Gefühle und Gedanken ablaufen wie bei ihnen selbst.

Sie besitzen die Fähigkeit zu einem guten rationalen, logischen Denken. Wünsche und Affekte stören den Denkablauf nicht, sie können hintergründig lebendig bleiben, brauchen nicht verdrängt zu werden und verleihen so dem Ausdruck Anschaulichkeit und Lebendigkeit statt Abstraktheit und trockener Unanschaulichkeit. Sie lieben es auch, symbolisch zu denken, mit ihrer Intuition zu arbeiten, zu spekulieren, zu phantasieren und zu träumen.

Sie haben eine ausgeprägte intellektuelle und emotionale Konflikttoleranz. Polaritäten und die daraus resultierenden Spannungen, Zweifel, Unsicherheiten bei sich und anderen können wahrgenommen, akzeptiert und ausgehalten werden. Sie bemühen sich um ein integrales Denken und versuchen Dinge unter den verschiedensten Aspekten zu sehen. Sie vermeiden Schwarz-Weiß- oder Entweder-Oder-Denken. Sie verstehen die Polaritäten des Lebens als sich ergänzende und miteinander verbundene Aspekte der Ganzheit und können damit auch das Absurde, Paradoxe, Geheimnisvolle, Rätselhafte, Unerklärliche wertschätzen und genießen.

Sie sind sich der Relativität der Wahrnehmung von sich selbst und der Welt bewußt. Sie wissen, daß sie immer nur einen kleinen Ausschnitt dessen erleben und wissen können, was sich erleben und wissen läßt. Sie wissen, daß sie nichts wirklich wissen können und alles letztlich ein großes Mysterium ist und bleibt. Sie sind bereit, ihre eigenen Wahrnehmungen und Schlußfolgerungen immer wieder in Frage zu stellen.

Sie versuchen, ihre leitenden Werte auf der Basis ihrer eigenen Erfahrungen zu entwickeln. Ihre Werte sind eher Werte des Seins und des Wachstums als Werte des Habens und Besitzens. Das Streben nach Erkenntnis, Wahrheit, Freiheit, Liebe, Schönheit, Gerechtigkeit und Frieden bedeutet ihnen sehr viel. Sie sind weniger an nationalen als an globalen Werten interessiert und sie orientieren sich an dem, was der Menschheit und der Evolution insgesamt dient.

Wenn sie etwas falsch gemacht haben, reagieren sie auf die Stimme ihres Gewissens und sind bestrebt, angerichteten Schaden wieder gut zu machen. Es geht ihnen nicht um Schuldzuschreibungen, sondern um die Beseitigung von Unrecht und Schaden. Sie manipulieren andere Menschen nicht mit Schuldgefühlen und lassen auch nicht zu, daß andere dies mit ihnen machen.

Sie genießen die Entfaltung ihres Bewußtseins und bemühen sich um eine kontinuierliche Erweiterung und Befreiung ihres Geistes.

7 Das Pentalon-Modell

Die Entwicklung des Pentalon-Modells

Das Pentalon-Modell (vgl. Abb. S. 12 und S. 231) hat sich im Laufe der letzten fünfundzwanzig Jahre aus meinem Bestreben heraus entwickelt, die Essentials der modernen Psychologie, der Tiefenpsychologie, der humanistischen und transpersonalen Psychologie in Seminaren und Vorträgen kompakt und übersichtlich zu vermitteln. Grundlegend dabei waren die Erkenntnisse, die insbesondere C. G. Jung und seine Nachfolger über den universalen Selbstverwirklichungsprozeß (Individuation) und die sich daraus ergebende Kunst, das Leben ganzheitlich und sinnerfüllt zu führen, gewonnen haben. Um sich in der Fülle und Vielschichtigkeit der universalen Motive, Gestalten und deren Beziehung zueinander zu orientieren, haben C. G. Jung und seine Schüler häufig eine Vierer-Systematik, ein Quaternitätsmodell, verwendet. In seinem Aufsatz:»Die Struktur und Dynamik des Selbst«[40] hat C. G. Jung verschiedene Aspekte des Selbst in der Struktur der Quaternio und der Doppelpyramide dargestellt und mit der alchemistischen Lehre von den vier Elementen und dem Stein der Weisen in Beziehung gesetzt. Tony Wolff hat eine Beschreibung von vier Strukturformen der weiblichen Psyche gegeben: die Mutter, die Mediale, die Hetäre, die Amazone[41]. Emma Jung unterschied vier Formen des Animus unter den Stichpunkten: Kraft, Tat, Wort, Geist[42]. Auf einem Quaternitätsmodell baut auch Hans Dieckmann[43] seine Komplextheorie auf. Robert Moore und Douglas Gillette haben vier ganz ähnliche archetypische Bereiche unter der Bezeichnung König, Krieger, Magier und Liebhaber in ihrer Bedeutung für die männliche Psyche ausführlich beschrieben.[44] Ich selbst habe das Pentalon-Modell in teilweise modifizierter Form unter verschiedenen Aspekten, beispielsweise dem der Psychotherapie und der Lebenskunst, dargestellt.[45]

Die Vorzüge des Pentalon-Modells

Durch seine Mandalastruktur wirkt das Pentalon-Modell bereits auf den ersten Blick vertraut und einfach. Diese Einfachheit macht seine besondere Schönheit und Praktikabilität aus. Gleichzeitig aber ist es zu einer großen, im Prinzip unendlichen Differenzierung fähig, da es überwiegend auf einem symbolischen Ansatz beruht. Symbole sind ja nicht eindeutig festgelegt und können im Wandel der Zeiten und des Bewußtseins immer neue Aspekte offenbaren.

So ist das Pentalon-Modell vereinbar mit vielen ähnlichen traditionellen oder psychologischen Modellen, hat aber im Vergleich zu diesen folgende Vorzüge:

- Es ist gesellschafts-, kultur- und religionsübergreifend.
- Es steht im Einklang mit dem gesicherten Wissen der modernen Wissenschaft und mit den universalen Erfahrungen der Menschheit.
- Es bezieht alle wesentlichen Lebensbereiche und Lebenserfahrungen, alle Aspekte und Bedürfnisse des Menschen, seine körperlichen, seelischen und geistigen wie auch seine spirituellen Seiten ein.
- Es vermittelt eine schöpferische Ziel- und Sinnorientierung.
- Es ist genügend klar strukturiert und übersichtlich, damit es leicht erlernbar und leicht zu handhaben ist.
- Es ist aber auch offen, veränderungs-, differenzierungs- und integrationsfähig, so daß es sich den jeweils neuen Erkenntnissen und Erfordernissen anpassen kann.
- Es beinhaltet einen Unbekanntheits- und Unbestimmtheitsfaktor, der es offen hält für das Geheimnis und Mysterium des Lebens.

Die im Pentalon-Modell beschriebenen universalen Prinzipien HEROS, EROS, BIOS, LOGOS und MYSTOS sind uns eigentlich schon längst bekannt. Es ist aber immer wieder erstaunlich zu sehen, wie wenig sie uns wirklich bewußt sind und wie wenig sie in unserem Leben in ausgewogener Weise Berücksichtigung finden. Selbst in vielen modernen integrativen Systemen, die die Idee der Ganzheit zu ihrem Konzept gemacht haben, kann man feststellen, daß der eine oder andere Faktor fehlt oder zumindestens stark unterrepräsentiert ist. In dem einen System fehlt das Körperliche, in dem anderen das Erotische, die Freude und die Schönheit oder das Symbolische oder das Transpersonale.

Auf manche Seminarteilnehmer wirkte das Pentalon-Modell wie eine kleine Offenbarung, weil es das auf den Punkt brachte, was sie selber schon immer so empfunden hatten, aber nicht richtig benennen konnten oder aufgrund theoretischer oder ideologischer Voreinstellung nicht richtig wahrnehmen und würdigen durften. Als individuelle Menschen neigen wir ebenso wie größere soziale Systeme (Familien, Betriebe, Organisationen, religiöse Gemeinschaften und Nationen) dazu, unser Leben oft auf nur einen oder zwei dieser Faktoren zu reduzieren und die anderen unbeachtet zu lassen oder sogar zu bekämpfen. Darin liegt die Ursache vieler Konflikte, Leiden und Krankheiten unserer Existenz. Wenn wir ein gesundes, erfülltes Leben haben möchten, dann sollten wir von allen Grundfaktoren unseres Lebens zumindestens etwas wissen, wenn wir sie vielleicht auch nicht alle so in unser Leben hineinnehmen können, wie es gut wäre.

Die zentralen Elemente des Pentalon-Modells

Die fünf zentralen Prinzipien HEROS, EROS, BIOS, LOGOS und MYSTOS sind in sich nicht einheitlich und abgeschlossen. Sie bilden eher ein assoziatives Feld von verschiedenen Aspekten und Symbolen, die einen gemeinsamen Nenner haben und häufig miteinander verbunden auftreten. Sie haben jeweils ihre inneren und äußeren, ihre geistigen und materiellen, ihre individuellen und sozialen, ihre introvertierten und ihre extravertierten, ihre positiven und negativen und ihre alltäglichen wie idealen Seiten. Alle Faktoren sind gleichwertig und alle sind notwendig, um ein volles, ganzheitliches und sinnerfülltes Leben zu führen. Sie ergänzen und überschneiden sich natürlich. Im alltäglichen Leben sind sie meist ineinander verwoben, können sie in allen möglichen Mischformen auftauchen und in schneller Folge abwechseln. Sie scheinen in den verschiedenen Lebensphasen und

-altern unterschiedlich stark ausgeprägt zu sein. Vermutlich gibt es auch geschlechtsspezifische Bevorzugungen. BIOS und EROS lassen sich mehr dem traditionellen weiblichen Prinzip zuordnen (und der Anima, der weiblichen Seite des Mannes), LOGOS und HEROS mehr dem traditionellen männlichen Prinzip (und dem Animus, der männlichen Seite der Frau). Auch wenn es viele erfahrungsmäßig und wissenschaftlich begründete Hinweise dafür gibt, daß sich – durchschnittlich betrachtet – Frauen und Männer im Hinblick auf die Bevorzugung dieser Faktoren voneinander unterscheiden, so geht das Modell doch davon aus, daß alle Faktoren in jeweils individueller Mischung in jedem Menschen vorhanden sind. Es soll bewußt vermieden werden, daß leidvolle Klischeevorstellungen von dem, wie ein Mann oder eine Frau idealerweise zu sein hätten, fortgesetzt werden. Die gesellschaftliche Entwicklung der letzten Jahrhunderte hat uns glücklicherweise dazu gebracht, daß wir nicht mehr auf die Festlegungen der alten biologischen Rollenverteilungen angewiesen sind. Jeder Mensch sollte heute die Möglichkeit haben, alle Faktoren in der ihm gemäßen Weise zu verwirklichen. Erst auf dem Boden einer Freiheit und Toleranz der individuellen Einzigartigkeit gegenüber wird eine allmähliche Integration des Frau-Mann-Ur-Gegensatzpaares möglich. Zugleich kann es dann auch eine konstruktive Kontrast-Harmonie[46] zwischen den Geschlechtern geben, in der die vorhandenen realen Unterschiede nicht geleugnet oder sich gegenseitig zum Vorwurf gemacht werden müssen, sondern als sich hilfreich ergänzend angesehen werden können.

Typologische Aspekte des Pentalon-Modells

Die fünf Prinzipien BIOS, HEROS, LOGOS, EROS und MYSTOS bilden das Herzstück des Pentalon-Modells. Daneben sind noch weitere Elemente eingearbeitet, beispielsweise die vier kleineren leeren Kreise an den Eckpunkten zwischen den vier Hauptprinzipien. Diese sind zunächst einmal als Freistellen und Platzhalter für andere mögliche Typologien gedacht, so daß diese bei Bedarf in das Pentalon-Modell einbezogen werden können.[47] Die antiken Philosophen kannten beispielsweise vier Grundelemente, aus denen alles Existierende zusammengesetzt sein sollte: Feuer, Wasser, Luft und Erde. In der klassischen Temperamentenlehre des Altertums (Hippokrates, Galen) wurden vier Temperamente unterschieden und als seelischer Ausfluß des Mischungsverhältnisses der verschiedenen Körpersäfte aufgefaßt: Menschen mit leichter, wechselhafter Stimmung hießen Sanguiniker (von lateinisch sanguis: Blut); bei schwermütigen Menschen sprach man von Melancholikern (von griechisch melas: schwarz und chole: Galle); bei dem durch einen starken Willen und aufbrausende Gefühle gekennzeichneten Choleriker vermutete man das Vorherrschen gelber und weißer Galle; Schleim und Brand (griechisch phlegma) schließlich kennzeichneten auf der Ebene der Körperflüssigkeiten den langsamen und ruhigen Phlegmatiker.

PENTA-LON	Klassische Elemente	Riemann Grundformen	Kommunikations-Aspekte	Wilber Quadranten	Jung Orientierungsfunktionen
HEROS	Feuer Cholerisch	Zwanghaft Schizoid	Intention Appell	Individuell	Wahrnehmen Denken
EROS	Wasser Phlegmatisch	Hysterisch Depressiv	Beziehung	Sozial	Intuieren Fühlen
BIOS	Erde Melancholisch	Depressiv Zwanghaft	Körperausdruck und Kontext	Außen Materiell	Fühlen Wahrnehmen
LOGOS	Luft Sanguinisch	Schizoid Hysterisch	Geistiger Inhalt	Innen Geistig	Denken Intuieren
MYSTOS	Quintessenz		Selbst-Offenbarung	Holon	Ganzheit

Der Psychoanalytiker Fritz Riemann hat aus einer psychiatrischen Sicht heraus vier Grundformen neurotischer wie gesunder Persönlichkeitsstile beschrieben, die eine weite Verbreitung fanden. Er unterschied den die Nähe meidenden und die Autonomie anstrebenden schizoiden, den die Nähe suchenden und die Autonomie vermeidenden depressiven, den die Dauer meidenden und die Veränderung bevorzugenden hysterischen und den die Dauer anstrebenden und die Veränderung meidenden zwanghaften Menschen.[48]

Als besonders hilfreich für ein Verständnis zwischenmenschlicher Interaktionen hat sich die Unterscheidung von fünf Aspekten der Kommunikation herausgestellt. Jede Kommunikation läßt sich daraufhin untersuchen, welche geistigen, inhaltlichen Informationen vermittelt werden sollen (Inhaltsaspekt, LOGOS), wie der körperliche Ausdruck und situative Kontext ist (Körper- und Umweltaspekt, BIOS) in welchem Beziehungsverhältnis »der Sender« und »der Empfänger« der Nachricht gerade zueinander stehen (Beziehungsaspekt, EROS), was der »Sender« mit seiner Nachricht bezweckt, was er beim Empfänger erreichen möchte oder tun will (Appellativ-Intentionaler-Aspekt, HEROS) und schließlich, was die Nachricht über die Situation und Befindlichkeit des »Senders« aussagt (Selbstoffenbarungsaspekt).[49]

In seinen letzten Büchern hat Ken Wilber ein Quadrantenmodell dargestellt, nach dem sich alle Dinge (Holons) in ihrer äußeren (materiellen) und inneren (geistigen), in ihrer individuellen und in ihrer sozial-kulturellen Erscheinung betrachten lassen.[50]

Diese verschiedenen Typologien haben sowohl untereinander auch als auch mit dem Pentalon-Modell viele Gemeinsamkeiten. Sie lassen sich leider nicht vollständig zur Deckung bringen, weil sie sich auf unterschiedliche Bereiche und Hintergrundtheorien beziehen und es ist meist besser, jede für sich als eigenes System zu betrachten, um unnötige Verwirrungen zu vermeiden.

Sehr gut lassen sich aber die von C. G. Jung in seiner Typologie beschriebenen vier Orientierungsfunktionen Wahrnehmen (Empfinden), Fühlen, Intuieren und Denken in das Pentalon-Modell integrieren.[51] Die Wahrnehmung vermittelt uns die sinnlich erfaßbaren Qualitäten einer Sache, ihre Form, Farbe, Konsistenz, ihr Gewicht, ihren Geruch usw. Das Fühlen zeigt uns, wie wir persönlich dazu stehen, ob wir sie mögen oder nicht, ob sie uns wichtig oder unwichtig

ist, die Intuition läßt uns die Möglichkeiten erahnen, die mit dieser
Sache verbunden sind, und eröffnet den Raum der Phantasie. Das
Denken sagt uns, um was es sich handelt, wie die Sache benannt wird,
woraus sie besteht, wie sie entstanden ist, welchen Zweck sie hat usw.
Ebenso wie die fünf Pentalon-Prinzipien lassen sich diese Funktionen
zwar begrifflich voneinander trennen, im seelischen Leben tauchen
sie aber in verschiedenster Weise miteinander verbunden auf, manchmal sind sie uns bewußt, manchmal verlaufen sie unbewußt, manchmal sind sie mehr nach außen (extravertiert), manchmal mehr nach
innen (introvertiert) gerichtet. Das bewußte Umgehen mit diesen
Funktionen kann ein sehr wertvolles Hilfsmittel sein, um einen ganzheitlichen Eindruck von einer Gegebenheit zu gewinnen, denn einen
einigermaßen vollständigen Eindruck von einer Sache und damit
auch ein ganzheitliches Erleben unserer selbst haben wir erst dann,
wenn wir mit allen diesen Funktionen erfassen.

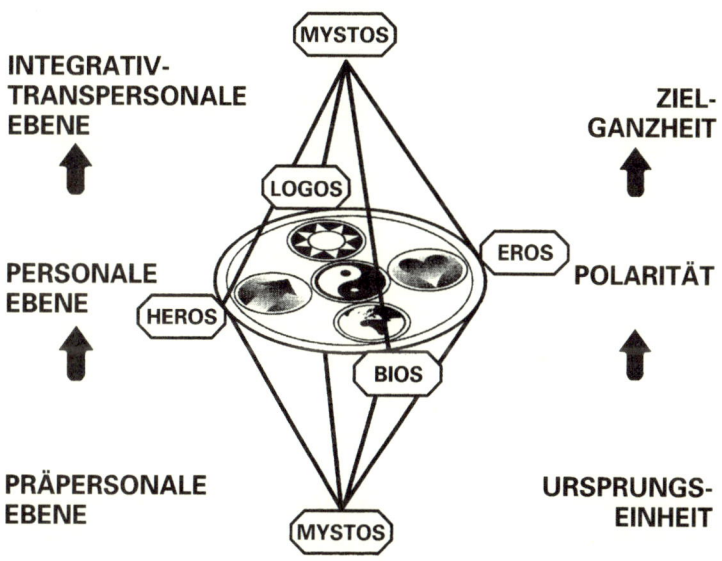

**Der Prozeß der Individuation von der
Ursprungseinheit zur Ganzheit**

Wenn das Pentalon-Modell dreidimensional dargestellt wird und die im LOGOS-Kapitel beschriebenen drei Stufen der Bewußtseinsentwicklung eingefügt werden, läßt sich der Individuationsprozeß zusammenfassend folgendermaßen beschreiben: Die Individuation ist ein Prozeß, in dem sich in einem ständigen dialektischen Zusammenspiel der verschiedenen Polaritäten des Seins die Persönlichkeit und das Bewußtsein des Menschen aus einem relativ undifferenzierten Anfangszustand (präpersonale Ursprungseinheit) heraus in immer differenziertere, bewußtere Zustände (personale, polare Ebene) hinein entwickeln und schließlich zur Ganzheit integrieren (transpersonale Ziel-Ganzheit). Integration heißt dabei nicht Aufhebung der Polaritäten, sondern ihr möglichst umfassendes Anerkennen und Zulassen. Die Persönlichkeits- und Bewußtseinsdifferenzierung verläuft dabei insbesondere im Spannungsfeld der universalen Prinzipien HEROS, EROS, BIOS, LOGOS und MYSTOS. Diese Prinzipien sind auf allen Ebenen der Entwicklung und in allen Bereichen des Lebens erfahrbar. Ziel der Individuation ist es, sie – im Rahmen des individuell Möglichen – so umfassend wie es geht kennenzulernen und ihnen im eigenen Dasein lebendigen und schöpferischen Ausdruck zu verleihen.

Anhang
Übersicht über die einzelnen Prinzipien

Übersicht HEROS-Prinzip

Aspekte:

Tatkraft, zielgerichtete, zukunftsorientierte Aktion, Aktivität, Handlung; Impuls, Energie, Kraft, Stärke, Leidenschaft; Eroberung, Macht, Dominanz; Individualität, Autonomie, Freiheit, Selbstverantwortung; Initiative, Leistung, Erfolg, Wille, Zielorientiertheit, Disziplin, Konzentration, Beharrlichkeit; Lernen, Übung, Training; Neugier, Angstüberwindung, Mut; Trennung, Unterscheidung, Auseinandersetzung; Wettkampf, Rivalität, Angriff, Aggression, Kampf, Siegeswillen, die große Suche, das große Abenteuer; Eingriff, Operation

Symbole:

Pfeil nach rechts oben, Phallus; das aufstrahlende Licht, die aufsteigende Sonne; Feuer, Explosion, (Atom-)Bombe; Werkzeuge, Waffen (insbesondere Messer, Schwert, Pfeil und Bogen, Pistole und Gewehr), Maschinen; Sich-Aufrichtendes, Eindringendes, Vorantreibendes, Ausdehnendes; Adler, Löwe, Raubtiere; Suche, Weg, Wanderung, Reise; Fahrzeuge (insbesondere Auto), Flugzeuge, Raketen; Hindernis, Widersacher, Kampf (Drachenkampf), Schlacht; Sieg, Hebung des Schatzes, Befreiung der Gefangenen

Literarische Gestaltungen:

Ares/Mars, Athene, Artemis/Diana, Amazone, Herakles, Odysseus, König Arthur und die Ritter der Tafelrunde, Siegfried, Jeanne D'Arc, Parzifal, Superman, James Bond

Transpersonale Aspekte:

Schöpferische Tat; der Kampf für das Wahre, Gute und Schöne, die

Freiheit, Gerechtigkeit, Menschlichkeit; Flow – im Tun aufgehen und sich selbst vergessen; den Tod wagen und neu geboren werden

Beziehungsformen:
Führer-Geführte, Freund/Gegner, Begleiter, Beschützer, Trainer

Berufsfelder:
Trainer, Coach, Manager, Sportler, Mechaniker, Techniker, Ingenieure, Handwerker, Militär, Polizei, Jäger, Abenteurer, Entdecker, Pioniere, Weltenbummler

Schattenseiten:
Egozentrismus, Machtmißbrauch, Zwang, Gewalttätigkeit, blinder Aktionismus, Zerstörungslust, Vergewaltigung, Mißbrauch des Körpers, Zwang zur »Dauerpotenz«, Willens-, Arbeits-, Leistungs- und Erfolgssucht, Größenwahn, Panzerung, Abwehr von Regression und Unbewußtem, von »weichen« Gefühlen und Beziehungsaspekten, Dickköpfigkeit, Herrschsucht, Rechthaberei, Rachsucht, Streitsucht, Alkoholismus, zwanghafte, schizoide und paranoide Elemente, Soziopathie

Konflikte:
Individualität–Natur, Gesellschaft, Normen, andere Menschen; Autonomie–Beziehung; Kontrolle–Hingabe; Distanz–Nähe; Freiheit – Bindung; Differenzierung, Abgrenzung–Vereinigung, Integration

Verhaltensweisen, Lernziele und Methoden:
- Aufrichten, Vordringen, Eindringen
- Kooperation auf ein gemeinsames Ziel hin
- Ich-stützend, progressiv, aktivierend, motivierend, ermutigend, herausfordernd, realitätsbezogen
- Anerkennung, Bestätigung, Verstärkung
- Kontrolle, Korrektur, Konfrontation, Bestrafung
- Konfrontation mit problematischen Einstellungen und Verhaltensweisen

- Lernen, experimentieren, probieren, trainieren, handeln in Phantasie und Realität
- Informationen und Erklärungen von Zusammenhängen vermitteln, Rat geben
- Ermutigung zur Neugier, Experimentierlust, Risikobereitschaft, Angstüberwindung
- Aufbau konstruktiver Bewältigungsmechanismen
- Einüben von Autonomie, Selbstsicherheit, Selbstvertrauen, Selbstverantwortung, konstruktive Aggression
- Lernen, Konflikte, Rivalität, Aggression und Feindseligkeit auszuhalten
- Einüben des Willens, von konstruktiver Disziplin, Selbstkontrolle, Selbstmanagement

Selbsterfahrungs- und Therapieformen:
Verhaltens-, lern- und übungsorientierte Verfahren, aber auch bestimmte Formen analytischer Therapie, in denen eine Ich-Stützung und Verbesserung der Realitätsfunktion des Klienten angestrebt werden; pädagogische Methoden, Trainings, Coaching, Motivationstrainings, NLP

Übersicht EROS-Prinzip

Aspekte:
Eros, Liebe, Güte, Mitgefühl; Anziehung, Sympathie, Verbindung; Beziehung und Bezogenheit zu Mensch, Natur, Leben; Kommunikation, Kommunion; Streben nach Harmonie, Ausgleich, Homöostase, Gerechtigkeit; Sehnsucht nach Einheit; Verlangen, Begehren, Streben; Sinnlichkeit, Sexualität, Vereinigung, Verschmelzung; Offenheit, Hingabe; das Positive, das Gute, Schöne und Wahre; Ästhetik, Glanz, Kunst, Humor; Charme, Eleganz, Luxus; Gefühle, Freude, Lust, Leidenschaft, Ekstase, Fülle, Reichtum; Liebenswürdigkeit, Freundlichkeit, Anpassungsfähigkeit; Geselligkeit, Vergnügung, Spiel

Symbole:

Herz, Blut; das Runde, Weiche, Geschwungene, Fließende; Symbole der Liebesbeziehung, der Sexualität; der nackte Körper, erogene Zonen und Körperteile (z. B. Haut, Haare, Augen, Lippen, Hals, Brust, Arme und Hände, Gesäß, Geschlechtsorgane, Beine), die Liebesbeziehung, Vereinigungssymbole; Kunstwerke, Symbole des Schönen, des Harmonischen, Symmetrischen; erotische Kleidung, Farben, Musik, Blumen, Blüten (Rose, Lilie), süße Früchte (Apfel, Erdbeere, Kirsche, Pflaume); Blut, Feuer (Leidenschaft); Wasser (Erfrischung); Duft (Parfüm); Strahlendes, Glänzendes, Glitzerndes, Funkelndes, Fließendes; Symbole der Fülle, des Reichtums und des Luxus, Schmuck, Geld, Kleidung, schöner Besitz

Literarische Gestaltungen:

Eros/Amor, Aphrodite/Venus, Dionysos, Shiva und Shakti, Eva und Adam; Amor und Psyche, Romeo und Julia, Tristan und Isolde, Don Juan, Casanova, Tannhäuser, Carmen

Transpersonale Aspekte:

Universale Liebe, Unio Mystica, Mystische Hochzeit, All-Verbundenheit, Einheitserfahrung, Barmherzigkeit, Glücks- und Ekstaseerfahrung, Tantra, das Kunstwerk

Beziehungsformen:

Liebesbeziehung, Partnerschaft, Sexualität und Leidenschaft; der Geliebte, die Geliebte; die offene, partnerschaftliche dialogische Beziehung; die gegenseitige inspirative Förderung; die heilende Liebesbegegnung

Berufsfelder:

Berufe, die in Verbindung mit Kunst, Ästhetik, Unterhaltung und Vergnügung stehen, Künstler, Schauspieler, Kosmetik und Wellneß, Animation, Mode, Schmuck, Dekoration und Design; Diplomaten, Vermittler, Berater (z. B. Partnerschafts-, Ehe- und Sexualberatung)

Schattenseiten:

Beziehungssucht, Abhängigkeit, Hörigkeit, Unterwerfung, Masochis-
mus, Ich- und Autonomie-Schwäche; Eitelkeit, Launenhaftigkeit, Empfindlichkeit, Kränkbarkeit, Somatisierung, Verführbarkeit, Bequemlichkeit, Zügellosigkeit, Verschwendung, Schwärmerei, Emotionalisierung, Dramatisierung, Eifersucht, Klatsch, Intrigen; Promiskuität,
Sexualisierung, Nymphomanie, Hysterie, Flüchtigkeit, Oberflächlichkeit, Geschmacklosigkeit, Unechtheit, Schein, Schauspielerei, Leichtsinn, mangelnde Zentrierung, Sucht, Pornografie, Chaos

Konflikte:

Beziehung–Autonomie, Gemeinschaft–Individuum, Lust–Kontrolle,
Diplomatie–Wahrhaftigkeit; Harmonie–Konflikt; Emotionalität–Sachlichkeit; Idealismus–Realismus; Dreiecksbeziehungen, ödipale Kon-
stellationen

Verhaltensweisen, Lernziele und Methoden:
- Herstellung einer vertrauensvollen, konstruktiven Beziehung
- Begegnung mit »Herz«: Echtheit, Authentizität, Wärme; Einfühlung, Empathie, Mitgefühl; Wertschätzung, Akzeptanz, Bestätigung, Liebe
- Auf die Sprache des Herzens achten lernen: für körperliche Reaktionen und Empfindungen, Gefühle, Phantasien sensibel werden
  und sie zum Ausdruck bringen
- Fähigkeit zu guter, offener und direkter Kommunikation
- Thematisierung der menschlichen Beziehungsaspekte und -pro-
  bleme (Thematisierung des »zentralen Beziehungskonflikts«,
  von Übertragungs- und Gegenübertragungsphantasien, aber
  auch den Aspekten der realen Beziehung)
- Hinarbeiten auf Selbstliebe und positive Einstellungen, auf Selbst-
  akzeptanz, Liebe, Freude und Ekstase
- Förderung von Entspannung, Vertrauen und Hingabe
- Hinarbeiten auf die Fähigkeit, den Eros, die Schönheit, die Fülle,
  den Glanz des Lebens wahrzunehmen und in Freude und Lust
  zum Ausdruck zu bringen

- Entwicklung von Achtsamkeit und Dankbarkeit
- Körperbewußtsein, Atem, Tanz, Musik, kreative Gestaltungs-übungen

Selbsterfahrungs- und Therapieformen:
Tiefenpsychologische Richtungen, Gruppentherapien, humanistische Verfahren, Gesprächspsychotherapie, Encounter, Kunst- und Gestaltungstherapien, Partnerschafts- und Kommunikationstrainings

Übersicht BIOS-Prinzip

Aspekte:
Das Umfassende, Enthaltende, Ursprung; Evolution, Erde, Heimat, materielle Basis unserer Existenz, Matrix; Leben, Körper, Vitalität, Instinkt, Triebe, Emotionen, Selbstregulation; Fruchtbarkeit, Fortpflanzung, Schwangerschaft, Wachstum, Reifung, Sterben; Nahrung, Stabilität, Sicherheit, Verwurzelung, Schutz, Wärme, Geborgenheit, Pflege, Fürsorge; Regression, das Unbewußte; Gründlichkeit, Stetigkeit, Wirklichkeitssinn, Konservatismus, Traditionsbewußtsein, Treue, Pflichtgefühl, Ordnung, Sparsamkeit

Symbole:
Erde, Umfassendes, Enthaltendes, Universum, Uroborus, Mond, Meer, Nacht, das Untere, das Gefäß, Tor, Unterwelt; das Organische, das Körperliche, Brust, Bauch, Vagina, Uterus, auch jede Raum- und Hohlform wie z. B. das Tal, das Loch, die Höhle, das Nest, das Haus, die Kirche, die Stadt, das Schiff, die Kirche, der Brunnen, das Taufbecken, das Gefäß, der Kelch, das Zimmer; Orte der Regeneration, Entspannung, insbes. das Schlafzimmer, das Bett, das Bad; die Küche, der Backofen; Natur-, Pflanzen- und Tiersymbole, z. B. der Acker, der Garten, die Wiese, der Bach, der Wald, der Fels, die Höhle, der Baum, die Quelle, die Blume und Blüte (Rose und Lotus), Nahrungsmittel, insbes. Wasser, Brot, Milch, Honig, verschiedenste Tiere, insbesondere Säugetiere, z. B. die Kuh, die Katze, die Bärin, aber auch Schlange, Drache

238

Literarische Gestaltungen:

Zum Beispiel Göttin, Große Mutter, die Königin, Ischtar, Gaja, Demeter, Hera, Hekate, Pan; Frau Holle, die drei Federn, Hänsel und Gretel

Transpersonale Aspekte:

Intensive Lebendigkeit, Tanz, Trance, Ekstase, Rausch der Sinne, Rückkehr zum Ursprung, im Einklang mit der Natur und ihren Rhythmen leben, der Körper als Tempel des Göttlichen, das Wunder von Schwangerschaft und Geburt, globales, ökologisches Bewußtsein, Tao, Kundalini, Hexenkult

Beziehungsformen:

Mutter-Kind/Tochter/Sohn-Beziehungsverhältnis; Schwangerschafts- und Geburtsbegleitung; Kranken- und Pflegedienst; Familie und Gruppe, Therapeut–Klient

Berufsfelder:

Mutter, Vater, Bauer, Gärtner, Bäcker, Koch, Handwerk, Lebensmittelhandel, Hotelgewerbe; Geburtshelfer, Amme, soziale, pädagogische, pflegerische und therapeutische Berufe

Schattenseiten:

Materielle Bindungen und Abhängigkeiten, Trägheit, Schwere, Desinteresse, Depressivität, Zwanghaftigkeit, Einengung, Gewohnheit, alltägliche Routine, Gefangensetzung, Unbewußtheit, Massenbewegung, Kollektivierung, Krankheit, Kastration, Zerstörung, Tod

Konflikte:

Materie–Energie; Körper–Geist; Stabilität–Flexibilität; Trieb–Kontrolle; Realismus–Idealismus

Verhaltensweisen, Lernziele und Methoden:

- Heilenden Raum ermöglichen, Zeit lassen
- Wertschätzung, Akzeptanz, Bestätigung, Spiegelung, Einfühlung
- Wärme, Schutz, Entspannung, Regressionsförderung

- »Holding«, »containing«, annehmen, bewahren, tragen, hegen, pflegen, nähren, trösten, schützen, warten, verwandeln, zurückgeben
- Sich infizieren lassen, mitleiden und gemeinsam ausheilen
- Das innere Kind ansprechen
- Bezogenheit zum Unbewußten und zur unbewußten Selbstregulation entwickeln
- Der inneren Natur, den Zyklen und Rhythmen der Natur und des Lebens folgen
- Guten, lustvollen Umgang mit dem Körper, den körperlichen Grundbedürfnissen, Trieben und Instinkten entwickeln
- Achtsamkeit auf körperliche Empfindungen und Wahrnehmungen; Körperarbeit, Körperbewegung, Tanz, Spiel, Gestalten
- Achtsamkeit auf Natur und Umwelt; Umweltbewußtsein entwickeln

Therapieformen:
Tiefenpsychologische Richtungen; Gesprächspsychotherapie; Methoden, die mit starken Regressionen verbunden sind; Psychosomatik; körperorientierte Verfahren; pädagogische, soziale Heil- und Pflegedienste; therapeutische Arbeit mit Hilfe von Tieren

Übersicht LOGOS-Prinzip

Aspekte:
Logos, Geist, Bewußtsein, Sinn, Intelligenz, Vernunft, Erkenntnis, Objektivität, Wahrheit, Denken, Wort, Zahl, Sprache, Messen, Berechnen, Klären, Analysieren, Unterscheiden, Reduzieren; Distanz, Struktur, Ordnung, Gesetz; Übersicht, Überpersönliches, Über-Ich, Ethik, Moral, Strenge; die Stimme des Gewissens; der innere Zeuge

Symbole:
Sonne, Himmel, Licht, Auge; Luft, Atem, Hauch, das Oben, der Tag, Flügel, Fliegendes, Vögel; Berg, Turm, Wolkenkratzer; Schwert, Zep-

ter; klare Strukturen, Sprache, Zahlen, Zeichen, Formeln, Worte, Schemata, Buch; Meßgeräte, Uhr, Erkenntnisinstrumente, wie z.B. Brille, Lupe, Fernglas, Mikroskop, Radar; Fotoapparat, Kamera, »intelligente« technische Geräte wie Rechenmaschinen und Computer

Literarische Gestaltungen:

Die geistigen Gestalten aus Mythen, Märchen, Erzählungen, Dramen, Filmen, z. B. Gott, Großer Vater, König, die/der »Alte Weise«, Sophia, Zeus, Helios, Apollon, Magier und Wissenschaftler, z. B. Faust

Transpersonale Aspekte:

Befreiung durch Einsicht, Erleuchtung, Wahrheit, Weisheit, Meditation, Kontemplation, philosophische Betrachtung

Beziehungsformen:

Wissender–Unwissender; Vater–Sohn/Tochter/Kind; Meister/Guru/ Lehrer–Schüler; Beratender–Ratsuchender, Priester–Glaubender

Berufsfelder:

Weise und Wissende, Forscher, Wissenschaftler, Gelehrte, Mathematiker, Philosophen, Theologen, Lehrer, Richter, Kritiker, Buchhalter, Archivare, Detektive

Schattenseiten:

Kälte, unpersönliche Distanz, Lebensferne, Lebensfeindlichkeit, autoritäre Persönlichkeit, Strenge, Prinzipienreiterei, Formalismus, Wahrheitsfanatismus, geistige Gefangenschaft in Theorien, Normen und Idealvorstellungen, Bewußtseinskrampf, Bitterkeit, Verachtung, Einsamkeit, Nekrophilie, Selbstentfremdung, schizoide und zwanghafte Aspekte

Konflikte:
Oben–Unten; Himmel–Erde, Geist–Körper; Theorie–Praxis; Über-
Ich–Es, Moral–Trieb; Eindeutigkeit–Komplexität

Verhaltensweisen, Lernziele und Methoden:
- Bemühen um Objektivität, Klarheit, Wahrheit
- Distanz, Abstinenz, Neutralität, Denk- und Vernunftorientierung
- Setzen klarer, eindeutiger Strukturen
- Vermittlung von Einsicht, Erkenntnis, Verständnis, Orientierung, Sinn; Belehrung
- Analysieren: Klären und Verstehen von bisher unbekannten, unbewußten Zusammenhängen, Konflikten; Zerlegung in Teilkomponenten; Interpretation, Deutung, Rekonstruktion der aktuellen Situation vor dem Hintergrund kausaler, biografischer Zusammenhänge
- Vermittlung von Einsichten zu überpersönlichen, kollektiven Vorgängen und Gesetzmäßigkeiten, Amplifikation
- Vermittlung von Moral und Ethik, von Glaubenssätzen
- Beichte, Sühne und Vergebung
- Opfer, Askese, Exerzitien
- Aufforderungen und Übungen zum Selbstverzicht und zur Egoüberwindung
- Kontemplation und Meditation

Therapieformen:
Tiefenpsychologische, psychoanalytische Verfahren; kognitive Therapieformen; Beratung; Seelsorge

Übersicht MYSTOS-Prinzip

Aspekte:
Mysterium, Wunder, Zentrum, Einheit, Ganzheit; das Eine, das Allumfassende, der Kosmos, das Universum, Mikro/Makro-Kosmos, Schöpfung, Energie, höchste Intelligenz, Ursprung und Ziel; das

Schöpferische, Grenzen überschreiten, Vermittlung, Vereinigung von Gegensätzen, transzendente Funktion; Fülle, Vielfältigkeit, Chaos; Ambivalenz, Paradoxität; Spontaneität, Offenheit; parapsychologische Phänomene, Synchronizität

Symbole:
Mandala, Zentrum und Umfang, Schloß, Park/Garten, göttliche Gestalten, Daimones, Gott-Teufel, der Anthropos, die innere Stimme, Stein der Weisen, Gold, Diamant, Edelstein, Perle, Blüte, schwer erreichbare Kostbarkeit; gegensatzvereinigende Symbole, mystische Hochzeit; Magisches, Zauberhaftes, Sich-Verwandelndes

Literarische Gestaltungen:
Gott/Göttin, Engel und Boten der Transzendenz, religiöse Führer, der »Alte Weise«, die »Alte Weise«; Hermes-Mercurius; das göttliche Kind, die Hexe, der Magier

Transpersonale Aspekte:
Erleben von Ganzheit, Einheit, Inspiration, Kreativität, Synchronizität, Befreiung, Freiheit, Frieden, Ekstase, Erleuchtung, kosmisches Bewußtsein

Beziehungsformen:
Lehrer, Weiser, Meister, Guru–Jünger, Schüler, Anhänger; Magier und Zauberschüler; magische Behandlung und magische Heilung, z. B. Schamanismus

Berufsfelder:
Religiöse Führer, Weisheitslehrer, Mystiker, Priester, spirituelle Medien, Sensitive, Heiler, Künstler, Zauberkünstler; Nachrichten- und Informationsvermittler, Werbefachleute, Lehrer, Psychologen, Psychotherapeuten; Grenzgänger, Hochstapler, Betrüger

Schattenseiten:
Unverbindlichkeit, Unzuverlässigkeit, Widersprüchlichkeit, vieldeu-

tige Begrifflichkeit, Oberflächlichkeit, Täuschung, Realitätsverlust, Verwechslung von Innen und Außen, von Symbolischem und Konkretem, Aberglauben, Wundergläubigkeit, magisches Denken, Dissoziation, Borderline, Größenwahn, Manie, Psychose; Dogmatismus, Radikalität, Totalitarismus, Absolutismus

Konflikte:

Paradoxität–Eindeutigkeit; Fülle–Ordnung; Ganzheit–Einseitigkeit; innere Realität–äußere Realität; Transzendenz – Alltag; Größenphantasie – Minderwertigkeit; symbolisches Denken – rationales Denken

Verhaltensweisen, Lernziele und Methoden:

- Offenheit, Spontanität
- Interventionen, die auf das Selbst und eine Beziehungsherstellung zwischen dem Ich-Bewußtsein und dem Unbewußten abzielen
- Anregung zu freier Assoziation, Phantasie, Intuition, Kreativität, Spiel
- Traum- und Symbolarbeit, Imagination
- Spirituelle Übungen und Exerzitien; Meditation, Kontemplation
- Atemtechniken
- Körpertechniken
- Paradoxe Interventionen, Überraschungen, Verhaltensverschreibungen
- Humor, Witz, Ironie, Umdeutungen, List
- Achten auf synchronistische Ereignisse
- Magische, schamanistische Praktiken

Therapieformen:

Integrative Therapie, Analytische Psychologie, Humanistische und Transpersonale Therapieformen, Kreative und imaginative Verfahren

Anmerkungen

1 *Schiller, Friedrich:* Das Höchste. SW, Bd. 1, S. 243

2 Zit. nach *Puntsch, Eberhard:* Zitatenhandbuch CD-ROM, 1995

3 Eine zusammenfassende Deutung der typischen Aspekte habe ich in *Müller* 1987 versucht. Der Ethnologe Leo Frobenius hat bereits 1904 die verschiedenen Motive der Heldenmythen unter der Bezeichnung »Nachtmeerfahrt« und »Walfischdrachenmythen« zusammengefaßt, der Psychotherapeut Otto Rank 1909 eine »Durchschnittssage« von der Geburt und Kindheit des Helden konstruiert, der Mythologe Joseph Campbell 1978 (erschienen erstmals 1949), die typischen Stadien der Heldenfahrt in einem Kreisdiagramm schematisch angeordnet, und der Tiefenpsychologe Erich Neumann 1949 hat den Heldenweg in Beziehung zur allgemeinen Bewußtseinsentwicklung des Menschen gesetzt. Auf Neumann bezieht sich auch Ken Wilber 1984. Da die Heldenreise in vielerlei Hinsicht dem Aufbau des klassischen Dramas entspricht und für sehr viele Stoffe grundlegend ist, konzipierte Vogler 1997 auch eine Anleitung zum Drehbuchschreiben.

4 *Csikszentmihalyi, Mihaly:* Flow. 1992, S. 64

5 Hamlet I, 3 Zit. nach *Eckart, Hans; Grunow, Alfred:* Führende Worte Bd. 2. 1963, S. 52

6 *Schiller, Friedrich:* An die Freude. SW Bd. 1, S. 133

7 *Fried, Erich:* Es ist was es ist, 1996

8 *Hohelied Salomonis,* zit. nach: *Hamp, Vinzenz* u. a.: Die ganze heilige Schrift des Alten und Neuen Testamentes, 1979

9 Zit. nach: *Wehr, Gerhard:* Novalis. Schaffhausen: Novalis 1976, S. 137

10 Vgl. dazu: *Jung, C. G.:* Die psychologischen Aspekte des Mutterarchetypus. GW 9/1 Olten: Walter 1976, § 156

11 Zit. nach *Neumann, Erich:* Die Bedeutung des Erdarchetyps für die Neuzeit. In: Die Psyche als Ort der Gestaltung. 1992, S. 18

12 *Watts, Alan:* Die Illusion des Ich. Westliche Wissenschaft und Zivilisation in der Krise. 1980, S. 139

13 *Jung, C. G.:* Seele und Erde. GW 10, § 195

14 *Jung, C. G.:* Die Dynamik des Unbewußten. GW 8, § 673

15 Vgl. dazu insbesondere die Werke von *Stanislaf Grof*

16 Die Herkunft dieses Berichtes konnte leider *nicht mehr* festgestellt werden.

17 Psalm 90,10

18 *Goethe, Johann Wolfgang von:* Zahme Xenien III, Gedichte, Stuttgart: Cotta 1827, Bd. 1, S. 667

19 *Swimme, Brian:* Das Universum ist ein grüner Drache, S. 26 f.

20 *Gebser, Jean:* Ursprung und Gegenwart, 1949

21 *Neumann, Erich:* Ursprungsgeschichte des Bewußtseins, 1949

22 *Wilber, Ken:* Halbzeit der Evolution, 1984

23 Insbesondere: Halbzeit der Evolution, 1984; Das Spektrum des Bewußtseins, 1987; Eros, Kosmos, Logos, 1995; Eine kurze Geschichte des Kosmos, 1997

24 *Goethe, Johann Wolfgang von:* Epirrhema, Gedichte, Stuttgart: Cotta, 1827, Bd. 1, S. 545

25 *Jung, C. G.:* Erinnerungen, Träume, Gedanken von C. G. Jung, 1984, S. 358

26 *Jung, C. G.:* Zur gegenwärtigen Lage der Psychotherapie, in: GW 10, S. 193

27 *Feuerbach, Ludwig:* Das Wesen des Christentums. SW 7, 1849, S. 51

28 *Jung, C. G.:* Erinnerungen, Träume, Gedanken von C. G. Jung, 1984, S. 199f

29 *Laotse:* Tao Te King, 1972, Kapitel 1

30 *Laotse:* Tao Te King, 1957, S. 41

31 *Schiller, Friedrich:* Punschlied. SW Bd. 1, S. 421

32 *Jung, C. G.,* Zur Psychologie des Kindarchetyps, in GW 9/1, § 289

33 *Jung, C. G.:* Erinnerungen, Träume, Gedanken von C. G. Jung, 1984, S. 359

34 *Rogers, Carl R.:* Entwicklung der Persönlichkeit, 1989, S. 33

35 *Rogers, Carl R.:* Entwicklung der Persönlichkeit, 1989, S. 37

36 *Frenzel, Elisabeth:* Motive der Weltliteratur, 1980, S. 608

37 *Jung, C. G.:* Analytische Psychologie und Erziehung, 1946. S. 54

38 *Jung, C. G.:* Grundfragen der Psychotherapie, 1971, S. 123

39 Hierbei stütze ich mich insbesondere auf die Werke von C. G. Jung, von Erich Fromm, Abraham Maslow, Carl Rogers sowie auf verschiedene Autoren der Psychoanalyse, der Humanistischen und der Transpersonalen Psychologie

40 *Jung, C. G.:* Die Struktur und Dynamik des Selbst, 1976

41 *Wolff, Tony:* Studien zu C. G. Jungs Psychologie, 1959

42 *Jung, Emma:* Animus und Anima, 1983

43 *Dieckmann, Hans:* Komplexe, 1991

44 *Moore, Robert;* Gillette, Douglas: König, Krieger, Magier, Liebhaber, 1992; Der Magier im Mann, 1995

45 Vgl. dazu: *Müller, Lutz:* Manns-Bilder, 1989; Macht und Ohnmacht des Helfers, 1991; Überlegungen zu einer analytisch-integrativen Psychotherapie, 1995; Trotzdem ist die Welt ein Rosengarten, 1996; Ins Innere der Dinge schauen (mit Dieter Knoll), 1998

46 Diesen hilfreichen Begriff habe ich erstmals gefunden in dem Werk von *Gertrud Höhler* und *Michael Koch* (1998), das den aktuellen Stand unseres Wissens über die Unterschiede zwischen den Geschlechtern zusammenfaßt.

47 Es gibt eine Vielzahl von Modellen und Typologien, die auf der Vierzahl beruhen. Einen guten Überblick geben *Antons-Volmerg, Klaus*: Von der Vier

zur Fünf. Abendländische Persönlichkeitstypologien und das buddhistische Mandala, 1995 und *Banzhaf, Hajo:* Der Mensch in seinen Elementen, 1994, aber auch *C. G. Jung* in seinem Klassiker »Psychologische Typen«.

48 *Riemann, Fritz:* Grundformen der Angst, 1975; zusammenfassend auch: *Ruthe, Reinhold:* Typen und Temperamente, 1998

49 Vgl. dazu z. B. *Schulz von Thun, Friedemann:* Miteinander reden, 1989

50 *Wilber, Ken:* Eros, Kosmos, Logos, 1995; Eine kurze Geschichte des Kosmos, 1997

51 Vgl. zu den Orientierungsfunktionen: *Bents, Richard; Blank, Reiner:* M.B.T.I. Die 16 Grundmuster unseres Verhaltens nach C. G. Jung, 1992; *Jung, C. G.:* Psychologische Typen, GW 6, 1950; *Franz, Marie-Louise v.; Hillmann, James:* Zur Typologie C. G. Jungs. Die inferiore und die Fühlfunktion, 1980; *Meier, C. A.:* Bewußtsein, 1975; *Siebenthal, Wolf v.:* Denkmann und Fühlfrau, 1993; Empfindungsfrau und Intuitionsmann, 1995; in bezug auf Traumarbeit: *Adam, Klaus-Uwe:* Therapeutisches Arbeiten mit Träumen, 2000

247

Literatur

Abrams, Jeremiah (Hrsg.): Die Befreiung des Inneren Kindes. Die Wiederentdeckung unserer ursprünglichen kreativen Persönlichkeit und ihre zentrale Bedeutung für unser Erwachsenenleben. Bern: Scherz, 1993

Adam, Klaus-Uwe: Therapeutisches Arbeiten mit Träumen. Theorie und Praxis der Traumarbeit. Berlin: Springer, 2000

Antons-Volmerg, Klaus: Von der Vier zur Fünf. Abendländische Persönlichkeitstypologien und das buddhistische Mandala. Ulm: Fabri, 1995

Argüelles, Miriam & José: Das große Mandala-Buch. Mandala in Aktion. Freiburg: Aurum, 1978

Argüelles, Miriam & José: Weiblich weit wie der Himmel. Haldenwang: Irisiana, 1979

Banzhaf, Hajo: Der Mensch in seinen Elementen. Feuer, Wasser, Luft und Erde. Eine ganzheitliche Charakterkunde. München: Goldmann, 1994

Bemmann, Hans; Pinkerneil, Dietrich: Das große Hausbuch deutscher Dichtung. Königstein Ts.: Athenäum, 1982

Betz, Otto: Das Geheimnis der Zahlen. Stuttgart: Kreuz, 1989

Betz, Otto: Der Leib als sichtbare Seele. Stuttgart: Kreuz, 1991

Bolen, Jean Shinoda: Göttinnen in jeder Frau. Psychologie einer neuen Weiblichkeit. Basel: Sphinx, 1986

Bolen, Jean Shinoda: Götter in jedem Mann. Besser verstehen, wie Männer leben und lieben. Basel: Sphinx, 1991

Bradshaw, John: Das Kind in uns. Wie finde ich zu mir selbst? München: Droemer Knaur, 1992

Brooks, Charles: Erleben durch die Sinne. Sensory Awareness. München: dtv, 1991

Bütler, René: Die Mystik der Welt. Quellen und Zeugnisse aus vier Jahrtausenden. München: Scherz, 1992

Campbell, Joseph: Der Heros in tausend Gestalten. Frankfurt: Suhrkamp, 1978

Campbell, Joseph: Die Mitte ist überall. Die Sprache von Mythose, Religion und Kunst. München: Kösel, 1992

Campbell, Joseph: Mythen der Menschheit. München: Kösel, 1993

Campbell, Joseph: Die Kraft der Mythen. Bilder der Seele im Leben des Menschen. Düsseldorf: Artemis, 1994

Camphausen, Rufus: Yoni. Die Vulva. Weibliche Sinnlichkeit, Kraft der Schöpfung. München: Diederichs, 1992

Clarus, Ingeborg: Odysseus und Oidipus. Wege und Umwege der Seele. Fellbach: Bonz, 1986

Colegrave, Sukie: Yin und Yang. Die Kräfte des Weiblichen und des Männlichen

– Spannung und Ausgleich zwischen den beiden Polen des Seins. Bern: Barth, 1982

Cooper, J. C.: Illustriertes Lexikon der traditionellen Symbole. Wiesbaden: Drei Lilien, 1986

Csikszentmihalyi, Mihaly: Flow. Das Geheimnis des Glücks. Stuttgart: Klett-Cotta, 1992

Daniélou, Alain: Der Phallus. Metapher des Lebens, Quelle des Glücks – Symbole und Riten in Geschichte und Kunst. München: Diederichs, 1998

Dieckmann, Hans: Komplexe. Berlin: Springer, 1991

Eckart, Hans; Grunow, Alfred: Führende Worte Bd. 1–3. Berlin: Haude und Spenersche Verlagsbuchhandlung 1963, S. 103

Edinger, Edward F.: Der Weg der Seele. Der psychotherapeutische Prozeß im Spiegel der Alchemie. München: Kösel, 1990

Ehmer, Manfred Kurt: Göttin Erde. Kult und Mythos der Mutter Erde. Ein Beitrag zur Ökosophie der Zukunft. Berlin: Clemens Zerling, 1994

Eliade, Mircea: Die Religionen und das Heilige. Elemente der Religionsgeschichte. Frankfurt: Insel, 1994

Endres, Franz; Schimmel, Annemarie: Das Mysterium der Zahl. Zahlensymbolik im Kulturvergleich. Köln: Diederichs, 1984

Feuerbach, Ludwig: Das Wesen des Christentums. Sämtliche Werke 7, Leipzig: Wigand, 1849

Fox, Matthew: Der große Segen. Umarmt von der Schöpfung. München: Claudius, 1991

Franz, Marie-Louise v.; Hillmann, James: Zur Typologie C. G. Jungs. Die inferiore und die Fühlfunktion. Fellbach: Bonz, 1980

Franz, Marie-Louise v.: Wissen aus der Tiefe. Über Orakel und Synchronizität. München: Kösel, 1987

Franz, Marie-Louise v.: Spiegelungen der Seele. Projektion und innere Sammlung. Stuttgart: Kreuz, 1978

Franz, Marie-Louise v.: C. G. Jung. Sein Mythos in unserer Zeit. Düsseldorf: Walter, 1996

Frenzel, Elisabeth: Motive der Weltliteratur. Stuttgart: Kröner, 1980

Fried, Erich: Es ist was es ist. Liebesgedichte, Angstgedichte, Zorngedichte. Berlin: Wagenbach, 1996

Frobenius, Leo: Das Zeitalter des Sonnengottes. Berlin: Reimer, 1904

Fromm, Erich: Die Kunst des Liebens. Berlin: Ullstein, 1967

Fromm, Erich: Haben oder Sein. München: dtv, 1979

Fromm, Erich: Vom Haben zum Sein. Wege und Irrwege der Selbsterfahrung. Weinheim: Beltz, 1990

Gebser, Jean: Ursprung und Gegenwart. Band I und II. Stuttgart: DVA, 1949

Giebel, Marion: Das Geheimnis der Mysterien. Antike Kulte in Griechenland, Rom und Ägypten. Düsseldorf: Artemis & Winkler, 2000

Gleiser, Marcela: Das tanzende Universum. Schöpfungsmythen und Urknall. Wien, München: Franz Deuticke, 1998

Goethe, Johann Wolfgang von: Sämtliche Werke. Stuttgart: Cotta, 1827

Grigson, Geoffrey: Aphrodite. Göttin der Liebe. Bergisch Gladbach: Gustav Lübbe, 1978

Grof, Stanislav: Kosmos und Psyche. An den Grenzen menschlichen Bewußtseins. Frankfurt a. M.: Krüger, 1997

Hammer, Felix: Antike Lebensregeln – neu bedacht. Zürich: Edition Interfrom; Osnabrück: Fromm, 1998

Hamp, Vinzenz u. a.: Die ganze heilige Schrift des Alten und Neuen Testamentes. Das Buch der Bücher. Gütersloh: Prisma, 1979

Harding, Esther: Frauen-Mysterien. Einst und Jetzt. Zürich: Rascher, 1949

Heisterkamp, Günter: Heilsame Berührungen. Praxis leibfundierter analytischer Psychotherapie. München: Pfeiffer, 1993

Highwater, Jamake: Sexualität und Mythos. Olten: Walter, 1992

Höhler, Gertrud; Koch, Michael: Der veruntreute Sündenfall. EntZweiung oder neues Bündnis. Stuttgart: DVA, 1998

Holitzka, Klaus; Niemuth, Jochen: Das Mandala als Grundstruktur des Universums. Seon: Falk-Verlag, 1994

Höller, Jürgen: Sprenge Deine Grenzen. Mit Motivationstraining zum Erfolg. München: Econ, 1998

I Ging. Das Buch der Wandlungen. Aus dem Chinesischen übertragen und erläutert von *Richard Wilhelm.* Düsseldorf: Diederichs, 1972

Jaffé, Aniela: C. G. Jung. Bild und Wort. Eine Biographie. Olten und Freiburg im Breisgau: Walter, 1983

Jepsen, Maria (Hg): Wen meine Seele liebt. Das Hohelied Salomos neu gelesen. Stuttgart: Radius, 1995

Johnson, Robert A.: Traumvorstellung Liebe. Der Irrtum des Abendlandes. München: Knaur, 1983

Jung, Carl Gustav: Mensch und Seele. Aus dem Gesamtwerk, 1905–1961 ausgewählt und herausgegeben von Jolande Jacobi. Olten: Walter, 1971

Jung, Carl Gustav: Erinnerungen, Träume, Gedanken von C. G. Jung. Aufgezeichnet und herausgegeben von Aniela Jaffé. Olten: Walter, 1984

Jung, Carl Gustav.: Traumanalyse. Nach Aufzeichnungen der Seminare, 1928–1930. Hrsg. William McGuire. Olten: Walter, 1991

Jung, Carl Gustav.: Psychologische Typen. GW 6. Olten: Walter, 1950

Jung, Carl Gustav.: Die Struktur und Dynamik des Selbst. GW 9/2, Olten: Walter, 1976

Jung, Carl Gustav (Hg.): Der Mensch und seine Symbole. Olten: Walter, 1968

Jung, Carl Gustav: Grundfragen der Psychotherapie. GW 16, Olten: Walter, 1971

Jung, Carl Gustav: Gesammelte Werke (zit. GW), 20 Bände, herausgegeben von Lilly Jung-Merker, Elisabeth Rüf und Leonie Zander. Olten: Walter, 1971 ff.

Jung, Carl Gustav: Analytische Psychologie und Erziehung. Zürich, Rascher 1946

Jung, Emma: Animus und Anima. Fellbach: Bonz, 1983

Jung, Emma; Franz, Marie-Louise v.: Die Graalslegende in psychologischer Sicht. Olten: Walter, 1980

Kast, Verena: Vater–Töchter Mutter–Söhne. Wege zur eigenen Identität aus Vater- und Mutterkomplexen. Stuttgart: Kreuz, 1994

Kast, Verena: Freude, Inspiration, Hoffnung. Olten: Walter, 1991

Kent Rush, Anne: Mond. Mond. München: Verlag Frauenoffensive, 1978

Kollbrunner, Jürg: Das Buch der Humanistischen Psychologie. Eschborn: Fachbuchhandlung für Psychologie, 1987

Kutter, Peter: Leidenschaften. Eine Psychoanalyse der Gefühle. Reinbek: Rowohlt, 1989

Lao Tse: Tao Te King. Bearbeitung: Richard Wilhelm. Düsseldorf: Diederichs, 1957

Lao Tse: Tao Te King. Bearbeitung: Gia-F Feng und Jane English. Haldenwang: Irisiana, 1972

Louden, Jennifer: Tu dir gut! Das Wohlfühlbuch für Frauen. Freiburg i. Breisgau: Bauer, 1995

Lurker, Manfred: Die Botschaft der Symbole. In Mythen, Kulturen und Religionen. München: Kösel, 1990

Lurker, Manfred: Wörterbuch der Symbolik. Stuttgart: Kröner, 1983

Maguire, Anne: Die dunklen Begleiter der Seele. Die Sieben Todsünden psychologisch betrachtet. Zürich und Düsseldorf: Walter, 1996

Mann, David: Psychotherapie: Eine erotische Beziehung. Stuttgart: Klett-Cotta, 1999

Maslow, Abraham: Motivation und Persönlichkeit. Olten: Walter, 1977

Maslow, Abraham: Psychologie des Seins. München: Kindler, 1973

Meier, C. A.: Antike Inkubation und moderne Psychotherapie. Zürich: Rascher, 1949

Meier, Gert: Die Wirklichkeit des Mythos. Bern: Haupt, 1990

Metzner, Ralph: Hineingehen. Wegmarken zur Transformation. Freiburg i. Breisgau: Bauer, 1987

Mindell, Arnold: Der Leib und die Träume. Prozeßorientierte Psychologie in der Praxis. Paderborn: Junfermann, 1988

Monick, Eugene: Die Wurzeln der Männlichkeit. Der Phallus in Psychologie und Mythologie. München: Kösel, 1990

Moore, Robert; Gillette, Douglas: Der Magier im Mann. Wege zum inneren Schamanen. Solothurn, Düsseldorf: Walter, 1995

Moore, Robert; Gillette, Douglas: König, Krieger, Magier, Liebhaber. Die Stärken des Mannes. München: Kösel, 1992

Morris, Desmond: Mars und Venus. Das Liebesleben der Menschen. München: Heyne, 1997

Müller, Lutz: Suche nach dem Zauberwort. Identität und schöpferisches Leben. Dargestellt am Beispiel der »unendlichen Geschichte« von M. Ende. Stuttgart: Kreuz, 1986

Müller, Lutz: Das tapfere Schneiderlein. List als Lebenskunst. Stuttgart: Kreuz, 1985

Müller, Lutz: Der Held. Jeder ist dazu geboren. Stuttgart: Kreuz, 1987

Müller, Lutz: Manns-Bilder: Zur Psychologie des heroischen Bewußtseins. In: Pflüger, Peter Michael: Der Mann in Umbruch. Olten: Walter, 1989

Müller, Lutz: Magie. Tiefenpsychologischer Zugang zu den Geheimwissenschaften. Stuttgart: Kreuz, 1989

Müller, Lutz: Macht und Ohnmacht des Helfers. Die Wirksamkeit des Schattens in den helfenden Berufen. Kind und Umwelt. In: Beiträge zur analytischen Kinder- und Jugendlichen-Psychotherapie. Fellbach: Bonz 1991, Heft 72

Müller, Lutz: Überlegungen zu einer analytisch-integrativen Psychotherapie. In: Analytische Kinder- und Jugendlichen-Psychotherapie. Frankfurt: Brandes&Apsel Verlag, 1995, Heft 88

Müller, Lutz: Trotzdem ist die Welt ein Rosengarten. Stuttgart: Kreuz, 1996

Müller, Lutz; Knoll, Dieter: Ins Innere der Dinge schauen. Die schöpferische Kraft der Symbole. Düsseldorf, Zürich: Walter, 1998

Mynarek, Hubertus: Mystik und Vernunft. Olten: Walter, 1991

Mynarek, Hubertus: Die Kunst zu sein. Philosophie, Ethik und Ästhetik sinnerfüllten Lebens. Essen: Die blaue Eule, 1998

Neumann, Erich: Ursprungsgeschichte des Bewußtseins. Zürich: Rascher, 1949

Neumann, Erich: Amor und Psyche. Eine tiefenpsychologische Deutung. Olten: Walter, 1971

Neumann, Erich: Die große Mutter. Eine Phänomenologie der weiblichen Gestaltungen des Unbewußten. Olten: Walter, 1974

Neumann, Erich: Zur Psychologie des Weiblichen. München: Kindler, 1975

Neumann, Erich: Die Psyche als Ort der Gestaltung. Frankfurt: Fischer, 1992

Neumann, Erich: Der schöpferische Mensch. Frankfurt: Fischer, 1995

Obleser, Horst: Parzival auf der Suche nach dem Gral. Tiefenpsychologische Aspekte der Gralslegende. Leinfelden-Echterdingen: Bonz, 1997

Paris, Ginette: Aphrodites Wiedergeburt. Plädoyer für eine lustvolle Spiritualität. Zürich: Schweizer Spiegel, 1990

Pedersen, Loren E.: Das Weibliche im Mann. Die Wiederentdeckung der weiblichen Kräfte, die aus einem halben Mann einen ganzen Menschen machen. Eine Psychologie des Mannes. Bern: Scherz, 1992

Perera, Sylvia Brinton: Der Weg zur Göttin der Tiefe. Die Erlösung der dunklen Schwester: eine Initiation für Frauen. Interlaken: Ansata, 1985

Petzold, Hilarion (Hg.): Wege zum Menschen. Methoden und Persönlichkeiten moderner Psychotherapie. Ein Handbuch. Band 2. Paderborn: Junfermann, 1984

Petzold, Hilarion (Hg.): Psychotherapie und Körperdynamik. Verfahren psycho-physischer Bewegungs- und Körpertherapie. Paderborn: Junfermann, 1981

Petzold, Hilarion (Hg.): Methodenintegration in der Psychotherapie. Paderborn: Junfermann, 1982

Petzold, Hilarion; Orth, Ilse (Hg.): Die neuen Kreativitätstherapien. Handbuch der Kunsttherapie. 2 Bände. Paderborn: Junfermann, 1990

Pflüger, Peter Michael: Wendepunkte Erde Frau Gott. Am Anfang eines neuen Zeitalters. Olten: Walter, 1987

Puntsch, Eberhard: Zitatenhandbuch CD-ROM, München: mvg, 1995

Rank, Otto: Der Mythos von der Geburt des Helden. Reprint der Ausgabe Wien: Deuticke 1909. Wien: Turia und Kant, 2000

Ribi, Alfred: Was tun mit unseren Komplexen? Über die Dämonen des modernen Menschen. München: Kösel, 1989

Riedel, Ingrid: Träume. Wegweiser in neue Lebensphasen. Stuttgart: Kreuz, 1997

Riedel, Ingrid: Die weise Frau in uralt-neuen Erfahrungen. Der Archetyp der alten Weisen im Märchen und seinem religionsgeschichtlichen Hintergrund. Olten: Walter, 1990

Riedel, Ingrid: Formen. Kreis, Kreuz, Dreieck, Quadrat, Spirale. Stuttgart: Kreuz, 1985

Riemann, Fritz: Grundformen der Angst. Eine tiefenpsychologische Studie. München: Reinhardt, 1975

Rogers, Carl R.: Der neue Mensch. Stuttgart: Klett-Cotta, 1980

Rogers, Carl R.: Entwicklung der Persönlichkeit. Psychotherapie aus der Sicht eines Therapeuten. Stuttgart: Klett-Cotta, 1989

Roob, Alexander: Das Hermetische Museum. Alchemie und Mystik. Köln: Taschen, 1996

Roth, Gerhard: Das Gehirn und seine Wirklichkeit. Frankfurt: Suhrkamp, 1994

Ruthe, Reinhold: Typen und Temperamente. Die vier Persönlichkeitsstrukturen. Moers: Brendow, 1998

Schiller, Friedrich: Sämtliche Werke. Stuttgart: Cotta, 1823

Schmid, Georg: Die Mystik der Welt. Eine Einführung. Stuttgart: Kreuz, 1990

Schmid, Wilhelm: Philosophie der Lebenskunst. Eine Grundlegung. Frankfurt: Suhrkamp, 1998

Schulz von Thun, Friedemann: Miteinander reden. Bd. 1 und 2. Hamburg: Rowohlt, 1989

Seifert, Theodor: Lebensperspektiven der Psychologie. Wege, Schnittpunkte, Gegensätze. Olten: Walter, 1981

Sprenger, Reinhard K.: Die Entscheidung liegt bei dir! Wege aus der alltäglichen Unzufriedenheit. Frankfurt: Campus, 1997

Ströter-Bender, Jutta: Liebesgöttinnen. Von der Großen Mutter zum Hollywoodstar. Köln: Dumont, 1994

Swimme, Brian: Das Universum ist ein grüner Drache: Ein Dialog über die Schöpfungsgeschichte oder von der mystischen Liebe zum Kosmos. München: Claudius, 1991

Tracy, Brian: Thinking Big. Von der Vision zum Erfolg. Offenbach: Gabal, 1998

Vogler, Christopher: Die Odyssee des Drehbuchschreibers. Frankfurt: Zweitausendeins, 1997

Walker, Barbara, G.: Die geheimen Symbole der Frauen. Lexikon der weiblichen Spiritualität. München: Heyne, 2000

Walker, Barbara, G.: Das geheime Wissen der Frauen. München: dtv, 1996

Watts, Alan: Die Illusion des Ich. Westliche Wissenschaft und Zivilisation in der Krise. München: Kösel, 1980

Wehr, Gerhard: Heilige Hochzeit. Symbol und Erfahrung menschlicher Reifung. München: Kösel, 1986

Whitmont, Edward C.: Die Rückkehr der Göttin. Von der Kraft des Weiblichen in Individuum und Gesellschaft. München: Kösel, 1982

Wilber, Ken: Halbzeit der Evolution. München: Scherz, 1984

Wilber, Ken: Eros, Kosmos, Logos. Eine Vision an der Schwelle zum nächsten Jahrtausend. Frankfurt: Krüger, 1995

Wilber, Ken: Das Spektrum des Bewußtseins. München: Scherz, 1997

Wilber, Ken: Eine kurze Geschichte des Kosmos. Frankfurt: Fischer, 1997

Wolff, Tony: Studien zu C. G. Jungs Psychologie. Zürich: Rhein, 1959

Yalom, Irvin D.: Existentielle Psychotherapie. Köln: Edition Humanistische Psychologie im Internationalen Institut zur Förderung der Humanistischen Psychologie, 1989

Zacharias, Gerhard P.: Psyche und Mysterium. Die Bedeutung der Psychologie C. G. Jungs für die christliche Theologie und Liturgie. Zürich: Rascher, 1954

Zimmer, Heinrich: Indische Mythen und Symbole. Köln: Diederichs, 1981

Zundel, Edith; Loomans, Pieter (Hg.): Im Energiekreis des Lebendigen. Körperarbeit und spirituelle Erfahrung. Freiburg: Herder, 1995